鄭淳一 著

九世紀の来航新羅人と日本列島

勉誠出版

まえがき

「古代東アジアにおける人民の国際移動は自由であった」という命題は、一面では正しいが、一面では間違えているとも言えるだろう。国家間の境界線（国境線）が近代国民国家の出現後に誕生したとみる立場では、近代以前の人々、とりわけ古代人の越境行為には制限がなかったと思いがちである。しかし、実はそうとも言いきれない側面があった。実際、これまで調査や研究で読んだ史料を振り返ってみても、完全な自由移動を許された人の事例に出合うことはあまり無かった。むしろ王権のような特定の権力に頼り、あるいはその権力の許可のもとで境界を越える人々の物語によく接した。

現在の我々が想像する明確な線としての国境が古代にも存在したのか否かは知り得ないが、特定の国家を人民が出入りする際には、彼らは何らかの制限や規制、監視、確認をされていたようである。特に日本列島のように、「内」と「外」とが自然環境による境界で分かれている場合、越境の不自由さはさらに鮮明になる。

ここで注意を払うべきは、越境行為が自由でなかったこと自体が直ちに移動の少なさを意味するのではないということである。逆説的に、その不自由さは移動の活発さから確認できるものである。言い換えれば、人々の活発な移動により、越境に対する統制の実態が浮かび上がってくるのである。

そして、何かしらの目的で頻りに海を渡って来る人々の立場と、彼らの移動（入境）を強力に統制しようとする「国家」の立場とがぶつかり合い、両者のせめぎ合いを生み出す場が、陸域世界と海域世界とが出会う縁海部、島嶼部である。この力動性の溢れる空間に複合的・重層的な性格を持つ新たな生活圏が形成されるのである。

これまで重視されてきた「遣唐使」または「張宝高（張保皐）」に代わり、名も身分も知られざる多数の人々（例えば不特定多数の新羅人）に焦点をあてると、どれだけ新しい事象が確認できるのであろうか。

九世紀における日本列島の縁海部や島嶼部に展開される「アクション」と「リアクション」の諸相を実証的に検討することによって当時の実態に迫ることが本書の狙いである。

鄭　淳一

目次

目　次

目　次

終章　総括と展望……321

表

序章　本書の問題意識と構成

　本書は、平安時代初期における来航異国人問題に焦点をあて、特に九世紀頃から見られ始める、不特定多数の新羅人が頻繁に来航する現象が列島社会をどう変化させていくのか、あるいはそういった変化に対して日本側がどう対応していくのかを考察したものである。本章では本書全体を貫き通している問題意識に触れるとともに、各部・章ごとに題名をかかげ、それぞれの論点をまとめていきたい。

　本書の題名を「九世紀の来航新羅人と日本列島」と決めたことには当然ながら特別な理由がある。それは、この題名をなしている三つのキーワードを通じて発信したいメッセージがあるからだ。三つのキーワードとは「九世紀」「来航新羅人」「日本列島」のことを指す。

　ここでいう「九世紀」とは、「長い九世紀」(the long 9th century)を意味する。(1) 具体的に言えば、宝亀年間から延長年間頃までであり、西暦では七七〇年代から九三〇年頃までを意味する。下限となる九三〇年頃は、朝鮮半島の新羅が滅亡し、高麗に交代する時期(九三五年)であり、北方では渤海が契丹に滅ぼされた時期(九二六年)でもある。また、中国においては唐の滅亡(九〇七年)より北宋の成立(九六〇年)までの間に五代十国が興亡した変革期でもある。一方、上限となる七七〇年代も、東アジア諸国が政治外交・社会経済的に大きな変化を迎えた画期である。八世紀後半、十世紀初頭にあたる時期までも「九世紀」という言葉を用い、一括りとして捉えようとする理由は、この時期が有する同質的な特徴に注目するからである。要するに、以前とは異なる新たな現象が現われ始め、また十世紀以降における歴史的な展開の原形をなす事象がこの時代より見えているからである。その中核は人々の活発な国際移動である。もちろん、人が国境を越える行為自体は古くから確認でき、まったく新しいこととは言えない側面もある。但し、王権以外の勢力・集団・個人が周辺諸国を頻りに行き来した事例は、以前にはなかった新局面であり、ここでいう「九世紀」を他の時代と区別させる要素でもある。興味深いのは、こういった国際移動の痕跡のほとんどに新羅人との関わりがみられる点である。日本列島の立場からしても当該時期の新羅人の来航がいかなる課題として浮かびあがってきたのか、このことを本書の考察を通じて明らかにしたいと考える。

そこから二つ目のキーワードである「来航新羅人」という言葉の有効性が浮かび上がる。「来航」というのは、移動の方向性を示す用語である。つまり外部世界から日本列島への移動を重視する視点である。外部からやって来た異国人に対して列島社会の構成員がどう反応したのか、彼らをどう認識したのか、または具体的にどう対応したのかを一つ一つ確認することで当時の列島における対外認識の変容を浮き彫りにできるのではないだろうか。このように「来航」という語を使用することは、分析対象の範囲を絞ることへと繋がるものとも言えよう。

なお、「九世紀」における異国人の来航現象で最も注目すべきは、名も知られていない不特定多数の新羅人が頻繁に現れることである。そのなかには、身分の確実な人もいる反面、正体不明な存在もしばしば登場する。また、「賊船」と表現される不審な船や、「海賊」と記憶される多くの人々を見ることも可能である。一見、暗くて静的な歴史像が頭のなかに浮かんでくるような印象をも受ける。ところが、よく考えてみると、こういった新たな現象は逆に交流の活発さ、あるいは移動の頻繁さを裏付けているものであり、厳密に言えば、それらを前提にしなくては成り立たない様子でもある。むしろ、非常に力動性の溢れる時代像が浮び上がってくるのである。「来航」という用語のみを思い出すと、移動の方向性において極めて限られているように捉えられるかも知れない。東アジア、東部ユーラシアのようなもっと広い範囲ではなく日本列島という狭い領域に留まってしまうのではないかと懸念されることもあり得る。しかし、新羅人が日本列島に「来航」する現象の背景には、むしろ「九世紀」の国際社会および東アジア海域の実状を最もよく示す「新羅人ディアスポラ」という現象が秘められている。

「ディアスポラ（diaspora）」とは、元の国家や民族の居住地を離れて暮らす国民や民族の集団ないしコミュニティ、またはそのように離散すること自体を指す言葉である。元々はパレスチナの外で暮らすユダヤ人集団のことを意味したが、語義が転じて現在は離散・散在・分散を表わす用語、ないしは他の国民や民族を含めた一般の離散定住集団を指す言葉として使われている。

「新羅人ディアスポラ」というのも、当時様々な原因で東アジア海域を行き来するようになった新羅人集団（あるいは個人）を表わしているのである。したがって、「来航新羅人」問題を扱うこと自体が、直ちに日本列島という狭い範囲に目線を留めようとすることになるわけではないのである。むしろ、新羅人の移動を促した周辺国家および地域の事情にも関心を傾ける姿勢が反映された概念とも言えよう。

以上のような問題意識のもと、本書が最終的に辿り着くところは、「来航新羅人」に対する「日本列島」の態度・姿勢である。まずは、新羅人の来航のようなディアスポラ的現象に対して古代国家「日本」が打ち出した各種の制度を分析する。制度の裏側に隠れている支配秩序・交易秩序への希求や欲望を読み取ることによって、当時、列島社会を動かしていた支配層の志向を考察してみる。ついで、日本側、そのなかでも特に「国家」が持っていた思想と意識について検討する。状況によっては海を渡ってくる新羅人に対して強い警戒心を表出することもあったが、そういった対外認識・観念の基底にはどのような「国家」の立場が作用していたのかを見ていく。そして、「国家」と対比される、あるいは立場を異にする諸階層の人々、特に辺境地域の人々が持っていた意識にも留意する。最後には、以上の制度・思想に対する検討をふまえて、生活や社会文化の実状に迫ることを目指す。具体的には、新羅人と頻繁に接触した日本列島の島嶼部・縁海部で起き始める変化の様相に注目する。さらに、列島社会に来着した新羅人が定着の段階に入る現象やその経緯を明らかにし、そして日本列島内部における移動について「移配」という観点から考えてみる。当時の日本列島が離島社会を支えた方式、縁海部の人民や郡領層の生き方、海人の活動も本書の重要な分析対象である。

以下、本論において、具体的にどのような内容を取り上げるのかをその構成に即して簡略に示しておきたい。本書は、二部からなり、それに序章と終章を付している（本書の末尾に初出一覧を付した）。

第一部「来航の新局面と縁海空間」は、序章で打ち出した「長い九世紀」の起点について論じた上で、主に九世紀初頭から半ば頃までにおいての来航新羅人問題を分析範囲として論じたものである（全四章からなる）。特に古史料用語としての「縁海」という地域概念を使い、「縁海」という空間が有する多様な性格を明らかにした。古代日本における「縁海」空間は、人の移動・接触・出会いという「自由さ」と、国家と名づけられた中央権力

（支配層）の統制・管理・取り締りによる「厳重さ」とが混在している場であるが、第一部の各章での検討を通じて、「自由さ」と「厳重さ」、その両者間の拮抗作用が列島社会の変容をどう促進させていくのかを確認した。

第一章「縁海警固と『九世紀』の黎明」は、宝亀十一年（七八〇）七月、縁海諸国に対して二回にわたり警固命令（勅）が下された背景について考察したものである。この章では、まず、北陸道への警固命令が出された背景を渤海使節の来航との関わりのなかで説明した。ついで、山陰道の因幡・伯耆・出雲・石見、山陽道の安芸・周防・長門、大宰（西海道）に縁海警固が命じられた背景について、蝦夷の動向と「流来新羅人」のような不特定多数の来航者が増加する現象、そして大規模化した新羅使節の動向と結びつけて考察した。最後には、「(長い)九世紀」の始まりとしての宝亀年間の位置づけについて述べた。

第二章「延暦・弘仁・天長年間の新羅人来航者」は、公的使節とは性格を異にしている、「賊船」「流来新羅人」のような新たな来航類型が、宝亀年間頃から見られ始めるという第一章の結論を受け、宝亀年間に続く、延暦・弘仁・天長年間における新羅人の来航状況とそれに対する日本側の対応について検討したものである。まず、延暦年間については、新羅人の来航を示す具体的な記事が見られないことを指摘した上で、烽燧停廃記事を分析し、その対策が有する実質性と、烽燧停廃実施の背景となった「内外無事」言説が持つ虚構性を検討した。ついで、弘仁・天長年間に関しては、新羅人らが「流来」か「帰化」という形式を取って来航した事実、弘仁四年の「帰化」新羅人対策が持つ意義、対馬への新羅訳語・博士配置が語ること、大宰府交易体制の整備を通じて図ったこと等について考察した。

第三章「承和年間における対外交渉と新羅康州」は、交流史研究において、交流が行なわれる「場所」に関する論議があまり活発でないこと、そして古代日本列島と朝鮮半島との交流における朝鮮半島側の交易窓口についての精密な研究がほとんどない状況をうけ、承和年間における日本の対新羅交渉の事例を分析し、そういった交渉が行われた空間である新羅康州の性格について検討した。具体的には、『続日本後紀』に出ている新羅地名としての康州と菁州とが同じ地域であることを明らかにした後、当該外交交渉で用いられた牒式文書の内容を分析、康州地域の機能や性格などを整理した。さらに、新羅の康州が対日本交流のみならず、対中国交流においても重要な交通路として機能していたことを指摘し、そして、金石文に見られる康州徳安浦という港湾地域の比定も試みた。

第四章「承和三年の新羅国執事省牒にみえる『島嶼之人』」は、第三章の検討結果を受け、未解決課題について考察したものである。第三章では、日本国太政官宛ての「新羅国執事省牒」そのものに対する考察が不充分であったため、本章では、まず当該「執事省牒」が収まっている『続日本後紀』巻五の諸写本を検討し、承和三年(八三六)「新羅国執事省牒」の校訂本文と史料に即した新たな解釈を提示した。ついで、当時、この「牒」が齎された経緯を分析した上、新羅側から送られた「牒」が、何を伝えているのか、すなわち新羅側は日本の太政官に何を要求しているのかを確認した。最後には、ここに見える「島嶼之人」についての再解釈を試みた。

第二部「新羅海賊と日本列島」では、主に貞観年間以降における新羅問題を取り上げている(全四章および一補論からなる)。この時期は、不特定多数の新羅人が来航する現象という側面では九世紀前半の状況とさほど違っていないが、「新羅海賊」という言葉が初めて出てくるなど(「貞観十一年(八六九)新羅海賊」)、来航新羅人に対する反感・警戒感が明確に高まっていったという特徴を見せる。そこで、第二部では、九世紀後半部にあたる当該時期を「新羅海賊」の時代と捉え、「新羅海賊」と列島社会との出会い、そしてそこから派生する諸問題を具体的かつ実証的に検討してみた。

第五章「貞観年間における弩師配置と新羅問題」では、九世紀半ばを起点としてなお火急な懸案となっていた新羅問題に対し、日本側がいかなる防備策をとったのか、についての考察を行なった。特に、貞観期における縁海地域への弩師配置が歴史的にどのような意味合いをもつのかを分析した。まず、弩師の補任を伝える記事を検討し、当時の弩師配置が地理的には山陰道諸国を中心に、時期的には貞観十一年（八六九）から貞観十三年にかけて集中的になされたことを明らかにした上で、弩師の人名が明確に見える史料を分析し、彼らの出自が渡来系氏族であることを論じた。さらに、弩師の配置が新羅を強く意識する四天王法と密接に連動している点を指摘し、弩師配置の背景は通謀事件、漂着民発生、海賊事件などの新羅問題との関連性からも説明できることを論証した。

第六章「『貞観十一年新羅海賊』の来日航路に関する小考」は、「貞観十一年新羅海賊」の来日航路に注目し、彼らがいったいどこから来た人々であり、また、それは何を意味するものなのかについて考察したものである。従来の研究では、貞観十一年（八六九）、博多津に現われ、豊前国の年貢絹綿を奪取した後、逃亡した「新羅海賊」を、「新羅から来た海賊」と捉えている。しかし、そのような理解は、九世紀以後、急激に拡大した新羅人の海上活動の範囲を見逃し、日本列島と朝鮮半島という限られた領域のなかで考えられてきたものであるため、受け入れ難い側面がある。そこで、「貞観十一年新羅海賊」が五島列島を経由して来日した事実に注目し、それを日唐交通の脈絡に位置付けなおした。

第七章「新羅海賊事件と大宰府管内居住新羅人の動向」は、貞観期における大宰府管内居住新羅人の動向を手がかりにして、いわゆる新羅海賊事件の裏側に秘められている「交流」「共存」の側面について考察したものである。従来の研究では、貞観十一年（八六九）の新羅海賊事件を、日本・新羅関係における「葛藤」「対立」の象徴として理解してきたが、そのような評価は、国境を跨ぐ地域で発生する諸現象を統制・管理しようとした中央権力の視点から眺めたに過ぎず、むしろ、当該事件を通して、多様なレベルの、多様な構成員が活発に「交流」を行い、場合によっては集団居留地を形成するなど、「共存」した様子が読み取れるという点について論じた。

第八章「寛平新羅海賊考」では、九世紀における新羅海賊問題を考えるにあたって、時期的な変化様相に留意しつつその真相や実体に迫る必要があると指摘し、寛平年間において大きな問題となった新羅海賊を寛平新羅海賊と命名した上で、考察を行なった。まず、寛平新羅海賊の全般的な動向を分析し、寛平五〜六年（八九三〜八九四）の二年間に、大きく三回にわたって、肥後国飽田郡・肥前国松浦郡・対馬島のような特定の地域を狙ったことを明らかにした。新羅海賊が当該地域を中心に活動を展開したことについては、西海道においての防人制運用や物資調達方式との関連性からみて、新羅海賊が物資の集積地と判断される地域をターゲットとした可能性を指摘した。一方、寛平新羅海賊の主体については、自立時期、保有兵力の規模、海上勢力の運用能力、日本への接近性などからみて、甄萱勢力との相関性が想定されることを述べた。独自化を宣言した甄萱は、勢力拡張のために新羅王権をはじめとした諸地方勢力と戦いをやり続ける必要があったが、朝鮮半島内において凶作・飢饉などの災異が相次いで発生していたため、目を海外に向けるしかなかったと推論した上、西海道の主要地域を狙ったのも軍需物資の補給と密接に関係が推測されることを論じた。

補論「唐代金氏関連墓誌の問題点」は、日本側の史料から確認される「来航新羅商人の国籍表記混在」に着目し、資料紹介を兼ねて小論を提示したものである。韓国の学会では（例えば、権悳永氏）、日本側の史料のなかで、ある場合は「新羅人」、ある場合は「唐人」「唐客」と記されている「金珍」「金子白」（「金文習」についても）等の国際商人について、「金珍、金子白は新羅出身である。周知のように、金氏は唐や日本では使われておらず、専ら新羅でのみ使用された姓氏である」と論じられて来たが、本補論では、そのような学説に疑問を抱き、反論を提示してみた。具体的には、「唐代の金氏関連墓誌」九点を取り上げ、少なくとも墓誌の記載を読み込んでみる限り、唐代の金氏の皆が新羅系であるとは言い切れないという結論を導き出した。

終章「総括と展望」では、各章の論旨を改めてまとめた上で、本書全体を通じて論じたことの総括とその意義を整理した。なお、本書の議論から派生する問題として、九世紀後半における朝廷の危機意識と新羅海賊事件との関わりについての展望を提示した。特に貞観十一・十二年、諸神社や山陵に奉られた「告文」を分析することによって、どのような脈絡で新羅海賊事件が強調されるようになったのかを考察してみた。

注

（1）この「長い九世紀」という時代概念は、イギリスの歴史学者エリック・ホブズボーム（Eric John Ernest Hobsbawm）の問題意識から借りたものである。彼は、著作『革命の時代』“*The Age of Revolution : Europe 1789-1848*”、『資本の時代』“*The Age of Capital, 1848-1875*”、『帝国の時代』“*The Age of Empire, 1875-1914*”で「長い十九世紀」（*The Long 19th Century*）という時代概念を提唱したのである。フランス革命が始まった一七八九から第一次世界大戦が始まる一九一四年までを「長い十九世紀」と規定している。「長い十九世紀」に対比されるのが「短い二十世紀」である。「短い二十世紀」とは、ホブズボームが著作『極端な時代』（“*The Age of Extremes*”）で提唱した時代概念である。ホブズボームは第一次世界大戦の始まり（一九一四年）からソビエト連邦の解体（一九九一年）を「短い二十世紀」と規定している。

第一部　来航の新局面と縁海空間

第一章　縁海警固と「九世紀」の黎明

はじめに

宝亀十一年七月、縁海諸国に対して二度にわたり警固命令が勅の形態で下された。一度目は、山陰道の因幡・伯耆・出雲・石見をはじめ、山陽道の安芸・周防・長門および西海道（＝大宰）に発布されたものであり、二度目は、北陸道を対象としているものである。特に、二度目の勅からは縁海地域に対する防備指針の詳細な内容が窺え、そのなかでも「賊船」到来の可能性が想定されている点が非常に興味深い。

この時期の縁海警固については、従来軍事史・軍制史の観点からなされた研究がほとんどを占めてきた。すなわち、宝亀十一年に下された勅は、天平四年の節度使体制下においての警固式（＝備辺式）に基づいて作られたものであり、したがって天平年間の対外防御態勢を考えるうえで必ず参考すべき史料、とみる立場である。(1) そのせいか、そのような研究では主な関心の焦点が天平四年の節度使が有する権限の範囲、任務の内容、所管国などの解明に当てられており、むしろ宝亀年間の事情については充分に議論されることがなかったようにみられる。

このような中、宝亀年間に北陸道の国々を往来する「賊船」の存在に着目した一連の論稿が持つ研究史的な意義はきわめて大きいものと言える。これらの研究では、国家的管理の外側で活発に行なわれる交易活動や、国内交易圏の拡大、対新羅関係の悪化などを背景に、宝亀年間において沿岸地域の警備強化という政策が出されるようになった点を指摘している(2)。確かにそれは否定できない卓見ではあるが、厳重警戒の対象を新羅の交易者に限定する解釈には疑問が残るのも事実である。

したがって、本章ではあらゆる可能性に留意しつつ、当時の縁海警固が持つ意義を解き明かしていきたい。宝亀年間に入って以降、新たに現れ始めた状況変化に注目するのは有効な方法になるだろう。

具体的には、大きく三つの問題を取り上げる。まず、渤海使節の来航状況をめぐる日本・渤海間の交渉内容である。これに関してはいわゆる「北路来朝」禁止措置の意味を再検討することによって、日本側が「賊船」の到来を強く意識するようになった理由を明らかにする。ついで、蝦夷との関係に注目する。蝦夷は律令国家の支配秩序および交易秩序、両方を脅かす存在であったと言われるが、これが具体的に縁海諸国とどのように関係するのかを考えてみようとする。最後には、「流来新羅人」問題について検討する。宝亀年間より新たな国家的懸案になりつつあった「不特定多数の新羅人が頻繁に来航する現象」に注目し、これに対して日本側がどう対応していったのかを縁海警固の問題と関連づけて考察する。

一　宝亀十一年（七八〇）七月の勅について

まず、宝亀十一年（七八〇）当時に下された縁海警固の命令がどのような内容となっていたのかを検討してみよう。

一　七月丁丑条の勅

〔史料一〕『続日本紀』宝亀十一年（七八〇）七月丁丑（十五日）条

丁丑、勅、安不忘危、古今通典。宜仰縁海諸国、勤令警固。其因幡・伯耆・出雲・石見・安芸・周防・長門等国、一依天平四年節度使従三位多治比真人県守等時式、勤以警固焉。又大宰、宜依同年節度使従三位藤原朝臣宇合時式。

一度目の警固命令に該当する〔史料一〕であるが、ここからは、因幡・伯耆・出雲・石見・安芸・周防・長門など七つの国と、大宰（ここでは西海道を指す）に勅が出されたのがわかる。七つの国のなかで、因幡・伯耆・出雲・石見などの四つの国は山陰道に属し、つづく安芸・周防・長門などの三つの国は山陽道にあたる。宝亀年間（七七〇～七八〇）を基準とすれば、山陰道・山陽道ともそれぞれ八つの国々からなっていたので、結局ほぼ半分に当たる国に警固が命じられたことになる。

ここで注目されるのは、これらの国々が各道においてそれぞれ「西」のほうに位置している事実である。因幡・伯耆・出雲・石見は、山陰道の国々のうち、西側に位置する四つの国であり、また安芸・周防・長門も、山陽道の国々のうち、西に近い三つの国である。〔史料一〕にみえている大宰が西海道の国々を指していることを想起すれば、宝亀十一年七月十五日の警固命令は、日本列島のうち、特に西側を強く意識していると言えよう。

いま一つ注意を引くところは、この警固発令が天平四年（七三二）節度使の式と深く関わっている点である。

〔史料一〕の後半部を見ると、山陰道の因幡・伯耆・出雲・石見および山陽道の安芸・周防・長門に対する警固は、天平四年節度使である多治比県守の時の式に基づくよう命じており、大宰に対しては同じ天平四年節度使である藤原宇合の時の式に基づいて警固を努めさせている事実がわかる。ここで言う天平四年節度使については次の〔史料二〕が参考となる。

〔史料二〕『続日本紀』天平四年（七三二）八月丁亥（十七日）条

丁亥、以従四位上多治比真人広成為遣唐大使。従五位下中臣朝臣名代為副使、判官四人、録事四人。正三位藤原朝臣房前為東海・東山二道節度使。従三位多治比真人県守為山陰道節度使。従三位藤原朝臣宇合為西海道節度使。道別判官四人、主典四人、医師一人、陰陽師一人。

以上の〔史料二〕は天平四年八月当時に行なわれた遣唐使および節度使任命記事である。このうち、傍線部の内容によると、多治比県守は山陰道節度使に、藤原宇合は西海道節度使に任命されたとの内容を伝えているだけで、山陽道をつかさどる節度使については一切言及していない。

実は、天平宝字五年（七六二）にも三道の節度使を任命し、船舶や兵力の配置計画を立てるが、この時にも東海道・南海道・西海道などの三道の節度使が登場するのみで、山陽道を所管する節度使は任命されていない(3)。すなわち、以上を纏めると〔史料一〕の宝亀十一年七月の時点までは、山陽道の警固を専担する節度使が存在していなかったことになり、むしろ〔史料一〕の勅を通じて初めて安芸・周防・長門などの山陽道の国々に対する警戒態勢の法的根拠が設けられたと言える。ここで注目すべきは、山陽道の縁海諸国に対しても、山陰道節度使・多治比県守の時の式に基づいて警戒を強化するようにしているとの事実である。これは山陽道の国である安芸・周防・長門が直面している状況が山陰道のそれと同質的なものであったことを示唆するものであり、留意しておきたい（この点については後に詳述する）(4)。

なお、〔史料一〕では天平四年節度使が任務を遂行した時の「式」が存在したとあるが、しかし残念ながら天平四年当時の警固式の実状を伝えている記事は見当たらない。〔史料一〕で言う警固方式とは、どのような様子なのかについても知りようがないようにみられる。但し、次の〔史料三〕を通してある程度推測することは可能である。

〔史料三〕『続日本紀』天平宝字三年（七五九）三月庚寅（廿四日）条

庚寅、大宰府言、府官所見、方有不安者四。拠警固式、於博多大津及壱岐・対馬等要害之処、可置船一百隻以上以備不虞。而今無船可用。交闕機要。不安一也。大宰府者、三面帯海、諸蕃是待。而自罷東国防人、辺戍日以荒散。如不慮之表、万一有変、何以応卒、何以示威。不安二也。管内防人、一停作城、勤赴武芸、習其戦陳。而大弐吉備朝臣真備論曰、且耕且戦、古人称善。乞五十日教習而十日役于築城。所請雖可行、府僚或不同。不安三也。天平四年八月廿二日有勅、所有兵士全免調庸、其白丁者免調輸庸。当時民息兵強、可謂辺鎮。今管内百姓乏絶者衆。不有優復無以自贍。不安四也。勅、船者宜給公粮、以雑徭造。東国防人者衆議不允。仍不依請。管内防人十日役者、依真備之議。優復者、政得其理、民自富強。宜勉所職以副朝委。

〔史料三〕は大宰府が官員の所見を参考とし、言上した防衛上の不安な点・四ヶ条とそれについての対策を命じている勅である。ところで、四ヶ条のうち、一つ目の項目（傍線部）を見ると、ある警固式に基づく場合、博多大津・壱岐・対馬などの要害地域に船舶一〇〇隻以上を置き、「不虞」に備えるようにしているが、現在は利用できる船がなくて、いざ非常時には対応できないとする。このことが不安要素のうち、最も優先的に指摘されている（史料では「不安一也」）。

ここで言う「警固式」とは、天平四年、西海道節度使・藤原宇合の時に定めた式と同じものと考えられる。なぜならば、天平四年以降（史料三）の天平宝字三年に至るまで宇合の時に定められた式が改定されたり、それとは異なる新しい式が作られたりした痕跡が確認されないからである。もしこのような推論が認められるなら、天平宝字五年（七六一）、西海道節度使に造船・兵力再配置の任務が与えられた点からも分かるように[(5)]、やはり警固式（縁海警固）の重点は、船舶の建造および配置に置かれていたと言ってよいだろう。

二　七月戊子条の勅

〔史料四〕『続日本紀』宝亀十一年（七八〇）七月戊子（二十六日）条

戊子、勅曰、筑紫大宰、僻居西海、諸蕃朝貢、舟楫相望。由是、簡練士馬、精鋭甲兵、以示威武、以備非常。今北陸道、亦供蕃客、所有軍兵、未曾教習、属事徴発、全無堪用。安必思危、豈合如此。宜准大宰依式警虞。事須縁海村邑見賊来過者、当即差使、速申於国。国知賊船者、長官以下急向国衙、応事集議、令管内警虞且行且奏。〈其一〉。賊船卒来着我辺岸者、当界百姓、執随身兵、并賚私粮走赴要処、致死相戦、必待救兵。勿作逗留令賊乗間。〈其二〉。軍所集処、預立標榜。看量地勢、務得便宜。兵士已上及百姓便弓馬者、量程遠近、結隊分配。不得臨事彼此雑乱。〈其三〉。戦士已上明知賊来者、執随身兵、兼佩飰帒、発所在処、直赴本軍、各作軍名、排比隊伍、以静待動、乗逸撃労。〈其四〉。応機赴軍、国司已上皆乗私馬。若不足者、即以駅伝馬充之。〈其五〉。兵士・白丁赴軍、及待進止、応給公粮者、計自起家五日乃給。其閑処者給米、要処者給糒。〈其六〉[6]。

〔史料四〕は宝亀十一年に出された二度目の縁海警固命令である。北陸道の国々に警固（史料本文では「警虞」とある）を命じている勅である。前でみた〔史料一〕の場合が、具体的な方法を提示していなかったことに比べて、〔史料四〕は縁海諸国がどのように警固を強化すべきかを具体的に示しているという点で注目すべきものである。まず、延べ六ヶ条からなる関連規定の内容を一つずつ見てみよう。

一番目（其の一）は、賊船の来航時、縁海村邑が国に報告すべきこと、そして国衙の対応方法を定めた内容である。縁海の村では、賊が来過することを見つけると、即時、使者を遣わし国に申告しなければいけないとする。ついで、国が賊船であることを確認すれば、長官以下の国司が速やかに国衙に集まり、事態の対応を合議すること、そして管内を警戒態勢に転換し、現場に行ってみるとともに、天皇に奏上せよ、と規定している。

次（其の二）には、賊船の着岸時、縁海住民の対応義務が定められている。賊船が俄かに来航し海岸に着いた際に、界隈の人民は所持している武器と自分の食糧を持って要所に走り、死ぬ覚悟で戦え、とする。さらに、必ず救援兵を待ちつつ抗戦し、敵に隙を見せてはならないと強調している。

三番目（其の三）は、軍の集合場所、編成方法についての規定である。軍隊が集合する場所は、予め標札を立て表示しておき、地勢を考えて便宜を図るよう命じている。兵士以上の者や、人民のうち弓馬に慣れた者は、道程の遠近を考慮し、部隊を結成して分散配置するように、そして変事に臨んで、あれこれと混乱することのないように注意を与えている。

四番目（其の四）は、戦士以上の本軍集合および応戦について定めた内容である。戦士以上の者は、賊が来航することを明確に認知すると、身につけた武器を取り、糒の袋を腰に下げ、所在地を出発してすぐに本軍へ赴き、各部隊の名を作って、隊伍を整えるようにしている。さらに、静粛を保って賊の動きを待ち、体を休め士気が上がったところで相手の疲れたところを攻撃せよ、とする。

五番目（其の五）は、軍へ赴く国司以上の乗用馬についての規定である。機会を把握し、戦闘に赴こうとする国司以上の者は、皆手持ちの馬に乗るように、そしてもし足りない場合、駅馬・伝馬を以てそれを充てるように命じている。

最後（其の六）は、軍に赴く兵士・白丁への公糧支給方法についての規定である。ここでは、兵士や庶民が戦闘に赴き、進退の指示を待つことになった時、官より兵糧を支給するのは家を出てから五日目とせよ、と命じている。また、戦闘の急迫していないところは米を支給し、要所には糒を支給するようにしている。

以上で検討した〔史料四〕の警固勅では、賊船の来航時、あるいは着岸（上陸）時にどう対応すべきかについて具体的なマニュアルを提示していることが確認できた。〔史料一〕（一度目の勅）と関連づけて指摘できるのは、これらの勅が「予防的性格」を帯びているという点である。〔史料四〕の「安必思危、豈合如此（安きときにも必ず危きを思ふこと、豈此の如くなるべけむや）」（傍線部の後半）という文言は、〔史料一〕の「安不忘危、古今通典（安きときにも危きを忘れぬは古今の通典なり）」（傍線部）というものと脈絡を同じくすると言えるが、これは結局、平常時にこそ、危機に備えなければいけないという事実を強調しているのであり、言い換えれば、縁海諸国に厳重な警戒態勢を維持させることによって、トラブルを未然に防止しようとする強い意思が表明されたことと理解できよう。

このような解釈は下向井龍彦氏の見解とも符合する。下向井氏は八〜九世紀における警固勅符の性格について、「実際に八〜九世紀に警固勅符および警固官符が発布された事例を分析してみると、警固発令は実質的に『賊』（または『海賊』）が出現する以前の段階に行なわれる事前的措置であり、これに対し「謀反」「放火殺人」「殺害侵奪」「掠奪」「私鋳銭」「叛乱」などの事態発生後には、追捕官符（ないしは捜索官符）および追討勅符（ないしは討伐勅符）の発布が行なわれたことが分かる」とした。(7)

一方、〔史料四〕では勅（＝警固命令）が出される背景として、①北陸道への蕃客来航、②これに対する警戒態勢の不備をあげている（傍線部の前半）。これはその前に「筑紫大宰、僻居西海、諸蕃朝貢、舟楫相望。由是、簡練士馬、精鋭甲兵、以示威武、以備非常」とある内容、すなわち、諸蕃からの朝貢船が果てしなく続くなかで、筑紫大宰が士馬を簡練したり、武装兵を精鋭として育成し、威武を示すことによって非常時に備える、という内容とも密接に関わっている。

特に「以示威武、以備非常（威武を示すことによって非常に備える）」（網掛け部）という言説からは、当時の日本が非常事態に臨む際のあり方が窺える。これに関連しては〔史料三〕の「如不慮之表、万一有変、何以応卒、何以示威（もし予想外のことで万が一変があれば、何を以て俄かに応じ、何を以て威を示すのか）」（網掛け部）という一節が注目される。両者とも「威（いきおい）」を示すことが常時防御体制の名分となっている点で共通している。すなわち、「威武」ないし「威」を示すために警固を強化し、また逆に「威武」ないし「威」を示すことによって警固を完結させるとの点で、この時期における縁海警固体制がもつ特徴があるのではないだろうか。

但し、留意すべきは、ここで言う「威武」とは、実質的な軍事力そのものというよりは抽象化された概念であるという事実である。「威武」は軍事力の行使として発現されるのでなく、いつでも発動可能な力を現実的に保有・保持している状態によって表われると言える。そういった側面からすれば、縁海警固というのは、実質的な衝突を避けつつも日本列島の外部（境界の外側）からのあらゆる形態の脅威に対応できる方便であり、また、非常事態に有効な防備対策でもあったと評価することも可能であろう。

〔史料四〕を理解するにあたって見逃してはいけないのは、縁海諸国に対する警固命令が「賊船」到来の「可能性」を想定したとの事実である。もう一つは、「賊船」到来の可能性が「蕃客」来航という状況のなかで強調されている点である。これは宝亀年間に行なわれた縁海警固の本質が「蕃客（船）」と「賊船」との区別・判別にあったことを意味するのではないだろうか。

こうなると、宝亀十一年（七八〇）頃、北陸道の諸国が「蕃客（船）」と「賊船」とを区別しなければならない理由は何であったのかが自ずと疑問となる。その問いに答えるために、まず、北陸道への「蕃客」来航状況を検討する必要があると思われる。果たして宝亀年間以降、北陸道地域に新たに現れ始めた現象とは何であったのだろうか。

二　渤海使節の「北路」来航と縁海警固

一　渤海使節の来航と「北路来朝」禁止措置

表1は八世紀に来航した渤海使節についてまとめたものである。(8) これを参照すれば〔史料四〕で言及された「蕃客」、すなわち宝亀十一年（七八〇）頃、北陸道に来航した「蕃客」とはまさに渤海使節を指していることが

確認できる。(9)

一方、渤海使節の来航をめぐっては幾つかトラブルが発生する場合も見て取れる。反面、外交的問題が全然起きていない場合もある。そこにはそれぞれどのような事情があるのか見てみよう。

まず、外交問題がいっさい発生しない場合を検討してみたい。これに該当する事例としては表1のNo.2・4・5・6・10・14があげられる。ところで、これらには一つの共通点が確認される。国外に滞在していた日本人使節（官人）を同伴して来航していることである。No.2にみえる胥要徳、己珎蒙らは、日本の遣唐使判官の平群広成ら四人とともに海を渡っており、No.4の楊承慶、楊泰師らは、遣渤海使の小野田守らとともに来日している。No.5にみえる高南申使節団は、藤原河清を迎えに行った使節、内蔵全成らとともに来航しており、それに続くNo.6の王新福らも遣渤海使の高麗殿嗣とともに、そしてNo.14の大昌泰らは内藏賀茂麻呂とともに来航したとある。このように、渤海使が日本の国外使節と同伴する場合は、入京も例外なく許可されたとみられる。

次に、トラブルが発生したケースである。命をかけた航海の末、日本に到着した渤海使節を困らせた一つは蝦夷との衝突であった。No.1・12・13でその痕跡が見出せる。最初の渤海使節にあたる高仁義ら二十四人は、「蝦夷境」に到着したせいで、使節団の代表である高仁義以下十六人が殺される被害を被った。No.12・13の場合も同様である。No.12からは、李元泰らが蝦夷に攻略されるなどの傷害を被ったことが、そしてNo.13からは、呂定琳らが「夷地」にあたる志理波村に着き、劫略された事実が伝えられる。

外交儀礼問題の発生というトラブルも注目される。このような問題が起こる事由は主に渤海使節が持参した外交文書の内容と形式にあったものと考えられる。例えば、No.3では、渤海使が持参した外交文書「啓」のなかで臣名を称していないとのことで叱責を受ける様子が確認される。さらに、以前に日本側が「表」の所持を要求し

外交文書形式	将来物	関連内容	出国年月日	送渤海使
啓	方物「貂皮三百張」	高仁義ら24人が蝦夷境に着き、仁義以下16人が殺害される。高斉徳ら8人は生存し、出羽国に到着。蝦夷境⇒出羽国か。のちは斉徳が使節を代表する。(『続日本紀』)	神亀4年(727)12.20	引田虫麻呂
啓	方物「大虫皮・羆皮各七張、豹皮六張、人参三十斤、密三斛」	日本の遣唐使判官平郡広成ら4人とともに来航および入京。渤海大使・胥要徳ら40人が没死し、広成らが使節を率いて出羽国に到着。のちは副使・己珎蒙が使節を代表する。(『続日本紀』) この頃、最初の「表」要求か。	天平12年(740)4.20	大伴犬養
		渤海人+鉄利人の来航。「慕化来朝」=公式使節ではないのか。(『続日本紀』)	天平18年(746)	
啓	国信物	「啓」で臣名を称していないため、叱責。以前(天平11年か)の渤海使節に勅を下し、「表」を要求したが、慕施蒙らは重ねて「表」を持参せずに来日。(『続日本紀』)	天平勝宝5年(753)6.8以後	
表	常貢物	遣渤海使小野田守らとともに来日。安史の乱勃発を伝える。帰国時、唐に滞在中の藤原河清らを迎えるための遣唐使高元度らと同行。(『続日本紀』)	天平宝字3年(759)2.16以後	
(王言)+中台省牒	方物	迎藤原河清使・内蔵全成らとともに来航。渤海から帰国する際に、海中で風に逢い、対馬へ漂着したとする。渤海の中台省牒を持参。そこには、安史の乱により、日本の遣唐使(迎藤原河清使)らの唐での活動に制約があったことや、渤海使高南申らの同行経緯が伝えられる。王言の形式は不明。(『続日本紀』)	天平宝字4年(760)2.20以後	陽候玲
	方物	遣渤海使伊吉益麻呂らとともに来日。一方、船上で病気を得た高麗大山は「佐利翼津」に着いた後、死亡したとあるが、この「佐利翼津」が、具体的にどこなのかは明らかではない。恵美押勝が宴を施す。天平宝字7年(763)8月壬午(12日)条に「初遣高麗国船、名曰能登」とあるが、「能登」は渤海使王新福らの帰国船の名称か。能登からの出航であったため、そのように呼ばれたか。(『続日本紀』)	天平宝字7年(763)2.20以後	多治比小耳(但し、実際に乗船はしない。船師板振鎌束が実質の送使)
表	方物(国信物)	「表」をめぐって「違例無礼」問題が発生、最初の入京拒否。壱万福らが「表文」を改修し王の代わりに謝罪する。宝亀3年(772)9.21、送渤海客使・武生鳥守らと帰国の途についたが、暴風に逢い、能登国に漂着。客主は僅かに死を免れる。直ちに福良津に安置。能登からの出航か。入京時、元日朝賀にて陸奥・出羽の蝦夷と出会う。北路来朝禁止を通報したか。(『続日本紀』)	①宝亀3年(772)2.29〜9.21の間 ②宝亀4年(773)2.20〜6.12の間	武生鳥守
表	進物	烏須弗らは、渤海を訪問した日本の使節(内雄ら)が本国に無事帰還したか、そして、渤海使壱万福らが帰らない事情は何か、確認するのを目的に来日。日本側は、渤海の「表函」が例に違い、無礼であるため、烏須弗らを朝廷に招致せず、返却。なお、渤海使に「此道」を取って来航するのを禁止し、筑紫道からの来航を求める(北路来朝禁止)⇒「承前禁断」とは、壱万福の時か。(『続日本紀』)	宝亀4年(773)6.24以後	

表1　八世紀における渤海使の来航

連番(No.)	到着年月日	代表者氏名	肩書・官職名	官職性格	人数(船数)	到着地(安置地域)	入京年月日
1	神亀4年(727)9.21	高仁義 徳周 舍航 高斉徳	寧遠将軍・郎将 游将軍・果毅都尉 別将 首領	武官 武官	24人	出羽国	神亀4年(727)12.20
2	天平11年(739)7.13	胥要徳 己珎蒙	忠武将軍・若忽州都督 雲麾将軍	武官 武官	(2隻か)	出羽国	天平11年(739)10.27
☆	天平18年(746)是年				1100余人	(出羽国)	放還
3	天平勝宝4年(752)9.24	慕施蒙	輔国大将軍	武官	75人	越後国佐渡嶋(越後国か)	天平勝宝5年(753)5.25以前
4	天平宝字2年(758)9.18	楊承慶 楊泰師	輔国大将軍 兼将軍行木底州刺史 兼兵署少正 帰徳将軍	武官 武官	23人	(越前国)	天平宝字2年(758)12.24
5	天平宝字3年(759)10.18	高南申	輔国大将軍 兼将軍玄菟州刺史 兼押衙官	武官		対馬	天平宝字3年(759)12.24
6	天平宝字6年(762)10.1	王新福	紫綬大夫・行政堂左允	文官	23人	(越前国加賀郡)	天平宝字6年(762)閏12.19
7	宝亀2年(771)6.27	壱万福	青綬大夫	文官	325人(17隻)	出羽国 賊地野代湊 (常陸国)	宝亀2年(771)12.21
8	宝亀4年(773)6.12	烏須弗			40人(1艘)	能登国	返却

外交文書形式	将来物	関連内容	出国年月日	送渤海使
(王言)	方物	使節団の規模は187人であったが、日本列島のある地点に着岸した際に、悪風に逢い、ほとんど漂没し、46人のみ生存。日本側は、「北路」を取って来日しないように求めたにもかかわらず(北路来朝禁止)、なぜ約束を違ったかと叱責。これに対し、史都蒙らは、そのことは承知しており、それで対馬嶋竹室之津を目指したが、海上で悪風に逢い、「禁境」に着いたと答える。最初は40人にのみ入京を許可したが、史都蒙らの要求により、生存者46人全員が入京。宝亀9年(778)4.30、越前国江沼・加賀2郡に溺死した渤海使30人が漂着したと報告される。王言の形式は不明。(『続日本紀』)	宝亀8年(777)5.23以後	高麗殿継(殿嗣とも)
(王言)	方物	遣渤海使高麗殿嗣とともに来航。高麗殿嗣を送る使節か。元日朝賀など正月儀礼に参席。王言の形式は不明。(『続日本紀』)	宝亀10年(779)2.2以後	大網広道
表		渤海人＋鉄利人の来航。「慕化入朝」但し、使節としての面貌が足りないため、放環措置を下す。常陸の調、相模の庸、陸奥の税を用いて渤海人・鐵利人に支給。さらに、寒さにより海路が険難であるため、日本での越冬(一時滞留)を許す。高洋粥らが持参している「表」が無礼であるため、進上しないことを命ず。また、筑紫に着かず(北路来朝禁止措置の違反)、巧言で便宜を求めるのを叱責。渤海通事・高説昌が鉄利人との席次問題で抗議。高洋粥らの要求により、帰国船9隻を提供。(『続日本紀』)	宝亀10年(779)12.22以後	
		蝦夷に略せられた者が12人、41人しか見えない(延べ63人か)。来日時、蝦夷に害を被り、帰国する方法がないとの李元泰らの言葉に対し、日本側は、越後国に船1艘・柁師・挟杪・水手を支給するように命ず。(『続日本紀』)	延暦6年(787)2.19以後	
啓	方物	夷地志理波村に漂着し、劫略を被ったため、越後国に遷す。帰国時、在唐僧永忠に太政官書および沙金を転送するように託される。(『類聚国史』『日本紀略』)	延暦15年(796)5.17以後	御長広岳
啓	方物	内藏賀茂麻呂とともに来航。夜間航行中に神明の助けにより、隠岐国智夫郡に辿り着く。渤海側は大昌泰らを通じて、以前「6年1貢」と定められた年期に対し、それは遅いとする。日本側はこれを受けて、大昌泰らの帰国時に、年限は立てないとの方針を伝える。(『日本後紀』『類聚国史』『類聚三代格』)	延暦18年(799)4.15以後	滋野船白

連番(No.)	到着年月日	代表者氏名	肩書・官職名	官職性格	人数(船数)	到着地(安置地域)	入京年月日
9	宝亀7年(776)12.22	史都蒙	献可大夫・司賓少令	文官	187人 または 166人	(越前国加賀郡)	宝亀8年(777)4.9
10	宝亀9年(778)9.21	張仙寿	献可大夫・司賓少令	文官	(2艘)	越前国 坂井郡三国湊	宝亀10年(779)1.1以前
11	宝亀10年(779)9.14	高洋粥	押領		359人	(出羽国)	放還
12	延暦5年(786)9.18	李元泰			65人 (1隻)	出羽国 (越後国か)	発遣
13	延暦14年(795)11.3	呂定琳	匡諫大夫・工部郎中	文官	68人	出羽国 夷地志理波村 (越後国)	延暦15年(796)4.27以前
14	延暦17年(798)	大昌泰	慰軍大將軍 ・左熊衞都將上柱將	武官		隠岐国智夫郡	延暦17年(798)12.27以前

注記
1）到着年月日は、到着の報告が入った日を基準に作成した。
2）到着地は、着岸地と推定される地域。安置地域は、最初着岸地から移動後、安置されたと推測される地域。
3）空欄は、史料に関連記載がない場合。

外交文書形式	備考
啓	(『類聚国史』『日本紀略』)
啓	(『日本後紀』)
啓	帰国の途で逆風に逢い、漂廻。船は損壊、大使王孝廉は死亡。越前国に渤海使のための大船を造らせる。(『日本後紀』『類聚国史』)
	帰路で遭難し、船が破損。日本側は帰国にあたり船1隻を支給。(『類聚符宣抄』『類聚国史』)
啓	(『類聚国史』)
啓	(『類聚国史』)
	渤海王の信物・高貞泰らの別貢物が進上される。渤海使から「契丹大狗2口・矮子2口」が献上される。右大臣・藤原緒嗣、上表して、渤海使の来日年期を「1紀1貢(12年に1回)」とすることを請う。高貞泰らの帰国に際し、来日年期を「1紀1貢」に改定するのを通報。渤海使の来日年期が改定されたことを縁海諸郡に周知させる。(『日本紀略』『類聚国史』)
啓	右大臣・藤原緒嗣、上表して、年期違反の来日であるため、入京を許さずに帰国させるべきと請う。「実は是れ商旅にして、隣客とするに足らず」云々と論ず。しかし、この見解は受け止められず、入京を許可。(『日本紀略』『類聚国史』)
啓＋中台省牒	来日の事由・年期違反について尋問。これに対し、王文矩は唐の情報を伝えるために年期違反であることを承知しているにもかかわらず、来日したと答える。また、船の破損を報告し、新船の支給を要求。太政官符を但馬国に下し、渤海使処遇について命ず(4ヶ条)。①王文矩らは年期違反であるため、食料支給は規定の半分にすること、②渤海使の駕船を修理すべきこと、③渤海使との私的交易を禁止すること、④渤海使が来日した時、到着地の官吏がまず使者の所持している王啓・中台省牒を開き見て写し取り、進上すべきこと、但し、もし故実に違う場合にはそのまま帰国させ、一々言上する必要はないこと。(『類聚三代格』『日本紀略』『類聚国史』)
啓＋中台省牒	中台省宛ての太政官牒にて啓函の修飾が先例に違背すること問題視する。(『続日本後紀』)
啓＋中台省牒	年期は未満であるが、友好を修めるために使者を遣わしたとする。日本側は年期違反を問題視するが、結局、入京は許可。(『続日本後紀』)
啓＋中台省牒	年期が近づいたので使者を遣わしたとする。中台省宛ての太政官牒で年期を守ることなどを述べる。(『日本三代実録』『類聚三代格』)
啓＋中台省牒	存問使らは、渤海使節が年期を違反したこと、渤海国王の啓に違例が多いことを理由に帰国させるべきと言上。しかし、入京は許される。ところが、相次ぐ炎旱が原因となり、結局、入京は停止される。(『日本三代実録』)
啓＋中台省牒	年期を守り来日したため、入京を許可。渤海使と京師の人および市人との私交易を許す。渤海使が信物として「大虫皮7張・豹皮6張・熊皮7張・蜜5斛」をもたらす。(『日本三代実録』)
啓＋中台省牒	年期違反であるため、王啓および信物は受け止められず。(『日本三代実録』)
啓	(『日本三代実録』)
中台省牒	年期違反の来日であるため、入京させずに帰国させる。(『日本紀略』『本朝文粋』)
	(『日本紀略』『扶桑略記』『菅家文草』)
啓	(『日本紀略』『扶桑略記』『本朝文粋』)
啓＋中台省牒	(『日本紀略』『扶桑略記』『朝野群載』) ※裴璆は、延長7年(929)、東丹国使として来日(丹後国)している。(『日本紀略』『扶桑略記』『本朝文粋』『扶桑集』)

表2　九世紀以後における渤海使の来航

連番(No.)	到着年月日	代表者氏名	肩書・官職名	官職性格	人数(船数)	到着地(安置地域)	入京年月日
15	大同4年(809)10.1	高南容	和部少卿兼和幹苑使				弘仁元年(810)4.1以前
16	弘仁元年(810)9.29	高南容					弘仁2年(811)1.1以前
17	弘仁5年(814)9.30	王孝廉				出雲国	弘仁6年(815)1.1以前
18	弘仁9年(818)か	慕感徳					
19	弘仁10年(819)11.20	李承英	文籍院述作郎				弘仁11年(820)1.1以前
20	弘仁12年(821)11.13	王文矩	政堂省左允				弘仁13年(822)1.1.以前
21	弘仁14年(823)11.22	高貞泰			101人	加賀国	
22	天長2年(826)12.3	高承祖	政堂信少卿 (政堂省信部少卿か)		103人	隠岐国	天長3年(827)5.8
23	天長4年(828)12.29	王文矩	政堂左允 (政堂省左允か)		100人	但馬国	
24	承和8年(841)12.22	賀福延	政堂省左允		105人	長門国	承和9年(842)3.27
25	嘉祥元年(848)12.30	王文矩	永寧県丞		100人	能登国	嘉祥2年(849)4.28
26	天安3年(859)1.22	烏孝慎	政堂省左允		104人	能登国珠洲郡 (加賀国)	
27	貞観3年(861)1.20	李居正			105人	隠岐国 ⇒出雲国島根郡	
28	貞観13年(872)12.11	楊成規 李興晟	政堂省左允・慰軍上鎮将軍 右猛賁衛少将	武官	105人	加賀国	貞観14年(873)5.15
29	貞観18年(877)12.26	楊中遠	政堂省孔目官		105人	出雲国 (出雲国 島根郡)	
30	元慶6年(882)11.14	裴頲	文籍院少監		105人	加賀国	元慶7年(883)4.28
31	寛平4年(892)1.8	王亀謀	文籍院少監		105人	出雲国 (出雲国 島根郡)	
32	寛平6年(895)12.29	裴頲			105人	伯耆国	寛平7年(896)5.7
33	延喜8年(908)1.8	裴璆				伯耆国	延喜8年(908)5.10
34	延喜19年(919)11.18	裴璆	信部少卿		105人	若狭国丹生浦 (越前国 松原駅館)	延喜20年(920)5.8

注記
1）到着年月日は、到着の報告が入った日を基準に作成した。
2）到着地は、着岸地と思われる地域。安置地域は、着岸後移配されたと思われる地域。
3）空欄は、史料に関連記載がない場合。備考欄は特記事項のみ記す。

たにも関わらず、再び「表」を持参していないとの点も問題視されている。

ところで№7・8・9・11の段階になると、外交文書の内容および形式問題（№7・8・11）に加わって渤海使節の「到着地」をめぐるトラブルが発生し始める。すなわち、宝亀年間に入ってから縁海警固命令（〔史料一〕〔史料四〕）が下される宝亀十一年（七八〇）の直前まで、日本側が渤海使節に対して「北路来朝」の禁止を相次いで要求または通報しているのである（№7・8・9・11の関連内容を参照）。「北路来朝」の禁止とは、「北路」を利用した来日を禁止することと解釈するのが可能であるが、それでは、この時の「北路」とは一体何であり、なぜそのような措置を取るようになったのだろうか。

二　「北路」の意味

「北路来朝」禁止措置が下された理由を明らかにする前に、まず「北路」の意味について考えてみよう。いわゆる「北路来朝」禁止措置を直接的に伝えている史料を示すと次の如くである。

〔史料五〕『続日本紀』宝亀四年（七七三）六月戊辰（二十四日）条（＝表1の№8）

戊辰、遣使宣告渤海使烏須弗曰、太政官処分、前使壱万福等所進表詞驕慢、故告知其状罷去已畢、而今能登国司言、渤海国使烏須弗等所進表函、違例無礼者、由是不召朝廷、返却本郷、但表函違例者、非使等之過也、渉海遠来、事須憐矜、仍賜禄幷路糧放還、又渤海使取此道来朝者、承前禁断、自今以後、宜依旧例従筑紫道来朝。

〔史料六〕『続日本紀』宝亀八年（七七七）正月癸酉（二十日）条（＝表1の№9）

癸酉、遣使問渤海使史都蒙等曰、去宝亀四年、烏須弗帰本蕃日、太政官処分、渤海入朝使、自今以後、宜依古例向大宰府、不得取北路来、而今違此約束、其事如何、対曰、烏須弗来帰之日、実承此旨、由是、都蒙等発自弊邑南海府吐号浦、西指対馬嶋竹室之津、而海中遭風、著此禁境、失約之罪、更無所避。

〔史料七〕『続日本紀』宝亀十年（七七九）十一月乙亥（九日）条（＝表1のNo.11）

乙亥、勅、検校渤海人使、押領高洋粥等、進表無礼、宜勿令進、又不就筑紫、巧言求便宜、加勘当勿令更然。

以上の史料群からもわかるように、「北路」という文言が直接使われているのは〔史料六〕の場合である。これによると、宝亀四年（七七三）日本に派遣され、その後、渤海に復帰した烏須弗らが帰国する時、日本の太政官が、渤海使節は今後「古例」に基づき、大宰府に向かうようにし、「北路」を取ってはいけない、と伝えたが、その約束を破って相次いで「北路」に来航したことを日本側が問題視したようにみられる。これに対して、渤海使節の史都蒙らは、そのような通報を受けたことを承知しており、それであえて「南海府吐号浦」より出港し、日本列島の西側にあたる対馬嶋の竹室の津を目指したが、海上で風に遭い、この禁止された地域（＝「此禁境」）に着くことになったと答えたらしい。表1のNo.9をあわせて参照すると、〔史料六〕にみえる「此禁境」とは、越前国加賀郡、またはその付近地域を指していることがわかり、この時の「北路」来航とは、越前国を通じて入国することであると推論できる。

同様に〔史料五〕（表1のNo.8）を見ると、渤海使に禁止されている「此道」を通じた「来朝」とは、能登国への入国を意味しており、日本側から求められた入国ルートは「筑紫道」であったことが確認できる。

〔史料七〕の場合も同様である。出羽国に到着した渤海使節の高洋粥（高洋弼ともいう）らに筑紫に就いていないこと（＝「不就筑紫」）を叱責していることからみて、渤海使節に禁止されたのは出羽国を通じた入国であり、日本側から求められたのは筑紫のほうに到着することであったと把握できるのである。

以上の三つの事例からすれば、〔史料五〕の「此道」は、〔史料六〕にみえる「北路」という表現に入れ替えることが可能であると思われる。いずれも「筑紫道」または大宰府に向かう（＝「向大宰府」）道と対比される概念であり、「禁断」の対象とみられるからである。したがって、筑紫に就いていないこと（＝「不就筑紫」）で叱責を受けている〔史料七〕の渤海使節も「北路」を取って来航したものと看做してよいだろう。

なお、〔史料五〕の「承前禁断」という表現から、日本側が渤海使節に「北路来朝」禁止を要求したのは、〔史料五〕の時点が最初ではないということが推測できる。石井正敏氏の考察によると、はじめて「北路来朝」禁止の旨が提示されたのは表1のNo.7にみえる渤海使壱万福の時であったとする。[10] そうなると、「北路来朝」禁止が要求または通報されたのは、表1のNo.7〜11に相当する時期で、計四回に達する。これは「北路来朝」禁止が宝亀年間に集中的に要求されたことを示すものであり、さらにこのことが前で検討した宝亀十一年（七八〇）七月の縁海警固命令と密接に関わっていることを推測させる。

「北路来朝」禁止と縁海警固との相関性の検討に先立ち、ここでは以上の検討でたびたび登場した「北路」そのものについて考えてみたい。

実は「北路」の意味については先行研究でも言及されたことがある。例えば、浅香年木氏は「北路」は即ち「北陸道」であると論じている。[11] 石井正敏氏の場合も、『北路』の範囲は必ずしも明確でないが、今はしばらく北陸道方面と解しておく」としており、[12] 暫定的ではあるが、「北陸道方面」とみている。

しかし、いわゆる「北路」を取って来航したと看做される渤海使の到着地をみる限り、そうとは考え難い。表

1のNo.7では「出羽国賊地野代湊」、No.8では「能登国」、No.9では「越前国加賀郡」、No.11では「出羽郡」となっており、北陸道に属しない「出羽国」に到着する時も「北路来朝」として認識されているからである。それでは、北陸道および出羽国に到る道が、なぜ「北路」という一つの固まりとして認識されたのだろうか。

それは当時の国土意識および方位方角概念と深く関わっている。律令制下において「七道」の名称は方位に基づいた地理的区分を前提にしている。例えば、「東」は「東海」「東山」、「北」は「北陸」、「西」は「山陽」「西海」、「南」は「南海」と関係があると言えよう。ここでは一見「北陸」のみが日本の「北」として認識されていたようにみられるが、しかし「出羽」も建国以後一貫して「北辺の国」と積極的に位置づけられてきた事実を見逃してはいけない。(13) つまり、当時の認識のなかで北限としては北陸と出羽とが並存していたのである。(14)

もう一つは、北陸道と出羽国との親密性があげられる。本来、出羽は北陸道の越後国から出羽郡として分立された、(15) 以後に東山道に編入（移管）されてからも――『延喜式』の段階にも――北陸道から東山道への連絡路が出羽国方面に伸びていたと確認されている事実(16)からすれば、この両地域が一つの固まりと認識されていたことが充分推定できるのである。

したがって、「北路」とは、単に「北陸道」を指す異称でなく、日本列島の「北」（出羽および北陸道の国々）に到る航路を指すものと言える。但し、「北路」という用語はどの海上移動ルートを取ったのかによって決定されるのではなく、到着地がどこであったのかによって付けられる名称であることを認識しておかなくてはならない。

三　「北路来朝」禁止の理由と警固発令の意義

では、ここからは「北路」への来航を禁止した理由が何なのかについて考察してみよう。

かつて、新妻利久氏は、「旧例」(前掲〔史料五〕)、「古例」(前掲〔史料六〕)について、職員令大宰府条に大宰帥の蕃客担当職務が規定されていることから「事実は別として、筑紫道が来朝の規定航路であり、北路は渤海使のみならず、すべての蕃客に対しては禁境であった」と論じ、大宰府入港規定の存在を示す痕跡であると主張した。(17) これに対して石井正敏氏は、「旧例」「古例」は高句麗時代の例として解釈すべきとし、大宰府入港規定の存在を否定した。そしてむしろ蝦夷問題が北路来朝を禁止した最大の原因であると主張した。すなわち、渤海使が蝦夷の賊難に巻き込まれることを未然に防止するための措置であったとみているのである。(18) 一方、赤羽目匡由氏は、北路来朝を禁止した事実よりは大宰府を通じて入港せよとの指示を下したことに注目すべきとし、大宰府への入港指示は現実的・実務的な理由で下されたのではなく、渤海の前身である高句麗時代の事例に従い、朝貢礼式を遵守させようとした、日本の朝廷のイデオロギーが反映されたものとみている。(19)

以上の先行研究では「北路来朝」禁止の理由を律令規定あるいはイデオロギー的な側面から求める傾向が強いようにみられる。但し、石井氏の場合、蝦夷の動向との関係を想定しているとの面で他の考察とは区別されると言える。筆者も「北路来朝」禁止の背景には極めて現実的な事情があったのではないかと考える。

宝亀十一年(七八〇)七月、北陸道に縁海警固が下されるようになった経緯を追跡すれば、新たな歴史像が浮かび上がる。

ここでは渤海使節の「北路」利用に対する日本側の認識変化を段階別に見てみよう。まず、【第一期】「北路」利用制限の段階である(宝亀初年〜宝亀十一年以前)。表1のNo.7(宝亀二年〔七七六〕十二月)、表1のNo.11＝〔史料七〕(宝亀十年〔七七九〕九月)がこれに該当する。この段階には「北路来朝」に対する強い拒否感を表わしていたことが特徴として指摘できる。但し、No.10(宝亀九年の段階)のように、日本の遣渤海使とともに来航した場合は例外として適用され、北陸道への入港も許容される。

ついで【第二期】現実受容・方針転換の段階である（宝亀十一年〔七八〇〕七月＝縁海警固命令）。その内容をよく示す史料が次の〔史料四〕である。必要な部分をあらためて提示してみよう。

〔史料四〕（再掲）『続日本紀』宝亀十一年（七八〇）七月戊子（二十六日）条

戊子、勅曰、筑紫大宰、僻居西海、諸蕃朝貢、舟楫相望。由是、簡練士馬、精鋭甲兵、以示威武、以備非常。今北陸道、亦供蕃客、所有軍兵、未曾教習、属事徴発、全無堪用。安必思后、豈合如此。宜准大宰依式警虞。（下略）

この段階になると、「北路来朝」禁止方針を放棄するに代わり、渤海使（蕃客）が相次いで来航する現象に対して縁海警固（あるいは警虞）という方式で対応する。

最後は【第三期】「北路」利用容認の段階（延暦二十三年〔八〇四〕）である。

〔史料八〕『日本後紀』延暦二十三年（八〇四）六月庚午（二十七日）条

庚午。勅、比年渤海国使來着。多在能登国。停宿之處不可踈陋、宜早造客院。

〔史料八〕からも分かるように、渤海使節が頻繁に来航する現象を受け、北陸道の国にあたる能登国に迎接施設である「客院」の建立を命じている。日本側はこの措置を通じて渤海使節の「北路来朝」を求めているのであり、さらに天皇の勅という形で「北路」に入港することができるように法的根拠まで用意してくれている。

以上の検討から、【第一期】における北陸・出羽（「北路」の終着地）は、外国施設を迎えるための準備がほとんどできていない状態であったことが確認された。これは【第二期】に見え始める防御体制の構築はもちろん、【第三期】にみえる外国施設のための客院（客館）設置などが【第一期】には完備されていなかったことを意味する。なお、【第一期】に、日本側が渤海使節に大宰府への入港を強く要求したのも、北陸・出羽とは違って大宰府は少なくとも七世紀後半の段階になると、すでに国防機能および外交機能を構築していたからであるとみられる。結局、日本列島の「北」に該当する北陸・出羽地域では、蕃客（外国使節）に対する応対システムが備えられていなかったため、「北路来朝」禁止が要求（または通報）されたものと考えられる。

次に、「北路来朝」禁止措置と縁海警固との関連性について考えてみよう。まず、【第一期】と関連づけて注目したいのは、渤海使の「北路」利用とともに来航状況において二つの変化が感知されるとの事実である（以下は表1に基づいた解釈）。

一つ目は、官職性格の変化である。具体的には、武官から文官へ、さらには文官への固定を指している。このような官職性格の変化に対して石井正敏氏は、渤海の対日交渉が「政治的目的」から「経済的目的」へと変化していったことを意味すると指摘しており、注目される。(20) 二つ目は、使節団の大規模化である。使節の総人員および搭乗船舶の数とともに増加しており、場合によっては、三〇〇人以上の使節が十七艘の船に乗って来航している。

これに対して日本側は二つの方法で対応した。一つは、前述したとおり、「北路来朝」禁止と大宰府への入港を要求したことである。もう一つは、「表」の要求である。日本による「表」の要求は賓礼の受容に伴い、蕃客（外国使節）に対する外交儀礼を新たに整備し始めることを意味し、さらにそのために中国皇帝と蕃国との間で結ばれた「宗主国—朝貢国」という関係を、日本と渤海との間に当て嵌めようとしたことを示す。[21]しかし、逆に渤海の立場からすれば、形式的ではあるが結局「低姿勢」外交を要求される形になるため、「表」の持参というのは、なるべく避けたい方式であっただろうと思われる。但し、当時の渤海にとって日本との外交は国内の諸勢力を統制・管理する手段となっていたため、外交形式上において多少不満があっても可能な限り、成し遂げようとしたものとみられる。一種の支配統合戦略としての外交方針という解釈がなされる理由もそこにある。[22]

いずれにせよ、以上のような日本側の要求は貫徹されていなかったらしい。まず、「表」の要求についてである。渤海側は「表」という外交文書形式を具備しようとはしたが、文書の内容あるいは「表函」の形式という面では「無礼」と評価されるほどのレベルを維持し続けたのである。「北路来朝」禁止要求についても同様である。日本側は使節団の性格（経済的目的）と規模の変化（人員数および船舶数の大規模化）が感知される時期から「北路来朝」を避け、大宰府のほうに入港するよう強く要求するが、渤海使は相変わらず「北路」を利用しているのである。

このような状況から生じたのが、まさに北陸道諸国に対する警固勅（＝〔史料四〕）なのである。日本側は当該勅を通じてこれまで守ってきた「北路来朝」禁止方針を撤回し、渤海使が「北路」を利用して入港する現実を受容するに至る。但し、その代わりに、むしろ警戒態勢を強化することによって公式使節の船舶（＝「蕃客」船）でない、いわゆる「賊船」の到来を未然に防止する方式を選択する。日本側が警固勅で「賊船」の到来を想定するようになったのもまさに宝亀初年頃から新たに現れ始めた使節団の大規模化と密接に関わっていると思われる。外国使節を受け入れる日本側の立場からすると、人員数および船舶数の増加は来航者に対する統制（コントロールおよびチェック）機能の低下、入国手続きの煩雑化、さらに国家権力による人民統制機能の喪失という大きな問題に繋がるという点で等閑視できない、非常に重要な状況変化であったため、警固勅のなかで「蕃客」の来航のみが取り上げられるのでなく、正体が不明確な「賊船」に対する厳重警戒が命じられたものと考えられる。

三　蝦夷の動向と「流来新羅人」

一　出羽地域の蝦夷と縁海警固

さて、前で検討した二つの警固勅には、例えば〔史料一〕の「安不忘危、古今通典（安きときにも危きを忘れぬは古今の通典なり）」（傍線部）という記述が見えており、さらに〔史料四〕では「安必思危、豈合如此（安きときにも必ず危きを思ふこと、豈此の如くなるべけむや）」（傍線部の後半）とあり、平常時に危機を予測すべきことを強調している。縁海警固命令はトラブルを未然に防止しようとする属性、すなわち予防的な性格が非常に強いと言えるのである。

ところが、表3宝亀年間における蝦夷の動向を見る限り、出羽においての蝦夷と官軍との間に実戦状況が相次いで発生していることがわかる。これは当時の蝦夷問題が実に生々しい国家的懸案であったことを意味する。表3から蝦夷の主要動向を列挙してみれば次のようになる。

①No.2：宝亀五年（七七四）七月二十三日、征夷を開始（＝いわゆる「三十八年戦争」の開始）
②No.3：宝亀六年（七七五）、出羽で蝦夷の反発が続く状況が見て取れる
③No.4：宝亀七年（七七六）、官軍が出羽蝦夷の軍事力に圧倒される様子が窺われる
④No.5：宝亀八年（七七八）、出羽地域で蝦夷の反乱が続く

⑤No.７：宝亀十一年（七八〇）、出羽地域（秋田城）で危険要素を懸念されている

以上のような纏めを戦争の様態という側面からみれば、宝亀十一年（七八〇）が一つの頂点を成していることがわかる。少なくとも宝亀年間には蝦夷の存在が現実的な危険要素として常在しており、渤海使節の来航状況（＝出羽への到着）からしても、むしろ出羽こそ縁海警固の対象になるべき地域のようにみられる。ところが、問題は史料状況である。この時期を伝えている史料では蝦夷が海戦に臨んだり、海路を通じて他の地域を攻撃したりする痕跡は見当たらないのである。しかし、だからといって、蝦夷の動向が縁海警固と全く無関係とは考え難い。警固命令が蝦夷とのトラブルが絶頂に達する宝亀十一年七月に出されている点、そしてそれが出羽地域と一つの固まりとして認識されていた北陸道の国々を対象としている点は、出羽地域における蝦夷の脅威と縁海警固との相関性を考えさせるに足る。

こうなると、出羽地域がなぜ直接警固対象地域として選ばれなかったのかが疑問視される。それは恐らく当該地域が実戦の場になっていたためと推測される。官軍と蝦夷、両側の戦争が現実的に相次いで起きていたせいで予防的措置としての性格が強い、縁海警固を命ずることができなかったのではないだろうか。当時、日本列島の「北」として認識されていた出羽と北陸道のうち、出羽が警固命令の対象地域から除かれているのは現在進行形の危険に対しては、臨戦態勢で対応するという方針があったからと考えられ、逆に北陸道について警固命令を出しているのは、実際に危険にさらされる前に、外部からの脅威を未然に防止するという姿勢があったからであるとみられる。ここであらためて縁海警固の予防的性格を確認することができるのである。

特記事項
⇒出羽蝦夷の朝賀参列を許してきたが、この時点からそれを停める。 ⇒いわゆる「三十八年戦争」開始。
⇒出羽においての蝦夷の反発が続く状況が見て取れる。
⇒官軍が出羽蝦夷の軍事力に圧倒される様子が窺われる。
⇒出羽地域においての蝦夷の反乱が続く。
⇒征夷において伊治呰麻呂の力を借りる様子が窺われる。
⇒陸奥地域で伊治呰麻呂による反乱が起きる。一方、出羽地域においても蝦夷と官軍との衝突が続く。 ⇒7月に縁海警固を命ず。 ⇒出羽地域(秋田城)においての危険要素が懸念されている。
⇒征夷が一段落つく。

表3　宝亀年間における蝦夷の動向

連番(No.)	年度	関連内容
1	宝亀4年(773)	1.1　陸奥・出羽の夷俘、朝賀に参列。 1.14　帰郷。
2	宝亀5年(774)	1.16　朝堂において出羽の蝦夷の俘囚を饗す。 1.20　詔して、蝦夷の俘囚の入朝を停める。 7.23　河内守紀広純を鎮守副将軍となす。また陸奥按察使兼鎮守将軍大伴駿河麻呂に勅して、征夷軍を発すべきことを命ず。 7.25　陸奥国、海道蝦夷が反乱を起こし、往来を絶ち、桃生城を侵した由を報ず。 8.2　坂東8ヵ国に、陸奥国から要請があれば、援軍を派遣することを命ず。 10.4　これより先、按察使大伴駿河麻呂ら、蝦夷の本拠地陸奥国遠山村を討った由を報ず。この日、使者を派遣して慰労させる。
3	宝亀6年(775)	10.13　出羽国、蝦夷の余燼がおさまらないため、鎮兵の派遣を請い、かつ国府を遷そうとする。勅して、相模・武蔵・上野・下野4ヵ国の兵士を発遣。 11.15　使者を陸奥国に遣わして、鎮守将軍大伴駿河麻呂に勲位を授ける。
4	宝亀7年(776)	5.2　出羽国の蝦夷、反乱を起こし、出羽国の軍と戦う。官軍、不利により、下総・下野・常陸などの国の騎兵を派遣。 5.12　近江介佐伯久良麻呂を兼陸奥鎮守権副将軍となす。
5	宝亀8年(777)	12.14　出羽の蝦夷征討にあたっている紀広純らに勲位を授ける。 12.26　出羽の蝦夷、反乱。官軍、利あらず、器仗を損失。
6	宝亀9年(778)	6.25　陸奥・出羽国司以下、征夷に功績があった者2267人に行賞。第二等伊治呰麻呂、外従五位下を授けられる。
7	宝亀11年(780)	3.22　陸奥国上治郡大領伊治呰麻呂、伊治城を攻めて按察使紀広純を殺し、ついで多賀城を占拠。 3.28　中納言藤原継縄を征東大使、大伴益立・紀古佐美を副使に任ず。 3.29　大伴真綱を陸奥鎮守副将軍に、安倍家麻呂を出羽鎮守将軍に任ず。 5.11　渡島蝦夷は、早くから丹心を現わし、来朝貢献している。ところが今帰順した夷俘が反逆をなす。よって出羽国司・将軍らに、渡島蝦夷に饗を賜う日、その意を存して慰喩すべきことを令す。 6.28　陸奥持節副将軍大伴益立らに勅して、征討の実状の報告を求める。 7.15　勅して、縁海諸国(山陰・山陽・大宰)の警固を厳重にさせる。 7.22　征討使に勅して、来る9月5日までに坂東の軍士を多賀城に集結させることを伝える。 7.26　北陸の道もまた蕃客を迎えることになったので、大宰府に準じて警固に努めるべきこと、賊船に備えるべきこと等を命ず。 8.23　鎮守将軍安倍家麻呂らの奏言に答えて、秋田城に専当官を置いて守備に当たらせること、由理柵は要衝の地(賊の要害)にあるので、兵を派遣して防禦させること、秋田城を遷すことについて、民意を尋ねるべきこと等を指示。
8	宝亀12年 ＝天応元年(781)	8.25　陸奥按察使藤原小黒麻呂、征討の事を終えて帰京。

注記　典拠はいずれも『続日本紀』。

二　「流来新羅人」の登場と来航者の増加

前節での考察を通じて、渤海使の「北路来朝」を禁止したのは、北陸・出羽地域が外国使節の入港を管理・監督する機能が遂行できない状況であったためであることを確認した。さらに、「北路来朝」の代わりに大宰府への入港を要求したのも、大宰府は接客施設および外国使節の入国が管理できるシステムを相対的に完備しているためであると論じた。ところで、〔史料一〕によると、北陸道に警固を命ずる直前、大宰（＝西海道）にも警固命令を下したとする。これはどう理解すればよいのだろうか。

〔史料一〕『続日本紀』宝亀十一年（七八〇）七月丁丑（十五日）条にみえる警固対象地域を再確認すれば次のようになる。

山陰道：因幡・伯耆・出雲・石見
山陽道：安芸・周防・長門
西海道：大宰

これらの地域を対象として警固命令が下されたのは、前節で一部確認されたように、当該地域において以前とは異なる様相が現れ始めたからと推測される。これに関連して注意されるのは次の二つの史料である。

〔史料九〕『続日本紀』宝亀五年（七七四）五月乙卯（十七日）条
乙卯、勅大宰府曰、比年新羅蕃人、頻有来著、尋其縁由、多非投化、忽被風漂、無由引還留為我民、謂本主何、自今以後、如此之色、宜皆放還以示弘恕、如有船破及絶糧者、所司量事、令得帰計。

この史料によると、新羅人（史料では「新羅蕃人」）が頻りに来着しており、その事由を尋ねると、多くは投化（＝帰化）ではなく、にわかに風に流され漂着し、引き返す手がなく、そのまま留まって我が民（＝日本の民）になるとのことである。これに対し本主（＝新羅王）はどう思うのかと聞くと、このようなことがあれば、皆放還してほしいと答えたらしい。よって、日本側は、もし船が破れ食糧が絶えている者があれば、担当役所（＝所司）が事態をはかって帰国の計画が立つように支援せよと命じたのである。

〔史料十一〕『類聚三代格』巻十八・宝亀五年（七七四）五月十七日官符

太政官符

　応大宰府放還流来新羅人事

　右被内大臣（藤良継）宣偁、奉勅如聞、新羅国人時有来着、或是帰化、或是流來、凡此流来非其本意、宜毎到放還以彰弘恕、若駕船破損、亦無資粮者、量加修理、給粮発遣、但帰化来者、依例申上、自今以後、立為永例、

　　　宝亀五年五月十七日(23)

〔史料十一〕の内容によると、新羅国人が時々来着しているとする。ある者は「帰化」と言い、ある者は「流来」と言っているようである。この「流来」というのは、本来の意ではないが、雅量を示して彼らを放還するように

せよと命じているのである。もし船に破損があり、また物資や食糧がない場合は、事態をはかって、修理をしたり、食糧を支給したりして、彼らを「発遣」し、但し「帰化」する者に対しては例によって報告せよ、としている。

〔史料九〕と〔史料十〕は同じ時期の状況を伝える記事である。ほぼ類似している内容であるが、少なくない差異も存在する。〔史料九〕では「投化」でなく「風漂」したと記されている新羅人らが、〔史料十〕の段階ではそれぞれ「帰化」もしくは「流来」したとある。特に〔史料十〕では「流来新羅人」という表現が見えるが、「流来」は本意（本来の目的）でないと説明されており、注目される。

山内晋次氏は「流来」者を本意でない漂流民としてのみ捉えている反面[24]、田中史生氏は、単なる漂流民と言えない存在、すなわち、何か目的をもって来日した新羅人と解釈している[25]。〔史料十〕の「若駕船破損、亦無資粮者」（傍線部）という表現から、逆に船舶の修理、食糧支給が必要ない人々の存在が確認できると指摘しているのである。そうした意味で「流来」とは、以前にはなかった新たな類型の来航形態とも言ってよいだろう。単なる漂流民でない、不特定多数の「流来新羅人」が頻りに来航する現象は、日本にとって支配秩序に対する脅威とまで受け入れられた可能性もある。これによって、大宰府でも「流来新羅人」のような人々を対象になお厳重な尋問を実施する必要性が生じてきたものと考えられる。

宝亀年間の西海道地域においてもう一つ注目すべきは新羅使節の来航問題である。実質的に「流来新羅人」のみならず、新羅使節の来航も問題視されていたことを表４新羅使節の来航と日本側の対応（天平年間〜宝亀年間）を通じてある程度推察できる。

まず、目立つ変化として指摘できる部分は、新羅使節団の大規模化である。天平四年（七三二）に新羅使金長孫らが四十人規模で来日した以後（表4のNo.1）、天平十年（七三八）の段階になると、使節の規模が一四七人に至る（No.3）。No.4・6・8・9・10・11でも使節団の人員が確認できるが、No.4・6・8の段階ではそれぞれ一八七人・七〇〇余人・二一一人の規模で来航したことが分かる。No.9の段階になると、一〇〇人に及ばない九十一人のレベルに一時縮まるが、No.10・11の段階になると、再び一八七人（＋渡送者三十九人）・二三五人と来航人員が増える。

関連史料からは人員数のみが確認され、彼らが搭乗した船舶数については具体像を知ることができないが、人員数からすれば、使節団が訪問する度に、少なくとも二隻以上の複数の船舶が入港したのだろうと推測される。

新羅側の使節規模が拡大するにつれ、日本の立場としては来航資格審査を強化する必要性が増大したようである。公式使節としての資格があるかどうかと審査するのである。このような資格審査は外交儀礼に基づいて行なわれたものと考えられ、天平七年（七三五）、吉備真備らによって『唐礼』（一三〇巻）が齎されたことは、外交形式および外交儀礼をより厳重に守り始める一つの契機となったとみられる。『唐礼』が将来された二年後の天平九年（七三七）には、外交舞台において「無礼」という言説（＝言葉としての「無礼」、新羅使節が「無礼」を犯したということではない）が初めて登場するようになり（表4の二番目の☆）、天平十五年（七四三）には新羅使節が持参した外交文書の書式が初めて問題視された（表4のNo.5）。天平勝宝四年（七五二）に大規模な使節を率いて来航した「新羅王子」金泰廉を通じては、以後来日する使節に対して表文持参が要求されている（No.6、但し金泰廉は入京が許可される）。これは『唐礼』に基づいた賓礼が外交の場において具体的に適用される信号弾としての意義をもつ。

案の定、No.7にみえる金貞巻使節団に対しては使者としての四つの条件（外交儀礼の問題）を満たすように求めた上、No.8・10では「金貞巻との約束」を取り上げ、新羅使節の入京を何度も拒否している様子が見られる。

特記事項
⇒この唐礼は、巻数から高宗の顕慶3年(658)に編纂された『顕慶礼(永徽礼)』130巻とみられる。本格的に礼大系として賓礼が導入されたのは、天平7年の『顕慶礼』受容によると思われる。 ⇒外交形式・外交儀礼をより厳重に行ない始めるきっかけになる。
⇒外交舞台において「無礼」の言説が初めて現われる。
⇒新羅使が持参した外交文書の書式を初めて問題視する。
⇒今後、来日する新羅使に対して表文持参の要求。 ⇒国王が来朝した場合は「辞」を奏上し、王の使者が来朝した場合は「表文」を持参するよう求める詔が出されている（天平勝宝4年6月17日条)。これは『開元礼』賓礼の蕃主と蕃使への儀礼と共通する内容であり、外交文書(国書)を必要としないこれまでの新羅との外交形式が改められている。この詔から新羅使に対しても唐礼に基づく賓礼が導入されたことがわかる。
⇒使者としての四つの条件(外交儀礼の問題)を満たすことを要求。
⇒金貞巻の時に、打ち出した使者としての条件(外交儀礼の問題)を満たさなかったことを叱責。

表4　新羅使節の来航と日本側の対応（天平年間～宝亀年間）

連番(No.)	到着年	関連内容
1	天平4年(732)	1.22　新羅使金長孫ら、来日。 3.5　新羅使金長孫らを大宰府に召す。 5.11　新羅使金長孫ら40人、入京。⇒5.19　財物並びに各種の動物を進める。また来朝の年期を奏請。 5.21　饗宴を朝堂において催す・詔して、来朝の年期を3年に1度とする。 6.26　帰国。
2	天平6年(734)	12.6　大宰府が新羅使の来着を報ず。 2.17(天平7年〔735〕)　新羅使金相貞ら、入京。 2.27(天平7年〔735〕)　多治比県守を兵部の曹司に遣わし、新羅使に来朝の理由を尋問させる。新羅国が国号を改めて王城国を称したので、使者を帰国させる。
☆	天平7年(735)	4.26　吉備真備らにより『唐礼』(130巻)等がもたらされる。
☆	天平9年(737)	2.15　遣新羅使、新羅国が常礼と異なり使旨を受け入れなかった由を報告。よって官人45人を内裏に召して意見を徴す。 2.22　諸司、新羅対策に関する意見を奏す。或いは使者を遣わして事情を問わせるべしといい、或いは兵を発して征伐を加えよと述べる。 4.1　伊勢神宮・大神社・筑紫住吉社・八幡社および香椎宮に奉幣して、新羅無礼の状を告げる。
3	天平10年(738)	1.–　大宰府、新羅使金想純ら147人来日の由を報ず。 6.24　大宰府に使者を遣わして新羅使金想純らを饗宴し、ついで放還。
4	天平14年(742)	2.3　大宰府(筑前国)、新羅使金欽英ら187人の来着を報ず。 2.5　詔して、紫香楽宮造営のため、大宰府に使者を遣わし新羅使を饗宴させ、同地より帰国させる。
5	天平15年(743)	3.6　新羅使金序貞らの来着を報ず。この日、多治比土作らを筑前国に使わして、新羅使の応接にあたらせる。 4.25　多治比土作ら、新羅使が調を土毛と称し、書に直ちに物の数を記すなど旧例に違うことを報ず。この日、太政官、新羅使の水手以上を召して失礼の状を告げ、大宰府より放却すべきことを命ず。 12.26　筑紫に鎮西府を置く(天平17年、大宰府の復置による廃止か)。
6	天平勝宝4年(752)	閏3.22　大宰府、新羅王子金泰廉ら700余人来泊の由を報ず。 6.14　これより先、入京。 6.17　新羅使の饗宴を朝堂において催す。詔して、前代の新羅王(孝成王)の欠礼を述べ、また今より以後、国王以外の者が来朝する場合には必ず表文を持参すべきことを告げる。
7	天平宝字4年(760)	9.16　新羅使金貞巻ら、来朝。貞巻に、使人軽微により賓待せずに帰国させることを告げ、今後は専対の人・忠信の礼・仍旧の調・明験の言、四つを具備して来朝すべきことを本国に伝えさせる。
8	天平宝字7年(763)	2.10　新羅使金体信ら211人、来日。先年、金貞巻と約束したこと等を尋問する。金体信、ただ調物を貢するのみで、余事は知らずと答えたため、入京を許さず帰国させる。

特記事項
⇒外交文書(執事牒)を持参して来日したためか、トラブルが発生しない。
⇒金貞巻との約束(外交儀礼の問題)を遵守したかどうかが賓礼(外交儀礼)実施の基準となる。新羅使に対して「賓礼」の語が初めて現われるのは宝亀元年(渤海使に対しては宝亀3年が初見)。
⇒新羅使節の外交欠礼(無礼)を指摘する。 ⇒しかし外交文書の所持や金貞巻との約束についての言及はない。
⇒金蘭蓀らは外交文書を持参していないにも関らず賓礼が行なわれる。 ⇒一方、日本側は表文の持参が賓礼の対象となる基準であることを再確認。今後は表文を所持しない使者には入境を許可しないとの方針を明らかにする。

連番(No.)	到着年	関連内容
9	天平宝字8年(764)	7.19　新羅使金才伯ら91人、大宰府博多津に来着。尋問を行なう。才伯、唐の勅使韓朝彩が渤海より来て、日本僧戒融が唐より無事に帰国したかどうか日本に尋ねることを要請したため、執事牒を持って渡来した旨を答える。よって才伯に大宰府の新羅執事宛て返牒を付し、戒融は昨年10月に渤海より帰国した旨を伝える。また午養ら、この頃新羅から渡来した百姓が、新羅本国では警固に務めており、これは日本の問罪に備えてのことと言うが、その虚実はどうかと問う。才伯、警備のことは事実であるが、それは海賊に備えてのことと答える。
10	神護景雲3年(769)	11.12　新羅使金初正ら187人および導送者39人、対馬に来着。 3.4(神護景雲4年＝宝亀元年)　これより先、来朝の理由を問われた新羅使金初正ら、在唐日本人藤原河清(清河)らが新羅の入唐宿衛王子に託した書状を転送するために派遣されたことを答え、ついで土毛を貢する旨を述べる。この日、使者を遣わして金初正らに、先年の金貞巻との約束を守らなかったため賓礼しないこと、但し唐の情報並びに藤原河清らの書状を伝えたことを嘉尚し、大宰府において饗宴すること、さらに禄を支給し、新羅国王への贈物を付すること等を宣告させる。
11	宝亀5年(774)	3.4　これより先、新羅使金三玄ら235人、大宰府に来着。紀広純らを遣わして来朝の事情を尋問させる。三玄、旧好を修めるために来朝し、併せて国信物および在唐の藤原河清(清河)の書状をもたらしたことを述べる。この日、紀広純らに勅して、新羅使が調を信物と称し、朝を修好とするなど無礼の言動があるため、渡海料を支給して帰国させる。
12	宝亀10年(779)	7.10　大宰府、遣新羅使下道長人ら、遣唐判官海上三狩らを率いて帰国したことを報ず。この時、唐使高鶴林ら5人および新羅使金蘭蓀ら、共に来日する。 10.9　大宰府に勅して、新羅使金蘭蓀らの来朝の事情を尋ね、また表函を所持していれば渤海の例に準じて案文を書写して進めるべきことを命ず(しかし彼らは表を持参していない)。 10.17　新羅使金蘭蓀ら、入京。 2.15(宝亀11年)　新羅使金蘭蓀ら、帰途に就く。新羅国王宛ての慰労詔書を託し、金蘭蓀ら表文を所持せず本来ならば入京させずに放還すべきところ、海上三狩ら護送の労により賓礼をもって待遇したこと、今後の使者は必ず表文をもたらすべきこと、大宰府および対馬に表文を所持しない使者は入境させてはならない旨を命じたこと、等を述べる。

注記　典拠はいずれも『続日本紀』。

「金貞巻との約束」を遵守したのかどうかが賓礼実施の基準となっているのである。さらに表４のNo.11では新羅使節の金三玄らに外交欠礼を指摘する様子が確認できる。来航した新羅使に、初めて「無礼」の言動（ここでは新羅使が実際に「無礼」を犯したと言っている）が語られる事例である。まさに宝亀五年（七七四）のことである。No.12にみえる金蘭蓀使節団の場合は、外交文書を持参していないにも関わらず、賓礼に依拠した処遇を受けている。日本の遣唐使、海上三狩らを護送したとの労苦を評価し、賓礼で待遇するようになったとするが、本質的には本国に帰国する日本人（遣新羅使および遣唐使）、そして唐使臣と同行した入国であったため、そのような処遇があったのではないかと推定される。同行した人物が金蘭蓀らの入港資格を保証したものと判断されるのである。これは、前で検討してみた渤海使節の事例と共通するという点で非常に興味深い（表１のNo.２・４・５・６・10・14を参照）。

しかし、使節としての資格を最も確実に示すものは、やはり外交文書の形式とその内容であったとみられる。最後の新羅使とも呼ばれる金蘭蓀らが帰国する時、これから来日する使者は必ず表文を持参するように要求すると同時に、日本の関門にあたる大宰府および対馬にも表文を所持していない使者は入国を許可してはいけないと命じた事実からも、それが裏付けられる。

宝亀五年（七七四）には、新羅使節の「無礼」が初めて指摘されており、また宝亀十年（七七九）には、表文の持参が賓礼の対象なのかどうかと判断する基準になるという事実を再確認すると同時に、日本列島に入港するためには必ず表文を所持しなければならないと明示するようになったのは、宝亀年間から現れ始めた新たな変化様相と無関係であると考えることは難しいだろう。なお、まさにこのような状況のなかで出されたのが〔史料一〕の縁海警固命令（＝警固勅）であるとの点を想起すると、その警固命令は新羅使節の来航状況とも相当緊密に連動しているという結論を得ることができよう。

〔史料一〕の縁海警固が新羅使節の来航と相接している措置であるとの事実は、警固命令が適用された地域がもつ性格を通じても推察することが可能である。

〔史料十二〕『日本後紀』大同元年（八〇六）五月丁丑（十四日）条

丁丑、勅、備後・安芸・周防・長門等国駅館、本備蕃客、瓦葺粉壁、頃年百姓疲弊、修造難堪、或蕃客入朝者、便従海路、其破損者、農閑修理、但長門国駅者、近臨海辺、為人所見、宜特加労、勿減前制、其新造者、待定様造之。

「備後・安芸・周防・長門などの国の駅館は、本来蕃客に備えて」（最初の傍線部）造られたとの点で、〔史料一〕にみえている山陽道の「安芸・周防・長門」が外国使節が通る路であることが分かる。さらに「或いは、蕃客入朝するに、すなわち海路に従う」（二番目の傍線部）とあることから、場合によっては山陽道縁海に沿って入京することもあったらしい。つまり〔史料十二〕を通じて安芸・周防・長門が山陽道の「西」に位置しており、瀬戸内海方面への入り口にある国々として非常に重要視されたことが確認され、特に外国使節がよく往来する主要交通路としての役割を果たしていたとの点で警備強化は必要不可欠であったとみられる。

最後に、山陰道について考えてみよう。同地域では宝亀年間において外国人の来着事例は見当たらない。但し、次の史料が留意される。

〔史料十二〕『続日本紀』宝亀十一年（七八〇）三月戊辰（三日）条
　戊辰、出雲国言、金銅鋳像一龕、白銅香炉一口、并種種器物漂着海浜。

〔史料十二〕は、金銅鋳像一龕、白銅香炉一口など様々な器物が海浜に漂着した事実を出雲国が言上している内容である。ところで、ここに登場する器物は人々の移動を前提にするものである。史料には明確に伝わっていないが、宝亀十一年頃、山陰道の国々において海側から流入する人の移動が留意されていたと推定できる理由である。

　これまでの検討に基づくと、〔史料一〕に出ている警固命令の背景としては西海道、山陰道、山陽道地域において宝亀年間から新たに現れ始めた来航新羅人の増加が指摘できるのではないかと思われる。

三　四天王法と警戒意識

　宝亀年間の対新羅政策としてよく言及されるのが次の〔史料十三〕である。

〔史料十三〕『類聚三代格』巻二・宝亀五年（七七四）三月三日官符
　太政官符
　　応奉造四天王寺捻像四軀事〈各高六尺〉
　右被内大臣従二位藤原朝臣〔良継〕宣偁、奉勅、如聞新羅兇醜不顧恩義、早懐毒心常為呪詛、仏神難誣慮或報応、宜令太宰府直新羅国高顕浄地奉造件像攘却其災、仍請浄行僧四口、各当像前、一事以上依最勝王経四天王護国品、日読経王、夜誦神咒、但春秋二時別一七日、弥益精進依法修行、仍監已上一人専当其事、其僧別法服、麻袈裟蔭脊各一領、麻裳綿袴各一腰、絁綿襖子汗衫各一領、襪菲各一両、布施絁一疋、綿三屯、布二端、供養布施並用庫物及正税、自今以後永為恒例、

宝亀五年三月三日

『扶桑略紀』宝亀五年（七七四）是歳条に「太《ママ》宰府起四王院」とあることからも分かるように、西海道においての四王院は宝亀五年（七七四）に創建されたとみてよいだろう。

以上の〔史料十三〕では、その四王院が設置された目的、そしてそこで行なわれる四天王法の具体的な内容が記されている。それによると、四王院は新羅・新羅人との緊張関係を背景に鎮護国家を目的として設置したとし、そこで行なわれる四天王法については僧侶四人が四天王各像の前で最勝王経四天王護国品に依って、昼は経典を読み、夜は神咒を誦すること、春および秋に四天王法を行なうこと、供養の布施は大宰府の庫物および正税を用いることなどが定められていることが分かる。

さらに〔史料十三〕にみえている四天王法で新羅の存在が強く意識されている理由については〔史料十〕と関連づけて考えることもできる。[26]〔史料十〕では、宝亀五年頃、新羅人が頻繁に来航する現象そのものが大きな問題となっており、まだ表向きには「流来」を打ち出しつつも実質的には一定の目的をもって日本列島の西辺を往来する人々が増加している様子が伝えられている。そのような状況自体が日本側にとって負担として作用していたということである。〔史料十三〕で読み取れる新羅に対する反感というのも〔史料十〕にみえる「流来新羅人」によって触発される辺境秩序の混乱を元にしていると考えられる。また、その反感の本質というのも――〔史料

十〕で確認される――急増している来航新羅人に対する警戒意識、とみることが可能であろう。まさにここから、新羅人の来航そのものを不穏な予兆として捉えようとする日本側の特殊な観念が窺えるのである。

おわりに代えて――来航の新局面と「九世紀」の黎明――

以上、宝亀十一年（七八〇）七月、縁海の国々に対し二度にわたって警固命令が勅の形態で下された背景について考察した。

一度目の警固命令は、山陰道の因幡・伯耆・出雲・石見をはじめ、山陽道の安芸・周防・長門、そして大宰（＝西海道）、すなわち日本列島の「西」側を中心に下されたことを指摘した。これは宝亀年間（七七〇～七八〇）に入って以降「流来新羅人」と表現される不特定多数の来航者が増加した事実と密接に関わっており、同じ時期から新羅使節の来航資格を厳重に審査しなければならない必要性が増大したこととも連動していると説明した。

そして、二度目の北陸道に下された警固命令は、宝亀年間に入って渤海使節が大規模化したことと関わっている点を指摘した。渤海使節の人員数、搭乗船舶数が増えるにつれ、日本側が外交文書形式および内容の充実化、「北路」来航禁止（＝大宰府への入港）を求め続けるが、結局、その意志は貫徹されず、警固命令を通じて方針を転換するようになったということである。つまり、大規模の渤海使節が北陸道に来航する現状を受容する代わりに、厳重な警戒態勢を取り、「賊船」（渤海使節〔＝蕃客〕の船舶ではない、正体不明の船舶）到来の可能性に備えるようにしたと理解できる。さらに、それと同時に出羽地域における蝦夷の動向も警固発令の一要因となったと推察した。

宝亀年間を前後にして日本列島の「西」と「北」で同時多発的に現れ始めた来航の新局面が、人民統制を通じた支配権力の構築を第一課題にしていた律令国家に大きな悩みを与えたものとみられ、さらにその悩みは律令国家の支配層が本来から保持していた伝統的な対外観と結合し、それが外部（特に新羅）に対する強い警戒意識として表出しはじめたと評価できよう。

日本歴史においての九世紀を対外情勢との連関性のなかで説明すると、「商人」「僧侶」「漂流民」「海賊」「帰化人」「流来人」等の形で来航する新羅人に対し、日本側が危機意識をはっきりと表出する時期と言えよう。本章で主に取り上げた宝亀年間の時代像こそ、以前の時期とは違って数多くの人びとが日本列島へ殺到し、それに対して日本側が警戒心で立ち向かっているとの点で、九世紀の列島における辺境状況との同質性ないし連続性が認められる。すなわち、宝亀年間を、古代日本が対外意識を転換するようになるにあたって、大きな影響を与えた日本歴史上の「画期」と評価できるのではないだろうか。例えば『日本紀略』仁和元年（八八五）八月癸丑朔条にみえる「令北陸道諸国、及長門国、大宰府等、慎警固。以陰陽寮言、北境西垂、可有兵賊」という記録を参照する場合、九世紀の段階に入ると、対外情勢の変化に対して日本列島の「北」と「西」が互いに連動していたことがわかるが、その原形は宝亀十一年の縁海警固に求められるのではないだろうか。そういった意味では宝亀年間を「長い九世紀（the long 9th century）」の起点とみなすこともでき、縁海警固の背景こそ「九世紀」の黎明と言えるのである。

注

（1）北啓太「天平四年の節度使」（『奈良平安時代史論集』上巻、吉川弘文館、一九八四年）、松本政春「郡司の軍事指導とその基盤」（『ヒストリア』一一三、一九八六年）、杉山宏「九世紀における海上輸送について――大宰府からの官物輸送を中心に――」（『海事史研究』四七、一九九〇年）、下向井龍彦「捕亡令「臨時発兵」規定について――国衙軍制の法的源泉――」（『続日本紀研究』二七九、一九九二年）、原田諭「天平の節度使について」（『続日本紀研究』三二一、一九九九年）、中尾浩康「天平期の節度使に関する一考察」（『続日本紀研究』三八八、二〇一〇年）など。

(2) 田中史生「「帰化」と「流来」と「商賈之輩」――律令国家における国際交易の変遷過程――」（『日本古代国家の民族支配と渡来人』校倉書房、一九九七年）、三上喜孝「光仁・桓武朝の国土意識」（『国立歴史民俗博物館研究報告』一三四、二〇〇七年）など。

(3) 『続日本紀』天平宝字五年（七六一）十一月丁酉（十七日）条。

(4) 天平四年の山陰道節度使および当時の「式」については、最近「出雲国計会帳」に関する研究が進展することによって、その実態が少しずつ明らかになっている状況である。詳細な内容については、前掲注1に紹介した一連の研究を参照。ここでは「出雲国計会帳」にみえている「備辺式」が「警固式」に該当するものであり、〔史料一〕の勅で言及されている縁海警固もまさにそのような備辺式（警固式）に基づいたものであろうという点だけ確認しておきたい。

(5) 前掲注3の史料。

(6) 『類聚三代格』巻十八にも、同一記事が収められている。ところで、尊経閣文庫本の筆写によると、勅の発布日付が「宝亀十一年六月二十六日」となっている（前田育徳会尊経閣文庫編『尊経閣善本影印集成・三九　類聚三代格・三』巻十二上～巻十八、八木書店、二〇〇六年）。また、同じ勅についての記載がみえる『弘仁格抄』（兵部）にも、筆者本ではその日付を「六月二十六日」としている。ここでは『続日本紀』の日付を従う。一方、『類聚三代格』の同一記事の本文では「警虞」を「警固」と表記している。

(7) 下向井龍彦前掲注1論文、四～五頁。

(8) 表2九世紀以後における渤海使来航もあわせて参照してもらいたい。

(9) 宝亀年間に該当するのは、表1の№7～11である。

(10) 石井正敏「大宰府の外交機能と外交文書」（『日本渤海関係史の研究』吉川弘文館、二〇〇一年〔初出一九七〇年〕）。

(11)　浅香年木「古代のコシと対岸交流」(『古代地域史の研究――北陸の古代と中世・一――』法政大学出版局、一九七八年)。
(12)　石井正敏前掲注10論文、五八五頁。
(13)　熊田亮介「古代における『北方』について」(『古代国家と東北』吉川弘文館、二〇〇三年〔初出一九八九年〕)。
(14)　小口雅史「日本古代・中世における境界観念の変遷をめぐる覚書――古典籍・古文書に見える「北」と「東」――」(『古代中世史料学研究』下巻、吉川弘文館、一九九八年)、相沢央「北の辺境・佐渡国の特質」(『環日本海歴史民俗学叢書・十二）古代の越後と佐渡』高志書院、二〇〇五年)、竹田和夫「「北辺」の境界佐渡について――文献・考古・民俗学の視点から――」(『古代・中世の境界意識と文化交流』勉誠出版、二〇一一年)。
(15)　『続日本紀』和銅元年(七〇八)九月丙戌(二十八日)条。
(16)　浅井勝利「古代北陸道越後佐渡路に関する諸問題」(『新潟県立歴史博物館研究紀要』十一、二〇一〇年)。
(17)　新妻利久『渤海国史及び日本との国交史の研究』(学術書出版会、一九六九年)。
(18)　石井正敏前掲注10論文。
(19)　赤羽目匡由「日本からみた古代環東海交流――日本からみた渤海使の韓半島東海岸航路――」(『渤海の海洋史と二十一世紀の環東海交流』高句麗渤海学会国際シンポジウム〔韓国江原道東草市〕資料集、二〇一〇年十月二十二日)。
(20)　石井正敏「初期日本・渤海交渉における一問題」(『日本渤海関係史の研究』吉川弘文館、二〇〇一年〔初出一九七四年〕)。
(21)　浜田久美子「賓礼の受容と渤海国書」(『日本古代の外交儀礼と渤海』同成社、二〇一一年〔初出二〇〇五年〕)。
(22)　李成市「渤海の対日通交と交易」(『東アジアの王権と交易――正倉院の宝物が来たもうひとつの道――』青木書店、一九九七年)。
(23)　『弘仁格抄』下・格巻一〇に「応大宰府放還流來新羅人事　宝亀五年五月十七日」とあることから、この格は本来『弘仁格』にも収録されていたことが分かる。
(24)　山内晋次「朝鮮半島漂流民の送還をめぐって」(『奈良平安時代の日本とアジア』吉川弘文館、二〇〇三年〔初出一九九〇年〕)。

(25) 田中史生「「帰化」と「流来」と「商賈之輩」」(『日本古代国家の民族支配と渡来人』校倉書房、一九九七年)。
(26) 本書第二部第五章でより詳しく論じる。

第二章　延暦・弘仁・天長年間の新羅人来航者

はじめに

日本古代史における「九世紀」は、異国人の頻繁な来航という問題が国家的懸案として浮かび上がった時期であると言える。(1) その考察の対象を来航新羅人に絞る場合、そのような様相はより鮮明になる。不特定多数の新羅人が頻りに海を渡って来る現象や、新羅人との接触・結合・結託によって起きる様々な形態の変化は、列島社会の内部において堅固に維持されてきた支配秩序・交易秩序に少なくない影響を与えたと判断されるのである。但し、日本側が受けたとみられるインパクトの内実が「九世紀」全時期にわたって同質的であったとは言い難いのも事実である。それと同様に、来航新羅人の実態、あるいは彼らが有する性格においても時期差が存在するという点に留意しなければならない。

ところが、従来の関連研究を振り返る限り、九世紀全体を一括りに捉えようとする傾向が非常に強いということがわかる。「九世紀において日本と新羅とは緊張関係にあった」「九世紀の日本は新羅人に対し排外思想・警戒意識として一貫した」「九世紀の日本は新羅を賊視・敵視していた」というような図式的な説明がそのことを示している。(2) 一方で、当該時期の歴史的性格を「外交から経済へ」という枠組みのなかで把握しようとする立場も確認できる。(3) 日本古代の対外関係が政治（外交）から経済（貿易）へと大きく変化していったということであり、まさに九世紀を起点として経済（貿易）が対外交流の中心軸になったとの理解である。

もちろん、マクロ的な流れを重視する場合、先行研究が言っているような「日本・新羅間の緊張関係」「日本側が持っていた排外思想・警戒意識」「新羅（人）に対する賊視・敵視」は否定し難く、むしろ当時の全体像を最もよく表しているものとも評価できよう。しかし、そういった巨視的な捉え方では「緊張関係」「排外思想」「警戒意識」「賊視」「敵視」が生まれた直接的な原因や背景を綿密に説明することは難しい。史的展開の力動性を考慮しつつ、ミクロ的に分析しなければいけない理由がここにある。

一方、「九世紀」における人の国際移動を「国際交易」という単線的要因に基づいて論じようとするのも注意を払わなければいけない。大きくみれば、経済活動（貿易）に従事する商人の移動が来航事例の大部分を占めていたのかも知れないが、商人とはみられない新羅人の存在に目を向ける時にこそ、ようやく複雑多岐な来航新羅人の実態が見えてくるだろうと思われるからである。

以上の問題意識から、本章では桓武朝の延暦年間から淳和・仁明朝の天長年間までを対象にして分析を行なう。各時期が持つ特徴に注目し、来航新羅人の内実がどう変わっていったのか、日本側の対応方式がそれ以前とは何が違ってそれ以後とはどう異なるのか、そしてそのような変化の背景にはいかなる要因が作用していたのかを解き明かしていく。そうすることによって、「九世紀」の導入期、あるいは始まりにあたる延暦〜天長年間の特質を明らかにし、さらにこの時期が「九世紀」全体のなかでどう位置づけられるのかを検討する。

具体的には、各種の海防策や規制策を主な分析材料にする。この時期を伝える正史の記録には欠損が多くその内容も極めて断片的であるため、その全容を把握することはそう簡単ではない。しかし、法制史料の行間あるいは裏面から読み取れる事情や、規定・政策が出される時代背景を積極的に解釈していけば、史料の乏しさはある程度克服できよう。

一　延暦期の烽燧停廃と「内外無事」

一　延暦十八年（七九九）の烽候停廃記事

延暦年間に先立つ宝亀年間は、前宝亀十一年（七八〇）七月の縁海諸国への警固発令に象徴されるように、日本列島の「西」と「北」において同時多発的に現れ始めた来航の新局面が、人民統制を第一課題にしていた律令国家に大きな悩みを抱かせた。そして、そのような状況認識は律令国家の支配層が古くから保持してきた伝統的対外観念と結びつくようになり、外部（特に新羅・新羅人）に対する強い警戒意識へと転化していった時期と言えよう[4]。

では、そのような状況は延暦期以降にも続いたのだろうか。次の〔史料一〕は当時の防備態勢を伝えるものであるが、ここから延暦期における対外姿勢の一側面を見ることができる。

〔史料一〕『類聚三代格』巻十八・延暦十八年（七九九）四月十三日官符

太政官符

応停廃烽候事
右被右大臣（神王）宣偁、奉勅、烽燧之設、元備警護、而今内外無事、防禦何虞、徒置烽候、空罄民力、宜従停廃永改前弊、但大宰所部者依旧无改、
延暦十八年四月十三日

ここでは、烽候の設備は本来警護に備えるためであるが、今は内外無事なので、それを停廃するとの方針が語られている。「内外無事」の状態にも関わらずひたすら烽候を設置し民力を空しく尽くしてはいけないとしている。

〔史料一〕を次に掲げる〔史料二①〕〔史料二②〕〔史料三〕の内容と照らし合わせてみると、当該記事が持つ性格はより明確になる。

〔史料二①〕『日本三代実録』貞観十二年（八七〇）二月廿三日乙巳条

廿三日乙巳、参議従四位上行大宰大貳藤原朝臣冬緒進起請四事、其一曰、軍旅之儲、烽燧是切、而数十年來、国无機警、雖有其備、未知調用、若有非常、何以通知、今須下知管内国嶋、試以擧烽焚燧、彼此相通、以備不虞、若不言其由、恐驚動物意、望請下知事旨、依件調練（後略）

〔史料二②〕『類聚三代格』巻十八・貞観十二年（八七〇）二月廿三日官符

太政官符
応試調烽燧事

右参議従四位上行大宰大弐藤原朝臣冬緒起請偁、軍旅之儲、烽燧是切、而数十年来国無機警、因斯雖有件備、未知調用、若有非常何以通知、今須下知管内国嶋、試以挙烽焚燧、彼此相通、以備不虞、若不言其由、恐驚動物意、望請、下知事旨、依件調練者、右大臣（氏宗）宣、奉勅、依請、

　貞観十二年二月廿三日

〔史料三〕『類聚三代格』巻十八・寛平六年（八九四）九月十九日官符

太政官符

　応出雲隠岐等国依旧置烽燧事

右得隠伎国解偁、検令条、諸国置烽燧、若有急速、則通達京師、遠近相應、慎備警固、至于延暦年中、内外無事、永従停廃、而今寇賊数来、侵掠辺垂、加之此国遥離陸地、孤居海中、風波危勵、往還不通、縦有非常、何得通告、望請、官裁、雖不通京都、而件両国之境依旧置烽候者、右大臣宣、奉勅、依請、

　寛平六年九月十九日

まず、〔史料二①〕は大宰大弐藤原冬緒の起請であり、〔史料二②〕はそれに基づいた官符であることがわかる。その内容を大まかに見てみると次の如くである。「軍事設備として烽燧は大切である。しかし数十年間、国にはそれについての理解がなくて設備があっても用いる方法がわからない。もし非常事態があれば、何を持って通知するのだろうか。今須らく管内の国・島に下知し、試みに烽を挙げ燧を焚き、彼此相通じて不虞に備えなければならない。もしそのゆえを言わなければ、恐らく物意を驚かすだろう。願わくは事の旨を下知し、件に依って調練させるように、と」。

この官符が出された貞観十二年二月は、「貞観十一年新羅海賊」の出現があった直後にあたる時期であり、藤原冬緒の起請も、そして起請の結果出された官符も、博多津までやって来て豊前国の年貢絹綿を掠奪した「新羅海賊」の存在を強く意識しているものと考えられる。(5)

ついで〔史料三〕は隠岐国の申請により、延暦年間に停廃された烽燧を、出雲・隠岐両国に復置させる官符である。ここでは「延暦年中に内外無事であったため、停廃したのだが、今（寛平六年頃）は寇賊がしばしば来航し、辺垂を侵掠している。さらに隠岐国は陸地からも遥かに離れており、海中に孤居しているので、風波があれば往還も不可能になる。何をもって通告するのだろうか。たとえ京師との連絡は取れなくとも隠岐国およびそれに向き合っている出雲国に烽候を設置すれば非常事態に備えることはできるだろう」と言っている。ここでいう「寇賊」とは、「寛平新羅海賊」を指すものと考えられる。(6)

以上のように烽燧の停廃・運用・復置に関わる一連の史料、すなわち〔史料二①〕〔史料二②〕〔史料三〕を読んでみる限り、烽燧という設備自体は対外的状況を意識したものと考えられ、特に日本列島の「西」においての新羅問題から強い影響を受けていることがわかる。

このことからは、〔史料一〕に見えている烽候停廃が延暦期における対新羅・対新羅人認識を反映しているものではないと推測することが可能ではある。というのも、不特定多数の新羅人が頻りに来航していた宝亀年間に比べ、延暦期の場合は新羅人の来航記事が一件も見当たらない「安定期」を迎えていたとも捉えられる。確かに「内外無事」という文言もそのことを指しているのかも知れない。

但し、注意すべきは、〔史料一〕に記されているように、烽候停廃の対象地域から「大宰所部」すなわち大宰府管内が除外されており、西海道を除いての停廃となっていることである。古代日本における烽燧制度は、白村江の戦いでの敗退を受け、唐・新羅軍の来襲に備えるため、天智三年（六六四）に実施したことに淵源がある。(7) その時「烽」が置かれた地域も「対馬嶋・壱岐嶋・筑紫国等」とされる。しかも対馬・壱岐の二嶋は、陸奥・出羽・佐渡・隠岐の四国とともに、古くから歴史上の「辺要」として認識され、(8) 常に警備を固めざるを得ない要衝として取り扱われてきたのである。もちろん、警備の対象となったのは玄界灘の向こう側であっただろう。つまり、西海道に烽候施設を残すという方針は従来の海防対策を相変わらず維持するということで、大きな政策的転換としては認められないのである。

すなわち、延暦十八年の烽候停廃は西海道よりも日本海（韓国名は東海）沿岸の諸国を念頭においた措置であった可能性が高いという事実を意味する。したがって「内外無事」の解釈も西海道以東の縁海諸国で起きていた諸事情を考慮した上でのことでなければいけないのである。

二　「内外無事」という言説の背景

それでは、〔史料二〕で語られている「内外無事」とは何のことを指しているのだろうか。まず、延暦十八年（七九九）の烽候停廃が命じられる直前の事情に注目してみよう。

〔史料四〕『日本後紀』延暦十五年（七九六）十月壬申（十五日）条

壬申、先是、渤海国王所上書疏、体無定例、詞多不遜、今所上之啓、首尾不失礼、誠款見乎詞、羣臣上表奉賀曰、臣神等言、臣聞、大人馭時、以徳爲本、明王応世、懐遠是崇、故有殷代則四海帰仁、周日則九夷順軌、伏惟天皇陛下、仰天作憲、握地成規、窮日域而慕聲、布風区而向化、誠可以孕育千帝、巻懐百王者矣。近者、送渤海客使御長広岳等廻来、伏見彼国所上啓、辞義温恭、情礼可観、悔中間之迷図、復先祖之遺跡、况復縁山浮海、不顧往還之路難、克己改過、始請朝貢之年限、与夫白環西貢、楛矢東来、豈可同日而道哉、臣等幸忝周行、得逢殊慶、不任鳧藻之至、謹詣闕奉表以聞、詔曰、献表〈波〉見行〈都〉、然卿等〈乃〉勤〈之久〉供奉〈爾〉依〈弖之〉、水表〈乃〉国〈毛〉順仕〈良之止奈毛〉所思行〈之〉、嘉〈備〉悦〈備〉御坐〈止〉詔天皇詔旨〈乎〉衆聞食宣。

〔史料四〕は大納言神王らの上表文である。渤海王の書（文書形式は「啓」）がこれまでのものと比べて礼儀に叶っており、天皇（桓武）の徳化に及ぶことを示すとして奉賀している場面を伝えているのである。これは延暦十四年（七九五）十一月三日に到着した渤海使節・呂定琳（送渤海客使・御長広岳と同伴入国）がもたらした渤海王の「啓」が以前と違って日本側が求めていた儀礼的修辞を十分に使用していることを指すものと考えられる。

確かに、延暦期に先立つ宝亀年間においては渤海使節の「北路」を利用した来航とそれを禁止する日本側との攻防が熾烈であったことはもちろん、日本側が最上位の外交文書形式である「表」を求めていたのに対し、渤海側はそれに応じつつも「違例無礼」と認識されるような文書を持参した事実がある。[9]それは、延暦十四年に来日した渤海使節が持参した文書の形式がたとえ「表」より格下げされた「啓」であっても日本側を喜ばせるぐらい、外交秩序上の「低姿勢」を明確に示した内容であったことは大きな変化であり、異国使節を受け入れる日本側としても認識を転換することができるほどの出来事であったと思われるのである。

では、烽候停廃記事に見えている「内外無事」とは、単に渤海使節の「低姿勢」外交に対する認識を反映した文言なのであろうか。

〔史料五〕『日本後紀』延暦十六年（七九七）二月己巳（十三日）条

（前略）遂使仁被渤海之北、貊種歸心、威振日河之東、毛狄屛息、化前代之未化、臣往帝之不臣、自非魏魏盛徳、孰能與於此也。（後略）

〔史料五〕は延暦十六年（七九七）の『続日本紀』撰集表の一部であるが、「（前略）遂に仁は渤海の北に被《おほ》ひ、貊種をして心を帰せしめ、威は日河の東に振ひ、毛狄をして息を屛《ひそ》めしむ。前代の未だ化せざるものを化し、往帝の臣とせざるものを臣とす。魏々たる盛徳に非《あら》ざるよりは、孰《たれ》か能く此に与えんや。（後略）」と読むことができる。

集英社版『訳注日本史料・日本後紀』の補注では、「仁は渤海の北に被《おほ》ひ」は桓武の仁徳が渤海の北方まで及んでいることをいい、「貊種をして心を帰せしめ」は高句麗の後を称する渤海国の人たちが朝廷に服属していることを指している、とする。また、「貊種」とは「狛種」と同義でこま人のことを指し、渤海国人のことをいっており、「日河」は未詳で、恐らく「白河」の誤りではないか、とする。さらに「毛狄」の「毛」は毛人（蝦夷）のことで、「狄」は日本海側に住む狄人のことを指し、「毛狄をして息を屛《ひそ》めしむ」は桓武の政治により蝦夷や狄人らが息を殺して恐れつつしむようになったことをいう、と説明する。(10) 但し、三上喜孝氏は、「日河」を「白河」の誤りとみることについて疑問視しつつ、それでは「渤海の北」とは対応しないため、むしろ『青森県史・資料集・古代一・文献史料』がいうように「北上川の東」と解したい、と述べている。(11)

いずれにせよ、桓武の仁徳や権威が渤海および毛狄の地においても盛んであるとの意を持っている事実には変わりがない。廣瀬憲雄氏が指摘しているように、渤海と蝦夷の「服属」を受けた桓武の徳を称賛したもの、とみてよいだろう。[12]

廣瀬氏は、そのような確認に留まらず、〔史料五〕の上表が持つ意味合いについても分析を加えている。つまり、〔史料五〕のような上表は、実際に蕃国を「服属」させることよりも、蕃国の「服属」を媒介にした、国内秩序の維持・確認に重点を置いていたとしている。[13]言い換えれば、外交儀礼や天皇の徳化称賛などの行為を通じて、国内秩序の維持・確認が行なわれていたのであり、「外交」を国内政治に利用することが大きな特徴であったも言えよう。

〔史料一〕における「内外無事」言説も同じ脈絡で理解できよう。烽候停廃の論理として「内」「外」が安定している状況（＝「無事」）を強調することによって天皇の徳化を称賛したものと考えられる。「外」の安定（あくまでも礼的秩序上においての安定）を用いて「内」の統治秩序の構築を図ったとも言えるのではないだろうか。

これに関連しては、弘仁四年（八一三）八月九日付の太政官符に見えている「中外無事」言説が注目を引く。[14]諸国の兵士を減定する論理として使用されている文言なのである。当該官符が出されたのは民力の無駄遣いを防止するための措置でもあるが、このことは〔史料一〕に見える民力を空しく尽くすことに対する支配層の問題意識とも連動しているようにみられる。すなわち〔史料一〕の場合も、表面的には対外防備策として烽候停廃の断行を打ち出しているが、実質的には無用の烽候を停廃することによって民力を適切かつ有効に再配置するという国内統治の戦略と緊密に繋がっていると評価できるのである。

一方、法制上の「内外無事」言説とは別に、縁海諸国（特に日本列島の「西」）での異国人流入（異国船の来航）は相変わらず続いていたものとみられる。

〔史料六〕『類聚三代格』巻十八・天長元年（八二四）六月廿日官符

太政官符

改定渤海国使朝聘期事

右検案内、太政官去延暦十八年五月廿日符偁、右大臣（神王）宣、奉勅、渤海聘期、制以六載、而今彼国遣使太昌泰等、猶嫌其遅、更事覆請、乃縦彼所欲、不立年限、宜随其来令礼待者、諸国承知、厚加供備馳駅言上者、今被右大臣宣偁、奉勅、小之事大、上之待下、年期礼数不可無限、仍附彼使高貞泰等還、更改前例、告以一紀、宜仰縁海郡、永以為例、其資給等事一依前符、

天長元年六月廿日（傍線は筆者、以下同じ）

〔史料六〕自体は渤海使節の「聘期」（来日年期）が「十二年に一度」（一紀一貢）に改定されたことを、縁海諸郡に周知させる官符である（天長元年六月廿日官符）。ところで、当該官符所引の延暦十八年（七九九）五月廿日官符によると、渤海側（太昌泰ら）の要請により、太政官符を縁海諸国に下し、渤海使節の来日年期を「六年に一度」とする規定を廃して、年限を特に定めないようにした、とされる。〔史料六〕が伝える渤海使節の来日年期に関する規定の変遷過程をまとめると次のようになる。

①延暦十八年（七九九）五月廿日以前の段階：「六年に一度」の規定

②延暦十八年（七九九）五月廿日の段階：「六年に一度」の規定廃止⇒年期を特に定めず

③天長元年（八二四）六月廿日の段階：「十二年に一度」の規定

すなわち、「内外無事」言説が出された延暦十八年頃②は、少なくとも制度上ではむしろ以前より渤海使節の日本往来が容易になったことが確認できる。しかし、渤海使節を受け入れる日本側（特に縁海諸国）の立場に立って考えてみると、そうした状況が決して好ましいことではなかったと推測される。なぜならば、年期の規定がなくなることによって、異国船がいつ到来するのかも分からなくなるからである。それに、来航する船が公式使節のものなのか「賊船」（不審な船の意）なのかすら判断し難くなり、縁海諸国としては常に厳重警固態勢を取らなければいけなくなるのである。したがって〔史料六〕は対外情勢に対する不確実性が高まる局面に入り込んでしまった延暦十八年頃の実態をよく示すものと言える。

次の〔史料七〕からも当時の縁海空間が直面していた実情が窺える。

〔史料七〕『類聚三代格』巻十八・延暦二十一年（八〇二）十二月の官符

太政官符

応依旧置兵士事

右得長門国解偁、謹奉去延暦十一年六月七日勅書偁、夫兵士之設備於非常、伝馬之用給於行人、而軍毅非理役使、国司恣心乗用、徒致公家之費、還為奸吏之資、静言於此、為弊良深、宜京畿及七道諸国、兵士伝馬並従停廃以省労役、但陸奥出羽佐渡等国及大宰府者、地是辺要不可無儲、所有兵士宜依旧者、検案内、兵部省去天平十一年五月廿五日符偁、被太政官符偁、奉勅、諸国兵士皆悉暫停、但三関幷陸奥出羽越後長門幷大宰管内諸国等兵士依常勿改者、然則此国依旧与大宰府管内接境、勘過上下雑物、常共警虞、無異辺要、亦山陰人稀、差発難集、若有機急、定致闕怠、望請、依旧置兵士五百人、以備不虞、非常之儲不可不申、謹請官裁

者、右大臣（神王）宣、奉勅、依請、
　　延暦廿一年十二月□

〔史料七〕は、長門国が、去る延暦十一年に陸奥・出羽・佐渡・大宰府を除き停止した兵士を復活し、旧例によって五〇〇人を置くことを申請したことや、その申請が許可されたとの事実を伝えている。長門国は大宰府に境を接しているため、警虞（警固）を共にしており、そういった面では辺要と異なるところがない、としているのである。これは「内外無事」言説が出された直後に該当する時期に、むしろ長門国が兵士の復置を要請し警備を強化しようとしていたことを意味する。換言すれば、長門国方面では依然として警固を厳重にする事情があったということになる。

したがって延暦十八年の烽候停廃記事で登場する「内外無事」というのは、あくまでも国内政治状況を強く意識した内部向けの言説としての性格が強く、当時の「内外」実態そのままを反映しているとは言い難いものと考えられる。

二　弘仁・天長期の来航新羅人と対応策

一　「帰化」新羅人対策

延暦・大同年間は新羅人の来航事例（＝この場合、渤海人の来航事例はさておく）という側面からすれば、確かに「史料上の空白期」と言えよう。その一方で、弘仁・天長年間は確実に新羅人の来航ラッシュが目立つ時期である。特に弘仁年間に入ってから約二十年間は新羅人の「帰化」関連記録が集中的に現れる時期でもある。(15) 弘仁・天長年間における新羅人の来航状況をまとめた表5では、少なくない「帰化」事例が確認される。類似表現に該当する「化来」「投化」「遠投風化」等をも含めると、№7・9・11・12・13・19・20・22・24が「帰化」関連記録になる。

それでは、この時期においての「帰化」はどういった特徴を持つのだろうか。まず、弘仁四年三月十八日に出された「帰化」新羅人についての規定を検討してみよう。

〔史料八〕『日本紀略』弘仁四年（八一三）三月辛未（十八日）条

辛未。大宰府言、肥前国司今月四日解稱、基肄団校尉貞弓等去二月九日解稱、新羅一百十人駕五艘船、著小近嶋、与土民相戦、即打殺九人、捕獲一百一人者。又同月七日解稱、新羅人一清等申云、同国人清漢巴等自聖朝帰来、云々。宜明問定、若願還者、随願放還、遂是化來者、依例進止。（後略）

この史料は、大宰府から言上された二つの出来事を受けて、朝廷が対応方針を下達する構造となっている。二つの出来事とは、肥前国司から上がってきた解の内容である。一つ目は、同年（八一三）三月四日の解で、これは二月九日付の基肄団校尉貞弓らの解を受けてのものである。貞弓らの報告によると、新羅人一一〇人が五艘の船に乗って「小近嶋」（五島列島の小値賀島）に来着し当地の人民と物理的に衝突したとする。その結果、新羅人九人は打ち殺され、残りの一〇九人が捕獲されたという。二つ目は、同年三月七日の解が伝えている内容で、これによると、新羅人一清らが同じ新羅人の清漢巴らの日本から新羅への帰還について語ったとするものである（以上は表5のNo.5・6に該当する）。

以上の二件が大宰府を通じて中央に報告され、朝廷は次のように処分を下す（〔史料八〕の傍線部[16]）。まず丁寧に「問定」を行ない、もし帰ることを願うのであればその願いに従い放還し、「化来」を遂げようとする者があれば、例によって受け入れるように命じている。すなわち、来航した新羅人の意向を確認し、帰国を願えば帰国措置を取り、帰化を願えばその手続きを踏むように定めているのである。No.7以降次々と確認される「帰化」新羅人も、おそらく日本側の「問定」に対し自ら「帰化」意思を表明することによって受け入れられた人々であろう。

ところで、このような方針が全く新しいものであったとは言えない。第一章でも取り上げたが、すでに宝亀五年（七七四）の段階で類似している法令が出されているのである。

〔史料九〕『類聚三代格』巻十八・宝亀五年（七七四）五月十七日官符[17]

　太政官符

　　応大宰府放還流来新羅人事

右被内大臣（藤良継）宣偁、奉勅如聞、新羅国人時有来着、或是帰化、或是流来、凡此流来非其本意、宜毎到放還以彰弘恕、若駕船破損、亦無資粮者、量加修理、給粮発遣、但帰化来者、依例申上、自今以後、立為永例、

　　　宝亀五年五月十七日

〔史料九〕では、宝亀年間に問題視された「流来」新羅人のことが取り上げられている。渡海してくる新羅人のうちある人は「帰化」とし、ある人は「流来」とするが、この「流来」というのは本意ではないとのことであ

人数	到着地	備考	典拠
3	大宰府	流来。放還する	『日本後紀』(弘仁2.8.12)
10(1艘に乗っていた人数)	對馬島 下縣郡佐須浦	最初見つかった新羅船は3艘。翌日の12.07に出現した船20余艘を「賊船」と判断	『日本後紀』(弘仁3.1.5)
		流来。願いにより放還する	『日本後紀』
10		糧を支給し放還する	『日本後紀』
110	肥前国小近嶋	船5艘	『日本紀略』(弘仁4.3.18)
	(肥前国か)	清漢巴(№3の清漢波と同一人物か)らが日本から帰来したのを肥前国に語る	『日本紀略』(弘仁4.3.18)
6		化來。美濃国に配す	『日本後紀』
31	長門国 豊浦郡	「新羅商人」の初見	『日本後紀』
26	筑前国 博多津	漂着。但し、その事情を聞くと「遠く風化に投ず」と答える	『日本後紀』
	大宰府	のちに還俗して李信恵と名乗り、円仁の通事を務める	『入唐求法巡礼行記』(開成5.1.15および会昌5.9.22)
180	大宰府	帰化。時服・路糧を支給し入京させる	『日本紀略』
43	大宰府	帰化	『日本紀略』
144	大宰府	帰化	『日本紀略』
14		驢4頭を献ずる	『日本紀略』
		唐越州人の周光翰・言升則と同行	『日本紀略』
	出羽国 (後·長門国)	唐人張覚済兄弟と同行。交易のため	『入唐求法巡礼行記』(開成4.1.8)
20	出羽国	漂着。李少貞=新羅人か	『日本紀略』
		羖攊羊2・白羊4・山羊1・鵞2を進む	『日本紀略』
40		帰化	『日本紀略』
165		乗田24町8段(口分田)を授ける。種子・農調度価を支給	『類聚国史』
	能登国	新羅琴2面・手韓鉏2隻・剉碓2隻が漂着	『日本紀略』
54		陸奥国に安置。乗田を口分田に充てる	『類聚国史』
		張大使=張宝高か。唐に帰る際、新羅僧李信恵を同乗させる	『入唐求法巡礼行記』(会昌5.9.22)
10		投化。左京五条に貫附する	『続日本後紀』
		恵運が新羅商客より銅鋺・畳子等を購入、後に安祥寺に施入	「安祥寺伽藍縁起資財帳」、『平安遺文』1-164、『入唐五家伝』

表5　弘仁・天長年間における来航新羅人一覧

No.	年月日	呼称	人名	船数
1	弘仁元(810)	新羅人	金巴兄·金乗弟·金小巴	
2	弘仁2年(811)12.6	新羅船		3(そのうち1艘が着岸) (12.7に船20余艘が対馬の西海上に出現)
3	弘仁3年(812)3.1	新羅人	清漢波 等	
4	弘仁3年(812)9.9	新羅人	劉清 等	
5	弘仁4年(813)2.9	新羅人		5
6	弘仁4年(813)3.7	新羅人	一清 等	
7	弘仁5年(814)8.23	新羅人	加羅布古伊 等	
8	弘仁5年(814)10.13	新羅商人		
9	弘仁5年(814)10.27	新羅人	辛波古知 等	
10	弘仁6年(815)	新羅僧	李信恵	
11	弘仁7年(816)10.13	新羅人	清右珍 等	
12	弘仁8年(817)2.15	新羅人	金男昌 等	
13	弘仁8年(817)4.22	新羅人	遠山知 等	
14	弘仁9年(818)1.13	新羅人	張春 等	
15	弘仁10年(819)6.16	新羅人船		
16	弘仁10年(819)	新羅人	王請 等	
17	弘仁11年(820)4.27	唐人	李少貞	
18	弘仁11年(820)5.4	新羅人	李長行 等	
19	弘仁13年(822)7.17	新羅人		
20	天長元年(824)3.28	新羅人		
21	天長元年(824)4.7	新羅琴	(物品)	
22	天長元年(824)5.11	新羅人	辛良金貴・賀良水白 等	
23	天長元年(824)	新羅人	張大使	
24	天長10年(833)4.8	新羅人	金礼真 等 男女	
25	天長10(833)	新羅商客		

注記

1）年月日は、日本列島に来着したとみられる時点。月日がない場合は、その時点が不明。

2）17の李少貞は「唐人」とあるが、『続日本後紀』承和九年(842)正月乙巳(10日)条には「新羅人」として登場。

る。けれども、日本側は広い思いやりを表し彼らを放還するようにし、その時、破損船舶の場合は修理を、「糧」が足りない者には「糧」を支給せよとの処分を下しているのである。但し「帰化」を目指して来た新羅人については報告せよと要請している。要するに、「流来」を称する者に対しては「放還」を、「帰化」を願う者には帰化手続きを許可せよとのことである。

日本側が異国人を帰すか受け入れるかを判断するにあたって、来航新羅人自らの意思および意向を尊重している点で〔史料八〕の処分との類似性が認められる。因みに〔史料八〕の「遂是化來者、依例進止」が〔史料九〕の「但帰化来者、依例申上」とほぼ同じ成文構造を帯びている点は非常に興味深い。処分の基本骨子すら酷似していることからは、両者間の継承関係も言えるのではないだろうか。つまり〔史料九〕が発布された宝亀五年から約四十余年経った弘仁四年の時点で来航新羅人、特に「帰化」新羅人についての処分方針が〔史料八〕の形で再確認されたものと評価できよう。

但し、〔史料九〕では宝亀年間において問題視された「流来」新羅人が議論の中心軸となっている一方で、〔史料八〕の場合は「帰化」新羅人対策に重点が置かれているという相違点も留意しなければならない。新羅人が殺到する時期であった点は同様であるが、彼らの来航形態においては時期により異なりが存在するのである。それは時代背景によるものと考えられる。

表5のNo.1にみえる新羅人金巴兄・金乗弟・金小巴ら三人も「流来」として取り扱われ、本国に帰っても良いとの許可を受けており、No.3の清漢波らも「流来」新羅人として放還されている。No.4の劉清らも「糧」の支給を受け、放還されていることから自ら「帰化」でなく「流来」を称した可能性が想定される。No.6および〔史料八〕に登場する一清らの場合は、最終的にどう処分されたのか不明ではあるが、清漢巴（No.3の清漢波と同一人物

か）らが日本から新羅へ帰って来たことを語っている点では自分も「流来」を称することによって帰国を図ったのかも知れない。これらとは対照的にNo.9の辛波古知らは最初「漂着」として判断されたようであるが、来航事由を問われる際に「遠く風化に投ず」と語り、「帰化」として認められたと推定される。

「帰化」新羅人に対する処遇はさほど悪くなかったものとみられる。No.11の清石珍らは大宰府で「帰化」の旨を明らかにしたところ、時服や路糧を支給される、しかも提供された船便で入京したと伝えられる。No.24の金礼真らも「投化」を表明したら左京五条に配されたとする。この両事例は、公式使節として来航した新羅人にすら入京がほとんど許されなかった八世紀段階の先例を考え合わせると、かなり異例な待遇であるといわざるを得ない。

一方、限られた事例ではあるが、天長年間においては「帰化」新羅人に対し口分田をはじめ、生活基盤の安定に必要なものの支給が行なわれている。No.20の「帰化」新羅人らに対しては乗田二十四町八段を授け、口分田と為し、種子および「農調度価」[18]を支給しており、No.22の辛良金貴・賀良水白らに対しても乗田を口分田に充てている。森公章氏の研究によると、律令国家の在日外国人（「帰化」を含む概念）に対する待遇は、大きく寛国安置、租税免除、官人出仕、氏姓賜与などの項目に分けることができるとするが[19]、「帰化」新羅人に土地を与える措置はそのなかでも寛国安置に基づいたものと考えられる。寛国とは、班田額に不足しないだけの広大な土地を持つ国のことを指すが[20]、土地支給というのはこのような寛国への移配を前提としなければならないのである。No.22の新羅人らが陸奥国に、そしてNo.7の人々が美濃国に安置されているのもそれと関係がある[21]。

また、大規模な集団「帰化」が多く確認されるのも弘仁・天長年間における「帰化」が有する特徴の一つである。No.7（六人）・24（十人）の場合は、十人以下の規模であるが、No.9（二十六人）・12（四十三人）・19（四十人）・

22（五十四人）のように数十人のもの、そして、No.11（一八〇人）・13（一四四人）・20（一六五人）のように一〇〇人を遥かに超える大規模な「帰化」もある。先行研究のなかには、新羅人の「帰化」が集中する西暦八一五年を前後とする時期の新羅国内の状況に着目し、大規模「帰化」の原因を説明するものもある。「異常気象が不作と災害をもたらし、栄養失調が疫病を蔓延させ、追い詰められた民が盗賊に身をやつし、さらに暴動を起こす。こうした負の連鎖が当時の新羅で起こっていた」とし、弘仁・天長年間における新羅人の「帰化」についても「飢饉によって発生した難民の集団的な海外移住の動き」と解釈している。(22) 八一六年、中国の浙東地方に新羅飢民一七〇人が食を求めて赴いたとの記録(23)があることから見ても、飢民の海外移住の流れは間違いなく存在していたと考えられる。(24) 但し、新羅における自然災害や地方反乱が当該時期に特有のものではないにもかかわらず、(25) 人の海外流出現象（例えば大規模な「帰化」等）がこの時期に突出して現れている原因については、今後さらなる検討が求められる。

ところで「帰化」新羅人の名前に目を向けると、朝鮮半島系の人名表記方式とは多少異質なものが幾つか目立つ。No.7の「加羅布古伊」、No.9の「辛波古知」そしてNo.22の「辛良金貴・賀良水白」がそれである。「加羅」「辛」「辛良」「賀良」全て「カラ」と始まる。

これらは『新撰姓氏録』（弘仁六年〔八一五〕編纂）にも見えている。(26) まず「加羅」については『新撰姓氏録』第三十・未定雑姓・右京条に「加羅氏。百済国の人、都玖君の後《すえ》なり」とある。加羅（賀羅）を氏名とする氏族には造姓があり、実際『続日本紀』からは賀羅造子人・賀羅造吾志の名が確認される。また百済系の渡来氏族としては甘良辰長・甘良東人もいる。(27) そして『新撰姓氏録』第二十二・左京諸蕃下・任那条にみえる賀羅賀室王の事例も留意すべきであろう。(28) なお、「賀良」については『新撰姓氏録』第三十・未定雑姓・河内国条に「賀良姓。新羅国郎子王の後なり」とある。『日本書紀』には新羅の送使として加良井山が見える。また加良を氏名とする人に加良佐土万呂がいるが、辛佐土麿のように氏名を「辛」とも表記している事例も多いようである。[29]「辛」を氏名とする人はそれ以外にも『続日本紀』や仏教関連古文書等に登場する。具体的には辛男床、辛毛人、辛浄足、辛広成、辛広浜などがいる。ところで『新撰姓氏録』第二十二・左京諸蕃下・百済条に「広田連。百済国の人、辛臣君自《よ》り出《い》づ」とあり、実際に前述の辛氏五人のうち四人がそれぞれ広田毛人（または広田連毛人）、広田浄足（または清足）、広田連広成、広田広浜への改名が確認できることから、[30]「辛」は百済系の渡来氏族とみて良いだろう。次に「辛良」については№22の用例以外にみえないが、『新撰姓氏録』などの編纂史料や古文書からはその他、「カラ」を連想させる氏族を目にすることは珍しくない。例えば、『新撰姓氏録』第二十・和泉国神別条の「韓国連」（韓国の氏名は「辛国」とも書く）[31]、『同』第二十七・摂津国諸蕃・任那条の「韓人」[32]等があげられる。

しかし、弘仁・天長年間における「帰化」新羅人の名前についている「カラ」が『新撰姓氏録』に見えているような氏族、すなわち既に「化内」に編入された渡来氏族の名称なのかは明確ではない。とはいえ、彼らが名前の冒頭に「カラ」を付けたことには何らかの理由があるはずであり、受け入れ側の記録にあえて「新羅人・カラの○○」と書き残したことも彼らが「カラ」との関連性を持っているからであると推定される。「カラ（加羅）」とはもともと朝鮮半島の南部に存在した小国のことを指す語であるが、「帰化」新羅人が「カラの○○」と称した（あるいは称された）のは、自分たちはカラ（加羅）地方、すなわち新羅のなかでも特に朝鮮半島の南部から来た人々であるということを強調したためではないだろうか。

なお、表5の№24に見える天長十年（八三三）の金礼真らを最後に古代の「帰化」記録が見当たらなくなったこともここに特記しておきたい。

二　新羅訳語と博士

弘仁・天長年間における新羅人の来航ラッシュは、日本列島の玄関口にあたる地域での葛藤や衝突をも引き起こしたようである。対馬や小近嶋で傷害・殺人事件が起こっている。

『日本後紀』弘仁三年（八一二）正月甲子（五日）条によると、弘仁二年（八一〇）十二月六日、新羅船三艘が対馬の西海上に出現したという。そのうち一艘が俄かに対馬の下県郡佐須浦に着岸したらしい。船のなかには新羅人十名がいたようであるが、言語が相通じなくて（＝「言語不通」）彼らの来航事由を知ることが難しかったという。因みに海上に待機中であった新羅船二艘は闇夜に何処かへ消えた模様である。その翌日（七日）、再び船二十艘が対馬の西海上に現れたという。対馬は、その船が燭火で連絡を取り合っている様子を見て「賊船」と判断したらしい。そこで、結局、先日着岸した新羅人十名のうち五名を殺したのである。残りの五名は一時逃走したようであるが、後日そのうち四名は捕獲されたとする。この事件が原因となり、対馬は兵庫を守ったり軍士を発したりする等、警備を固める一方、新羅方面で毎晩観察されている不審な動きに注意を払っているという。このような報告を受けた大宰府は、事情を詳しく問うために新羅訳語（＝史料上の初見）および軍毅らを発遣したと伝えている。(33)

その他、弘仁四年（八一三）二月九日付の肥前国の解が伝えている小近嶋での殺人事件（＝新羅人一一〇名のうち、九名を殺し一〇一名を捕獲した出来事）については、前掲〔史料八〕のところで述べた通りである。

以上の二件とも、大規模な新羅人集団が海を渡って来る過程で発生した出来事であるが、これらは、当時の日本側が「不特定多数の新羅人が来航する事態」に対応するシステムを備えていなかったことを示すものと考えられる。

だからと言って、日本側がそのような現実をそのまま放置したわけではない。新たな状況にあわせて時宜適切な後続対策を出している様子も確認できるのである。小近嶋での事件を一つのきっかけにして「宜明問定、若願還者、随願放還、遂是化來者、依例進止（宜しく明らかに問定すべし。若し還ることを願わば、願いに随いて放還せしめよ。是に化来を遂げんとする者は、例に依りて進止せよ）」という処分（＝〔史料八〕の傍線部）を下したのもその一環であり、対馬で起きた弘仁二年の事件に対して次の〔史料十〕のような官符を出しているのも同じ脈絡で理解できよう。

〔史料十〕『類聚三代格』巻五・弘仁四年（八一三）九月廿九日官符

太政官符

応停対馬嶋史生一員置新羅譯語一人事

右得大宰府解偁、新羅之船来着件嶋、言語不通、来由難審、彼此相疑、濫加殺害、望請、減史生一人置件譯語者、右大臣宣、奉勅、依請、

弘仁四年九月廿九日

〔史料十〕は、対馬の史生一員を停めて新羅訳語を置くようにした太政官符なのである。森公章氏は、律令体制成立時において日本・新羅関係が重視されていたことを指摘しつつ、新羅訳語が大宝令制定当初の時点で既に大宰府に存した可能性が想定できると述べている。それに続いて「ただし、八世紀あるいはそれ以前から新羅人が頻繁に経過していた筈の対馬において、新たに新羅訳語などの設置の必要性が痛感されるようになるのは、九世紀初のことであった」とし[34]、弘仁四年の新羅訳語配置記事が持つ意義を評価している。確かに官符でも「新羅

の船」が対馬方面に来着するという新たな事情が認知されており、「言語不通」のせいで新羅人の来航事由を審問し難く、彼此が疑い合い濫りに殺害が行なわれていることが指摘されている。そのような状態を打破するために新羅訳語を対馬に配置することにしたと言っている。

『日本後紀』弘仁六年（八一五）正月壬寅条に「是日、停対馬史生一員、置新羅訳語」とあることからすれば、〔史料十〕で語られた要請は実現された模様である。前掲の『日本後紀』弘仁三年（八一二）正月甲子（五日）条でも殺害事件の事情調査のために新羅訳語が遣わされたとされるが、その時の経験が新羅訳語の常置方針に繋がったものと考えられる。(35)

もう一つ注目されるのが弘仁十二年の段階で出された博士配置官符である。

〔史料十二〕『類聚三代格』巻五・弘仁十二年（八二一）三月二日官符

太政官符

応停対馬嶋史生置博士事

右得大宰府解偁、嶋司解偁、此嶋僻居溟海之外、遙接隣国之堺、所任之吏、才非其人、爲政之要、事多蒙滞、接陸之国、皆備彼任、絶域之嶋、猶闕此官、無師質疑、不隣往問、縦令諸蕃之客、卒尒着境、若有書契之問、誰以通答、望請、特置件博士、且以教生徒且以備専対者、府加覆審所申有理、謹請官裁者、右大臣宣、奉勅、宜停史生一員改置博士、

弘仁十二年三月二日

この史料は、対馬の史生一員を停めて博士を置くように命じている太政官符である。ここに引用されている対馬嶋司の解では、溟海の外に位置しており、隣国と境を接している対馬の地理的条件が語られている。ところが、そのような状況に置かれている対馬であるにも関わらず、対外業務をつかさどる官吏がいないとのことである。そして、「諸蕃の客」が俄かに来着し「書契の問」を出してもそれに「通答」することが不可能な状況であるため、生徒の教育および「専対」への接待が可能な博士を対馬に配置することによって問題を解消するように求めているのである。そのような内容が大宰府に上がって来て、大宰府はそれを中央に出し、最終的には太政官符として対馬への博士配置が命じられたのである。

ところで〔史料十一〕では、博士配置の背景として「書契」、すなわち外交文書を所持した「諸蕃の客」（外国使節）の来航可能性が想定されている。[36]すなわち博士に求められる任務は、外交文書を所持した外国使節が来航する際に、前に出て対応することなのである。但し〔史料十二〕の「卒尓着境」からも推測できるように、日本側としても外国使節がいつ来航するのかは分からなかったようである。[37]常時準備態勢が要求される状況であったとも言えよう。実際には弘仁年間に入って以降、正式な外国使節が対馬のほうに来航することはなかったのであるが、日本側は外交文書への対応が上手な博士を配置することによって外交上の礼的問題はもちろん、偽りの使節の出現にも備えることが可能であったものと考えられる。

以上の検討をまとめると、対馬への新羅訳語配置は、来航事由の不明な異国人流入が増加し不審な船の頻繁な到来が確認されるなかで、万が一起こり得るトラブルを未然に防止し来航事由を問うために行なわれたと言える。一方、博士配置は、複数の船舶や大規模な集団が来航するなかで、外交文書を所持した使節が含まれている場合を想定しての措置であったとみられる。新羅訳語は口頭対応を、博士は文書対応を専門としたとも評価できよう。

一方、弘仁五年（八一四）五月二十一日には「応大宰府省史生置弩師事」と始まる太政官符が出されている。(38)この官符は、去る延暦十六年（七九七）に行なわれた弩師停廃を改める形を取っているが、ここからは延暦年間における異国人の来航状況が弘仁年間には大きく変わった事情が見て取れる。延暦年間と弘仁・天長年間との来航状況を上手く対比してくれる事例であるため、紹介を兼ねてここに付け加えておく。

三　新羅商人の来航と大宰府の交易管理

弘仁五年（八一四）には、これまでなかった新たな来航者が登場する。新羅商人三十一人が長門国豊浦郡に漂着したのである（表5のNo.8）。(39)李成市氏は、『続日本紀』神護景雲二年（七六八）十月甲子（二十四日）条に、左右大臣以下、貴顕なものたちに「新羅の交関物を買うが為」に大宰府の良質な綿を下賜したことが記されていること、さらにその年（七六八年）は新羅使節が来航したとの記録がないことから、「七六八年の交易」（これは李成市氏の表現。しかし、当該年に交易が行なわれたとは限らない）を担ったものは新羅商人でなければならないとし、これを九世紀の交易形態（大宰府交易類型）の起点と評価する。(40)新羅商人の出現時点を八世紀後半に求めているのである。但し、「新羅商人」という来航形態として初めて日本側に認知されたのも、そして記録上に残されたのも弘仁五年の時点であることは認めざるを得ない。(41)

弘仁五年を起点としてその後も新羅商人（あるいは商人らしき者）の来航が続く。まず表5のNo.10に見える李信恵の場合、彼自身は僧侶や通事の履歴を持つ人物であるが、帰国する際に交易のために来日した張大使という人物と同行していることから、商人集団とも密接に関わっていたとみられ、さらに弘仁六年に来日する時も交易船を用いたのではないかと推測される。こうみていくと弘仁六年の時点にも商人集団の来航があったと見てよいだろう。

また、弘仁十年に唐越州人らを乗せて来航した「新羅人船」（表5のNo.15）も交易と何らかの関わりが想定され、同じく唐人とともに来航した新羅人王請らも交易に従事する者たちであった（No.16）。弘仁十一年の段階では「唐人」と記されている李少貞は（No.17）、承和九年（八四二）の段階では「新羅人」とあり、さらに日本との交易に力を入れていた新羅人の張宝高の部下として登場していることから、弘仁年間にも唐に拠点を置いて日唐間の貿易に従事したものと考えられる。一方、天長元年（八二四）に来航した張大使（No.23）や、天長十年（八三三）の段階で来日したとみられる新羅人たち（No.25）も商人（あるいは商客）であった。

来航の性格が問題視されるのは、弘仁九年（八一八）来日の張春ら（No.14）と弘仁十一年（八二〇）来日の李長行ら（No.18）であるだろう。彼らに関して注目すべきは、両者とも動物を献上していることである。張春らは驢四頭を、そして李長行らは羖䍽羊二匹・白羊四匹・山羊一匹・鵞二羽をもたらしたとされる。ところが、これらの動物は当時の朝鮮半島では飼育されていなかったとみられる。驢・羖䍽羊（＝黒羊）・白羊・山羊・鵞については、『三国史記』『三国遺事』等の文献資料からはもちろん、出土木簡や金石文等の文字資料からも目にすることが難しい。[42] 因みに六三六年成立の『周書』異域列伝・第四十一・百済条には「唯無駞驢騾羊鵝鴨等」とあり、[43] 朝鮮半島の南部では駱駝・驢馬・騾馬・羊・鵞鳥・鴨のような動物が見当たらないことを特記している。これらは張春ら・李長行らがもたらした動物の種類とも一致する。一方で、古代の朝鮮半島にはいなかった驢・羖䍽羊・白羊・山羊・鵞の類は、中国ではむしろ一般的な家畜であったとみられ、そのことは九世紀史料である『入唐求法巡礼行記』からも容易に確認できる。『同』開成三年（八三八）七月二十二日条での「白鵝（白鴨とも）」、『同』開成四年（八三九）四月六日条および七日条での「驢」、『同』開成五年（八四〇）四月二十四日条での「羊」等があげられるが、いずれも日常生活が語られる場面で登場している。驢・羊・鵞が中国ではそれだけ稀でない動物であったということである。

以上のことから新羅人張春ら・李長行らは、朝鮮半島の新羅でなく中国の唐から来航した商人集団なのではないかと推定される。No.10・15・17・23等に見える新羅商人も新羅と日本との間でなく、日本と唐との間を行き来しつつ交易活動を行なったとみられることをふまえると、張春ら・李長行らの日唐間往来の可能性は十分考えられ、彼らのもたらした動物も唐からの流入品であったとみることも不可能ではないだろう。

弘仁・天長年間における新羅商人の頻繁な来航事例を検討してみたが、このような現象を受けて日本側では次のような政策を打ち出していて留意される。

〔史料十二〕『類聚三代格』巻十八・天長八年（八三一）九月七日官符

太政官符

応領新羅人交関物事

右被大納言正三位兼行左近衛大将民部卿清原真人夏野宣偁、奉勅、如聞、愚闇人民傾覆櫃運、踊貴競買、物是非可韜遺弊則家資殆罄、耽外土之声聞、蔑境内之貴物、是実不加捉搦所致之弊、宜下知大宰府厳施禁制、勿令輙市、商人来着、船上雑物一色已上、簡定適用之物、附駅進上、不適之色、府官検察、遍令交易、其直貴賎、一依估價、若有違犯者、殊処重科、莫従寛典、

天長八年九月七日

この官符は、新羅「商人」が来航した場合、船内の貨物を調べ上げ、「適用之物」の購入と、その京進を行なわせ、それ以外は、府官検察のもと、適正価格で交易させることを大宰府に義務づけたものである。既に指摘したように、これまでの来航者は「流来」と「帰化」に二分され、「流来」の場合はただ放還するとしていたが、〔史料十二〕の処分を起点として従来の政策を大きく転換することになったのである。(44) 何よりもこの政策によって初めて新羅商人の存在を公式に認めるようになったことが指摘できる。それまでは新羅商人の来航にあわせた受入システムを備えていなかったのであるが、新羅商人の活動を交易管理体制内に編入させる形で、密かに行なわれていた沿海部の人民と新羅商人との交易を容認したのであるとも評価できよう。

おわりに

本章では「九世紀」をさらに細分化し延暦・弘仁・天長年間を中心に新羅人の来航と日本側の対応について考察を加えてみた。まず、延暦年間については、烽燧停廃記事を分析しその対策が有する実質性と、烽燧停廃実施の背景となった「内外無事」言説が持つ虚構性を検討した。ついで、弘仁・天長年間に関しては、新羅人が「流来」か「帰化」という形式を取って来航した事実、弘仁四年の「帰化」新羅人対策が持つ意義、対馬への新羅訳語・博士配置が示すこと、大宰府交易体制の整備を通じて図ったこと等を考察した。

新羅人の来航頻度という側面に目を向けると、延暦年間は確かに「来航の空白期」とも言えるだろうが、異国人の頻繁な来航がもたらす辺境地域の乱れを考慮する際には、当該時期は一種の「安定期」でもある。さらに、延暦年間を中心にそれ以前の宝亀年間、それ以後の弘仁・天長年間と比較してみると、新羅人の来航現象および来航形態はもちろん、日本側の防備対策（拡張・強化か縮小・緊縮か）にも時期による違いが認められ、ある程度の屈曲も確認される。

弘仁・天長年間に入ってからは多様化した来航形態を国家が厳重に把握・管理しようとする様子もより鮮明になる。これは徹底した入国管理を通じて辺境社会および離島社会の安定を図ろうとしたことに基づく。古代国家の玄関口を確実に統制することが、究極的には支配秩序・交易秩序を確立させていく上で重要な課題であるという自覚も影響したと思われる。

注

（1）筆者は本書第一部第一章（その要旨は、鄭淳一「宝亀年間における縁海警固の背景」『史学雑誌』一二一—一、二〇一二年、一〇六～一〇七頁）で「長い九世紀」（the long 9th century）という概念を打ち出し、宝亀年間をその起点としたことがある。日本歴史における九世紀を対外情勢との関連性のなかで説明すると、「商人」「僧侶」「漂流民」「海賊」「帰化人」「流来人」等の形態で来航する新羅人（ここには大規模化した使節団も含まれる）に対して日本側が危機意識を明確に表出する時期であると言えるが、宝亀年間の時代像も以前とは異なって数多くの異国人が日本列島へと殺到し、またこれに対して日本側は警戒心として向き合っているとの点で九世紀の辺境状況との同質性が認められるとのことである。本章で言う「九世紀」も同じ脈絡上で理解できよう。本文であえて「九世紀」と表記する場合は「長い九世紀」を指す。単に八〇〇年代を意味する九世紀と区別するためである。

（2）代表的には、佐伯有清「九世紀の日本と朝鮮」（『日本古代の政治と社会』吉川弘文館、一九七〇年〔初出一九六四年〕）、石上英一「日本古代一〇世紀の外交」（『東アジア世界における日本古代史講座（七）東アジアの変貌と日本律令国家』学生社、一九八二年）、石上英一「古代国家と対外関係」（『講座日本歴史（二）古代・二』東京大学出版会、一九八四年）などの研究があげられる。但し、佐伯氏の研究は、九世紀を前面に打ち出した先駆的な論稿であり、来航新羅人対する日本側の対応策とその変遷過程を分析・提示しているという側面では高く評価すべきであろう。
（3）石井正敏「律令国家と東アジア（通史）」（『日本の対外関係（二）律令国家と東アジア』吉川弘文館、二〇一一年）は最近までの議論をまとめて通史を叙述しているが、ここでも「政治から経済へ」のような見方が確認される。
（4）本書第一部第一章参照。
（5）「貞観十一年新羅海賊」については、本書第五章・第六章・第七章を参照。
（6）本書第二部第八章参照。
（7）『日本書紀』天智天皇三年（六六四）是歳条には、「是歳、於対馬嶋・壱岐嶋・筑紫国等、置防与烽。又於筑紫、築大堤貯水、名日水城」とある。
（8）『延喜式』民部省・国郡条の辺要国についての規定。
（9）本書第一部第一章参照。
（10）黒板伸夫・森田悌編『訳注日本史料・日本後紀』（集英社、二〇〇三年）一一一八頁。
（11）三上喜孝「光仁・桓武朝の国土意識」（『国立歴史民俗博物館研究報告』一三四、二〇〇七年）。
（12）廣瀬憲雄「古代倭国・日本の外交儀礼と服属思想」（『東アジアの国際秩序と古代日本』吉川弘文館、二〇一一年〔初出二〇〇七年〕）。
（13）廣瀬憲雄前掲注12論文。
（14）『類聚三代格』巻十八・弘仁四年（八一三）八月九日官符。
（15）佐伯有清前掲注2論文および渡邊誠「承和・貞観期の貿易政策と大宰府」（『平安時代貿易管理制度史の研究』思文閣出版、二〇一二年〔初出二〇〇三年〕）等。
（16）集英社版『訳注・日本後紀』の頭注では、「大宰府言」の前に「勅」という文字が置かれていたと推定されている（黒板伸夫・森田悌編前掲注10の訳注集、六四六頁）。
（17）『続日本紀』宝亀五年（七七四）五月乙卯（十七日）条には「乙卯、勅大宰府日、比年新羅蕃人、頻有来著、尋其縁由、多非投化、忽被風漂、無由引還留為我民、謂本主何、自今以後、如此之色、宜皆放還以示弘恕、如

有船破及絶糧者、所司量事、令得帰計」とある。あわせて参照してもらいたい。一方、これらの史料についての解釈は、山内晋次「朝鮮半島漂流民の送還をめぐって」（『奈良平安期の日本とアジア』吉川弘文館、二〇〇三年〔初出一九九〇年〕）、田中史生『「帰化」と「流来」と「商賈之輩」――律令国家における国際交易の変遷過程――』（『日本古代国家の民族支配と渡来人』校倉書房、一九九七年）、本書第一部第一章および第二部第五章等が参照になる。

（18）農調度価とは、営農に必要な道具や材料を入手するための代価である（黒板伸夫・森田悌編前掲注10の訳注集、八七二頁の頭注）。

（19）森公章「古代日本における在日外国人観小考」（『古代日本の対外認識と通交』吉川弘文館、一九九八年〔初出一九九五年〕）。

（20）田令第十三・寛郷条に「凡国郡界内、所部受田、悉足者、為寛郷、不足者、為狭郷」とある。

（21）『日本三代実録』貞観十二年（八七〇）二月廿日壬寅条所引の天長元年（八二四）八月廿日格に「不論新旧、併遷陸奥之空地」とあるのも同じ脈絡上で理解すべきであろう。

（22）榎本渉『「遣唐使以後」へ』（『僧侶と海商たちの東シナ海』講談社選書メチエ、二〇一〇年）を参照。李成市「京師交易から大宰府交易へ」（『東アジアの王権と交易』青木書店、一九九七年）も『三国史記』の記事に基づき、天災や地方における反乱がさまざまな動揺をもたらし、あるものは中国にわたり、あるものは日本にわたるといった事態を引き起こしたと説明する。

（23）『旧唐書』巻一九九上・列伝一四九上・東夷・新羅条、『唐会要』巻九十五・新羅条、『三国史記』新羅本紀十・憲徳王八年条。

（24）榎本渉前掲注22論文。

（25）自然災害や政治的反乱は、いわゆる新羅下代全時期（七八〇～九三五）にわたって連年のように発生したのであり、特定の時期に限られた現象とは言い難い。新羅下代についての一般的理解や関連研究目録は、鄭好燮「新羅下代の社会変動」（『韓国古代史入門（三）新羅と渤海』新書院、二〇〇六年）〔原文韓国語〕を参照。

（26）『新撰姓氏録』のような氏族の系譜書がつくられたのは、編纂時の政治的・社会的な要請に基づいているものと言われている。実際にその成立背景を明らかにしようとする試みも嘗てからなされ、具体的には①桓武朝における政治的対立、②「軍事と造作」との関連性、③班田農民の変質様相との関わり、④「神火」および地方民の反抗等が提示された（佐伯有清『新撰姓氏録の研究　研究篇』吉川弘文館、一九六三年）。しかし、それと共に宝亀年間から弘仁年間にかけて確認される「不特定多数の来航異国人（特に新羅人）が殺到する現象」も重視されるべきであろう。「内」・「外」、あるいは皇別・神別・諸蕃のように人民の出自を鮮明にし、律令国家の支配秩序を確立させていこうとする意思が強く作用したのではないかと推察されるのである。

(27) 佐伯有清『新撰姓氏録の研究　考證篇・第六』（吉川弘文館、一九八三年）五二頁。

(28) 佐伯有清『新撰姓氏録の研究　考證篇・第五』（吉川弘文館、一九八三年）七五〜七九頁。

(29) 佐伯有清前掲注27著書、一二六〜一二七頁。

(30) 佐伯有清前掲注28著書、三四〜四〇頁。

(31) 佐伯有清『新撰姓氏録の研究　考證篇・第四』（吉川弘文館、一九八二年）二九〇〜二九四頁。

(32) 佐伯有清前掲注28著書、四〇七〜四〇九頁。

(33) これは表5のNo.2に該当する。

(34) 森公章「大唐通事張友信をめぐって」（『古代日本の対外認識と通交』吉川弘文館、一九九八年）。

(35) 本章の趣旨とは若干離れているが、湯沢質幸『古代日本人と外国語』（勉誠出版、二〇〇一年）は、新羅訳語のみならず、大唐通事や渤海通事など、古代日本における通訳を網羅的に取り上げているので、あわせて参照してもらいたい。

(36) 〔史料十一〕に見える「専対」とは、外交交渉の場で独自に判断できる者、または使者として単独に対応できる者を指す語である。ここでは「文書を所持した正式な外国使節」の意を持つ。『続日本紀』天平宝字四年（七六〇）九月癸卯（十六日）条および『続日本後紀』承和三年（八三六）十二月丁酉（三日）条にも見える。

(37) 『日本紀略』弘仁五年（八一四）五月乙卯（九日）条に「制、新羅王子來朝之日、若有朝獻之志者、准渤海之例、但願修隣好者、不用答禮、直令還却、且給還糧」とあることから、弘仁期においては「新羅王子」の来航も想定されていたことがわかる。

(38) 『類聚三代格』巻五・弘仁五年（八一四）五月二十一日官符。縁海地域への弩師配置が持つ性格については、本書第二部第五章を参照。

（39）『日本後紀』弘仁五年（八一四）十月丙辰（十三日）条。
（40）李成市前掲注22論文。
（41）森克己「末期日唐貿易と中世的貿易の萌芽」（『新編森克己著作集（二）続日宋貿易の研究』勉誠出版、二〇〇九年〔初出一九四九年〕）も「文献上の初見」ということを指摘している。
（42）『三国遺事』紀異第二・景文大王条に記されている説話のなかで「驢耳」という表現が登場するが、これは王の耳が長いとの例え話である。また説話の成立時期が問題となるだろう。
（43）『北史』（六五九年成立）列伝・第八十二・百済条も同じ内容を伝える。『周書』および『北史』の列伝には新羅条がないため、百済条を参照とした。当時の朝鮮半島南部の状況を知る上でよい参考になる。一方、『日本書紀』推古七年（五九九）九月癸亥朔条には「百済貢駱駝一疋、驢一疋、羊二頭、白雉一隻」とあって問題視される。百済（朝鮮半島南部）にも「驢」や「羊」がいたとのことになるからである。しかしこれは中国（隋）で入手した可能性が高い。百済は当時隋と友好関係を維持していたし、日本に使節を送る直前に隋にも使節を派遣しているからである（『三国史記』百済本紀）。百済使節が日本にもたらした動物は、隋での朝貢に対する答礼品であったのではないか。
（44）田中史生前掲注17論文。なお、李成市前掲注22論文および渡邊誠「律令国家の対外交易制度とその変容」（『平安時代貿易管理制度史の研究』思文閣出版、二〇一二年）の解釈もあわせて参照してもらいたい。

第三章　承和年間における対外交渉と新羅康州

はじめに

交流史研究において「ヒト」の移動と、その「ヒト」によって齎される「モノ」や「情報」に対する重要性は古くから指摘されており、関連研究の蓄積も膨大である。しかし、意外にも、そのような交流がどこで行われたのかという問題、即ち交流の「場所」についてはあまり関心が持たれていないと思われる。特に、古代の日本列島と朝鮮半島との交流における朝鮮半島側の交易窓口については、精密な研究がほとんどない状況である。そこで、本章では従来言及されることのなかった朝鮮半島側の対外窓口の存在について考察する。具体的には、承和年間における日本の対新羅交渉の事例を分析し、そのような交渉が行われた空間である新羅康州の性格について検討していく。

一　承和期の対新羅外交とその空間――菁州と康州――

古代日本の対外関係に関する研究は、かなりの進展があり、対新羅交流についても多角的な検討がなされてきた。(1) しかし、日本側の玄関口であった大宰府については具体的な部分までが明らかにされている一方で、(2) 新羅において、どの地域が対日本交通の主な窓口であったのかについては十分に議論されたことがない。特に、日本の遣新羅使が入港した場所や新羅の対外使節が出港した場所がどこであったのかについては、積極的に検討されていないように見うけられる。一方、韓国の歴史学界では、新羅側の主な対日本外交の公式港口として金海や蔚山などを想定してきたが、(3) それは明確な根拠を持っているわけではない。このような状況のなかで注目されるのが、まさに承和期に行われた二つの交渉事例である。

〔史料一〕『続日本後紀』承和三年（八三六）十二月丁酉（三日）条

新羅国執事省牒日本国太政官（中略）事須牒太政官幷牒菁州、量事支給過海程糧、放還本国、請処分者、（後略）（傍線は筆者、以後も同一）

〔史料二〕『続日本後紀』承和十二年（八四五）十二月戊寅（五日）条

大宰府馳駅言、新羅人賫康州牒二通、押領本国漂蕩人五十余人来著。

〔史料一〕・〔史料二〕は九世紀半ば頃行われたと見られる新羅・日本間の公式外交の一側面を物語っている。ここでは外交空間として、「菁州」・「康州」という新羅側の具体的な地名が確認される。両地域は一体どこを指しているのか。

まず、「菁州」については、次の〔史料三〕・〔史料四〕が参考になる。

〔史料三〕『三国史記』新羅本紀八・神文王五年（六八五）条

春、復置完山州、以龍元爲摠管、挺居列州以置菁州、始備九州、以大阿湌福世爲摠管。

〔史料四〕『三国史記』雑志三・地理一・新羅康州条

康州、神文王五年（六八五）、唐垂拱元年、分居陁州置菁州、景徳王改名、今晉州、領縣二、嘉壽縣、本加主火縣、景徳王改名、今因之、屈村縣、今未詳。（括弧の西暦年度は筆者、以後も同一）

〔史料三〕や〔史料四〕からわかるように、「菁州」は、神文王五年（六八五）に「居列州」を分けて（もしくは、拡大して）設置した地域である。そして、その地域を管掌した者は「摠管」と呼ばれていた。新羅の地方統治制度としての「九州」というのも「菁州」が設置されたその頃から始まったと見られる。

「康州」が初めて登場するのは、〔史料五〕の段階である。

〔史料五〕『三国史記』新羅本紀九・景徳王十六年（七五七）冬十二月条

冬十二月、改沙伐州爲尙州 領州一郡十縣三十、歃良州爲良州 領州一小京一郡十二縣三十四、菁州爲康州 領州一郡十一縣二十七、漢山州爲漢州 領州一小京一郡二十七縣四十六、首若州爲朔州 領州一小京一郡十一縣二十七、熊川州爲熊州 領州一小京一郡十三縣二十九、河西州爲溟州 領州一郡九縣二十五、完山州爲全州 領

州一小京一郡十縣三十一、武珍州爲武州 領州一郡十四縣四十四。【良州一作梁州】

景徳王十六年（七五七）に「菁州」という地名が、「康州」に変わったことが、〔史料五〕から確認されるのである。即ち、「菁州」・「康州」は別の地域ではなく、同じ地域を指す名称なのである。

ところで、七五七年の段階で、「康州」と名称が変わった「菁州」が、前掲〔史料一〕（八三六年の時点）で再び現れ、さらに、その九年後である八四五年には、また「康州」として登場していることが注目される。これは、当該地域の名称が、数次にわたって変化したことを意味する。(4) では、当該地域の地名変遷について纏めてみよう。

〔康州（菁州）地域の名称変化〕

（a）六六三年二月：百済から居列城を攻取
（b）六八五年春：居列州を分けて菁州を建置
（c）七五七年十二月：菁州から康州に改称
（d）七七六年正月：康州から菁州に改称か（百官の号を復旧）
（e）七九九三月：菁州
（f）八四五年十二月：康州
（g）九〇〇年十月：菁州
（h）九二〇年二月：康州
（i）一〇一九年の時点：康州

まず、（a）に見られるように、菁州の建置は、新羅が百済を攻撃し、居列城を占領したことと深く関わっていることに注目すべきである。それを具体的に示すものが次の〔史料六〕である。

〔史料六〕『三国史記』新羅本紀六・文武王（上）三年（六六三）二月条

二月、欽純天存領兵、攻取百済居列城、斬首七百餘級。又攻居勿城沙平城降之、又攻徳安城斬首一千七十級。

文武王三年（六六三）二月、欽純・天存を中心とする新羅の兵力が、百済から居列城・居勿城・沙平城・徳安城を次々と攻取した事実が〔史料六〕から窺われる。ところで、前の〔史料三〕・〔史料四〕に出て来たように、菁州は神文王五年（六八五）、居列州（＝居陁州）を分けて（もしくは拡大して）設置したとする。〔史料三〕の居列州と〔史料四〕の居陁州とは同じ地域を指しており、[5] それらは〔史料六〕の居列城が、「州」として機能することになった時点からの地名であったので、[6]（b）の内容は、菁州の起源が、時代をさかのぼると、居列城にあることをよく示しているものと考えられる。

〔史料五〕で見られるように、菁州は、その後景徳王十六年（七五七）に康州と改称される（c）。興味深いのは、康州に変わった地名が、（e）にあるように、昭聖王元年（七九九）、再び菁州として登場しているという事実である。[7] それは恐らく、恵恭王十二年（七七六）正月に行われた官号復古の一環として地名復古もなされたためであろう（d）。[9]

（e）の地名変化以後、憲徳王八年（八一六）正月[10]・憲徳王十三年（八二一）四月[11]・憲徳王十四年（八二二）三月[12]の時点にも菁州という地名が確認される。そして、「蓮池寺鐘銘文」にも「太和七年（八三三）三月日菁州蓮池寺」という文言が見られ、(13)新羅の対日本交渉を伝える事例として取り上げた〔史料一〕の承和三年（八三六）段階にも菁州という地名が使われたことが確認できる。

（d）からおよそ七十年間、使用されたと思われる菁州が、再び康州に変更されたのは、〔史料二〕の承和十二年（八四五）時点である（f）。変更事由や変更時期を特定することはできないが、八三六年と八四五年との間の或る時点において菁州から康州への改称がなされたことが考えられる。

〔史料七〕「昌林寺無垢淨塔誌」（八五五年）(14)

（前略）専知修造僧康州咸安郡統教章、同監修造使従叔行武州長史金繼宗、同監修造使従叔新受康州泗水縣令金勳榮、（後略）

〔史料八〕「普賢寺朗圓大師悟眞塔碑」（九四〇年）(15)

大中（八四七〜八五九）末年、受足戒於康州嚴川寺官壇、（後略）

〔史料九〕「皇龍寺九層木塔刹柱本記」（八七二年）(16)

（前略）政法和尚大徳普緣・康州輔重阿干堅其等、（後略）

〔史料十〕「雙溪寺眞鑑禪師大空塔碑」（八八七年）(17)

（前略）遂歩至康州知異山、有數於菟哮吼前導、避危從坦、不殊兪騎、從者無所怖畏、豢犬如也。（後略）

（f）以後も、右の〔史料七〕〜〔史料十〕の金石文から康州が見られ、その名称は持続的に使われたと思われる。ところが、（g）の段階になると、また当該地域の名称が菁州として登場する。(18)但し、それは（h）の時点で再び康州に戻り[19]、（i）の段階まで続く[20]。

（f）から（i）までの名称変化について、単に「康州⇒菁州⇒康州」というステップとして理解するのも、一つの方法ではあるが、（f）の八四五年以後〔史料十〕の八八七年まで康州が使用されたのが金石文から見られ、さらに、（h）の九二〇年以後にも金石文や『三国史記』などでは九六五年時点まで康州として登場しており[21]、それが（i）の一〇一九年段階まで続いていることから、（g）の菁州の名称が、八八七年〜九〇〇年の或る時期に行われた地名変化によるものと把握するよりは、新羅末期に現われた地名使用の混在ないしは複数地名の並存の可能性も念頭に置く必要があるだろう。つまり、遅くても八四五年の段階から康州という名称が持続的に使用されているなかで、（g）の菁州が異例として使われた可能性も無視できないのである。

但し、（i）に見られる康州は、当時の正式名称であったというよりは、地名の使用慣習による痕跡である可能性が想定される。『朝鮮世宗実録』地理志によると、高麗王朝は、康州（菁州）に当たる地域に、成宗二年（九八三）、十二牧の一つとして「牧」（晋州牧か）を、九九五年に、十二州節度使の一つとして「晋州定海軍節度使」を、顕宗九年（一〇一七）には八牧の一つとして「晋州牧」を置いたとある[22]。そして、その地名が、朝鮮時代の十四〜十五世紀まで使用されたとあることから、一〇一九年当時、当該地域の正式名称は晋州牧であったと見てよいだろう。従って、（i）の康州は、その名称が、それ以前から長期間にわたって使われて史料に残った痕跡と理解するのが妥当ではないかと思われる。なお、（i）の根拠となっている日本側史料の『小右記』に、当該地域出身の人が晋州牧人ではなく、康州人として把握されているのは、康州が日本で流布している名称であったことを示すものと考えられる。

最後に確認しておきたいのは、康州（菁州）とは、そのものが都市名であると同時に、「九州五小京」という新羅の地方統治制度においての広域行政単位の名称でもあるという事実である。例えば、〔史料七〕の「康州咸安郡」・「康州泗水縣」や『三国史記』新羅本紀十・昭聖王元年（七九九）三月条の「菁州居老県」のように、「康州〇〇郡」「康州〇〇県」「菁州〇〇県」として見られるのは、康州（菁州）が幾つかの「郡」や「県」などを管轄している広域行政単位としての「州」でもあることを示すものと考えられる。

以上、承和期に行われた二つの対新羅交渉を事例として、その外交空間がどこであったのかについて検討してきた。まず、『続日本後紀』承和三年（八三六）十二月三日条（〔史料一〕）所載の日本国太政官宛の「新羅国執事省牒」に記されている「菁州」と、同書承和十二年（八四五）十二月五日条（〔史料二〕）に見られる、新羅人が日本に齎した「牒二通」が「康州牒」であることから、新羅の「菁州」と「康州」という地域が、日本との外交で何らかの役割を果たしたことを指摘したうえで、両地域に関わる史料を分析した。その結果、両地域は、同じ地域であり、それぞれ名称が異なっているのは、当該地域の名称が時代によって変わってきたためであることが判明した。但し、古代国家の新羅では、当該地域の名称が、最終的には「康州」として定着し、国際交流の場として史料に登場する場合にも、「康州」という名称としてよく見られる。(23)そこで、次節では便宜上「康州」で統一する。

二　渡航手続と康州――「牒」に注目して――

一　文書木簡からみた新羅の「牒」

本節では、新羅の康州地域が外交上で具体的に如何なる役割を担当していたのかを検討していく。そのため、特に〔史料一〕・〔史料二〕から共通して見られる「牒」という文書様式に注目したい。

今まで「牒」という文字が書かれていると認められてきた文書木簡は、二例が確認される。二つとも新羅の都であった慶州で出土したものである。但し、木簡の判読をめぐる論議が未だに完結しておらず、それぞれの説が出されている状況である。

まずは、そのうち、議論になっている慶州雁鴨池出土の牒式木簡について考えてみたい。この木簡は、国立昌原文化財研究所編『改訂版　韓国の古代木簡』の一八五番に当たるものである。[24]問題は、八世紀の歴史像を示すものとして注目されている、この一八五番木簡が牒式文書なのか否か、という見解の差が生じていることである。当該木簡で、争点となっている一文字を、「牒」に読むことができるか、それとも他の字に読むべきかによって、解釈も大きく変わるからである。「牒」と見られる文字が「條」とも見られることが問題視されており、「牒」と読む論者は、文脈上「牒」と読むしかないと主張している。[25]しかし、実際の字体を見る限り、これは「條」に近く、少なくとも「牒」とは読めないのではないかというのが、筆者の判断である。よって、一八五番木簡は、新羅の牒式文書から除くことにする。

もう一点は、慶州月城垓字出土木簡のうち、「牒」の字が入っているものについて考えてみたい。月城垓字出土木簡の制作年代は、大体六〜七世紀と比定されており、当時の新羅社会で展開した文書行政の一側面を示すものとして、注目されてきた。国立昌原文化財研究所編『改訂版　韓国の古代木簡』の一四九番に当たるものがそれである。この文書木簡については、四角柱の四面に文字が書かれているため、文書の書き出しがどこから始まり、どの方向に読むべきかをめぐって議論がある。[26]当該木簡を、写経に使われる紙の購入に関連して、官司の間で使用された木簡と理解している研究[27]もある一方、木簡記載者が「大鳥知郎」という人物に奉った文書かその草案を書いた習書木簡と見なす見解もある(28)。書かれている文字をどう解釈すべきか、という問題は依然として残っているものの、如何に解釈しても、六〜七世紀段階の新羅社会に「牒」という文書形式が存在し、それが意思疎通の道具として使用されていた事実は変わらないと思われる。

二　日本・新羅、両国間交流・交渉における新羅の「牒」

ここでは、六〜七世紀頃から新羅国内で使われていた牒式文書が、外国との交渉、特に日本との外交においては如何なる内容・形式を取り、如何なる機能を果たしていたのかついて考察していく。

新羅・日本間の外交文書として「牒」の形式を帯びている事例は、合わせて六例がある。〔史料一〕・〔史料二〕に記されている「牒」については、次項で詳細に検討することにして、ここでは、まず、その他の四つの事例を見てみたい。

〔史料十二〕『続日本紀』天平宝字八年（七六四）七月甲寅（十九日）条

新羅使大奈麻金才伯等九十一人到着大宰博多津。遣右少辯従五位下紀朝臣牛養・授刀大尉外従五位下粟田朝臣道麻呂等、問其由緒。金才伯等言曰、唐国勅使韓朝彩自渤海来云、送日本国僧戒融、令達本郷已畢。若平安帰郷者、当有報信、而至于今日、寂無来音、宜差此使其消息欲奏天子、仍賷執事牒、参大宰府。其朝彩者、上道在於新羅西津、本国謝恩使蘇判金容為取大宰報牒寄附朝彩、在京未発。問曰、比来彼国投化百姓言、本国発兵警備、是疑日本国之来問罪也、其事虚実如何。対曰、唐国擾乱、海賊寔繁。是以徴発甲兵、防守縁邊。乃是国家之設、事既不虚。及其帰日、大宰府報牒新羅執事曰、撿案内。被乾政官符称、得大宰府解称、得新羅国牒称依韓内常侍請欲知僧戒融達不、府具状申上者、以去年十月、従高麗国、還帰聖朝、府宜承知即令報知。

〔史料十二〕『続日本後紀』承和九年（八四二）正月乙巳（十日）条

新羅人李少貞等卌人到筑紫大津。大宰府遣使問来由、頭首少貞申云。張宝高死、其副将李昌珍等欲叛乱、武珍州列賀閻丈興兵討平、今已無虞。但恐賊徒漏網、忽到貴邦、擾乱黎庶。若有舟船到彼不執文符者、並請切命所在推勘収捉。又去年廻易使李忠揚円等所齎貨物、乃是部下官吏及故張宝高子弟所遺、請速発遣。仍齎閻丈上筑前国牒状参来者』公卿議曰、少貞曾是宝高之臣、今則閻丈之使。彼新羅人、其情不遜、所通消息、彼此不定、定知、商人欲許交通、巧言攸称。今覆解状云、李少貞齎閻丈上筑前国牒状参来者、而其牒状無進上宰府之詞、無乃可謂合例。宜彼牒状早速進上、如牒旨無道、附少貞可返却者。或曰、少貞今既託於閻丈、将掠先来李忠揚円等、謂去年廻易使李忠等所齎貨物、乃是故宝高子弟所遺、請速発遣、今如所聞、令李忠等与少貞同行、其以迷獣投於餓虎。須問李忠等、若嫌与少貞共帰、随彼所願、任命遅速。又曰、李忠等廻易事畢、帰向本郷、逢彼国乱、不得平著、更来筑前大津。其後於呂系等化来云、已等張宝高所摂島民也。宝高去年十一月中死去、不得寧居、仍參著貴邦。是日、前筑前国守文室朝臣宮田麻呂、取李忠等所齎雑物。其詞云、宝高存日、為買唐国貨物、以絁付贈、可報獲物、其数不尠。正今宝高死、不由得物実。因取宝高使所齎物者。縦境外之人、為愛土毛、到来我境、須欣彼情令得其所。而奪廻易之便、絶商賈之権。府司不加勘発、肆令并兼。非失賈客之資、深表無王憲之制。仍命府吏、所取雑物、細砕勘録、且給且言、兼又支給糧食、放帰本郷。

〔史料十三〕『日本三代実録』貞観十二年（八七〇）十一月辛酉（十三日）条

筑後権史生正七位上佐伯宿祢真継奉進新羅国牒。即告大宰少弐従五位下藤原朝臣元利万侶与新羅国王通謀欲害国家。禁真継身付検非違使。

〔史料十四〕『日本三代実録』仁和元年（八八五）六月癸酉（二十日）条

是日。大宰府言。去四月十二日、新羅国判官徐善行、録事高興善等四十八人、乗船一艘、来着肥後国天草郡。問其来由、答曰。前年漂蕩、適着海岸、蒙給官粮、得帰本郷。今奉賀仁恩、賚国牒信物等来朝者。今撿、寄事奉賀、牒貨相兼。只有執事省牒。无国王啓、其牒不納函子、以紙裹之。題云。新羅国執事省牒上日本国。其上踏印五字。謹案先例、事乖故実。仍写牒幷録貨物数進上。勅。新羅国人、包蔵禍心、窺覦家国。雖寄事於風波、然猶疑其毒螫。須懲其姦匿、以従重法。然而、朝家好仁、不忍為之、在宥放還、然其首領矣。

まず、〔史料十一〕の「執事牒」（「新羅国牒」）についてである。この新羅牒は、新羅の中央官庁である執事部[29]が発信官庁となっているものである。その内容は、唐国勅使の韓朝彩が送付してきた日本国僧（入唐僧）戒融の安否を、韓朝彩に代わって確認するため、金才伯を日本に派遣したということを伝えている。国際間の外交問題を解決するにあたって、新羅の最高官署が発行した「執事牒」が用いられたのは、大きな意味を持つと考えられる。

次の〔史料十二〕では、「閣丈上筑前国牒状」という文言が注目される。新羅人李少貞らが、新羅武珍州の列賀である閣丈の牒状を筑前国に提出したとある。日本側の公卿らは、これに対して議論し、閣丈の牒状には、大宰府に進上するという文言もなく、先例に違背する、と判断した上で、早急に牒状を調べさせ、牒の内容に問題があれば、李少貞らに付して返却するように指示している。ここからは、新羅の地方勢力が「牒状」という文書を使用し、日本側と接触しようとしていたことがわかる。

〔史料十三〕は、大宰少弐藤原元利万侶と新羅人との通謀事件を伝えている。筑後権史生佐伯真継が、「新羅国牒」を証拠にして、元利万侶が新羅国王と共謀して国家を害せんとすることを告発したものである。これに対して、朝廷は元利万侶及び共謀者として上家人、清原宗継、中臣年麿、興世有年ら五名の身柄を拘束し、大宰府に推問密告使を派遣した。(30)但し、その後の処分については史料に見られないため、通謀の真偽は不明である。ここでは、新羅国王が大宰少弐と通謀したという設定に対しては疑問が残るものの、新羅人と筑後の管理の間で、「新羅国牒」という文書を使用し、外交交渉を行ったことは注目すべきと思われる。

最後の〔史料十四〕では、新羅国判官徐善行や錄事高興善などの四十八人が、肥後国天草郡に来着したことが伝えられる。大宰府は彼らに対して尋問を行い、来日の事由を取り調べる。それに対し、新羅人らは、前年新羅人が漂着した際に、日本側から官粮が支給され、本国まで無事に帰ることができたことの答礼として来日したと語る。但し、日本側の大宰府は、新羅人の使節らが、国王の「啓」も持っておらず、所持した「執事省牒」も口述した内容と異なっているということで、牒状の写し及び積載貨物の目録を朝廷に言上し、新羅人らを放還したという。「執事省牒」の真偽は明らかではないとしても、外交の場でそのような文書を使っていたことは、注目すべきである。

以上で検討した新羅の「牒」は、外交事案を含む文書という共通点を持つ。すなわち「執事牒」・「閻丈上筑前国牒状」・「新羅国牒」・「執事省牒」などと名づけられ、新羅国の多様なレベルの人々が自分の意思を伝えようとする場合に使用された交渉文書という共通的性格を持つのである。但し、その「牒」の宛先である日本側では、厳密に審査し、偽造の痕跡や外交的欠礼などが見出される場合、受け取らずに返却した事実をも、見逃してはいけないだろう。

三　「牒」にみる康州の機能

今までの理解をふまえ、ここでは新羅の康州地域が直接関わっている二種類の「牒」を分析し、そこから読み取れる康州の性格や機能などを纏めていきたい。

論証の便宜のために、〔史料一〕と〔史料二〕とを改めて提示する。

〔史料一〕『続日本後紀』承和三年（八三六）十二月丁酉（三日）条

（ア）①遣新羅国使紀三津復命。三津自失使旨、被新羅誣劫帰来。②何則所以遣三津於新羅者、遣唐四ケ船、今欲渡海、恐或風変漂着彼境、由是、准之故実、先遣告喩、期其接授。而三津到彼、失本朝旨、称専来通好、似畏怯媚託、私自設辞。執事省疑与太政官牒相違、再三詰問、三津逾増迷惑、不能分疏。是則三津不文、而其口亦訥之所致也。故執事省牒中云、両国相通、必無詭詐、使非専対、不足為憑。③但其牒中亦云、小野篁船帆飛已遠、未必重遣三津聘于唐国。夫修聘大唐、既有使頭、篁其副介耳、何除其貴、軽挙其下。④加以当爾之時、篁身在本朝、未及渡海。而謂⑤帆飛已遠、斯並聞商帆浮説、妄所言耳。荷挍滅耳、蓋在玆歟。又三津一介緑衫、孤舟是駕、何擬為入唐使哉。如此異論、近于誣罔、斯事若只存大略、不詳首尾、恐後之観者莫辯得失、因全写執事省牒附載之。（イ）新羅国執事省牒日本国太政官。紀三津詐称朝聘兼有贄贐、及検公牒仮偽非実者。牒、得三津等状称、奉本王命、専来通好、及開函覧牒、但云修聘巨唐、脱有使船漂着彼界、則扶之送過、無俾滞遏者。主司再発星使、設問丁寧、口与牒乖、虚実莫辯。既非交隣之使、必匪由衷之賂、摭実、豈合虚受。且太政官印、篆跡分明、小野篁船帆飛已遠、未必重遣三津聘于唐国。不知島嶼之人、東西窺利、偸学官印、仮造公牒、用備斥候之難、自逞白水之遊。然両国相通、必無詭詐、使非専対、不足為憑。所司再三請以正刑章用阻姦類、主司務存大体、舎過責功、恕小人荒迫之罪、申大国寛弘之理。方今時属大和、海不揚波、若求尋旧好、彼此何妨。況貞観中、高表仁到彼之後、惟我是頼、脣歯相須、其来久矣。⑥事須牒太政官幷牒菁州、量事支給過海程糧、放還本国。請処分者。奉判准状、牒太政官、請垂詳悉者。（番号や傍線は筆者）

〔史料二〕は、遣唐使派遣に際して、万一の使船難破を想定し新羅にその救援を依頼するために派遣された紀三津が、その使命を果たさずに帰国したことを、「新羅執事省牒」を引用して説明した上で、さらに「執事省牒」の全文を掲載するという構成になっている。内容的には、大きく二つに分けられる。まず、紀三津と新羅政府官員との交渉を語る（ア）である。ここで言及されている内容は、①遣新羅使紀三津の復命：「失使旨」を理由にして新羅から帰来させられたこと、②帰来させられた事情：太政官牒の内容と紀三津が主張する通行の相違、③太政官牒の派遣計画と小野篁らの入海との関連、④遣唐使と紀三津の関係、⑤新羅執事省牒を全写掲載する理由である。[31]次の（イ）は、日本の使節派遣に対する新羅の反応としての執事省牒の全文を引用した部分である。その内容で、注目したいのは、⑥「事須牒太政官幷牒菁州、量事支給過海程糧、放還本国。請処分者」という文言であり、特に「新羅執事省牒」が日本の「太政官」に加え、「菁州」（＝康州）にも送られたという史実である。

以上のことからは、「菁州」（＝康州）が、外国使節の到着時、訪問目的の把握・外交文書の受付・王京への送付・一次的な迎接などを担って処理したことがわかる。さらに、日本使節の滞在時、寝食提供をはじめとして、諸般措置を管掌したことも窺える。⑥の「量事支給過海程糧 放還本国」からは、日本使節の本国帰還時、食糧調達などの渡航手続も「菁州」（＝康州）が担当したと考えられる。ここで、「菁州」（＝康州）が、「太政官」と同じレベルの宛先として登場するのは、新羅国内においての執事省と菁州（康州）との関係を、単なる従属関係・

上下関係という枠組みでは説明し難いことを示す。(32)

〔史料二〕『続日本後紀』承和十二年（八四五）十二月戊寅（五日）条
　大宰府馳駅言、新羅人齎康州牒二通、押領本国漂蕩人五十余人来著。

　右の〔史料二〕によると、承和十二年（八四五）十二月、大宰府の馳駅が、新羅人が康州の牒状二通を持ち、日本人漂流民五十余人を護送して来たことを言上したとする。ここに見られる「康州牒二通」については、その宛先及び「牒」の作成主体など、確定することが難しい問題が少なくないものの、康州地域が、漂流民の送還業務など、新羅に滞在した日本人の渡航手続を担当していたことについては、明らかであり、それは、〔史料一〕の康州（＝菁州）が果たした役割と大きく差がないように思われる。

　なお、〔史料二〕の「康州牒」が返却されたという記述が以後に確認されないことから、交渉の目的は達したと見られる。これは、前掲〔史料十二〕での閻丈の接近が日本側から拒否された事例とかなり対照的である。このことから、「康州牒」は閻丈のような地方勢力による独自の交渉を示すものというよりは、新羅の中央権力の意思が或る程度反映されていたものと考えられる。すなわち、九世紀段階の康州には外交や渡航業務に関わる新羅の王命を管理・担当する部署が設置されていた可能性が想定されるのである。

四　それ以外の地域的性格

　ここでは、新羅国内における康州の機能を検討し、そこから見出される地域的な特質を纏めてみたい。

まず、考えられるのは、国家祭祀・宗教・信仰との関わりである。『三国史記』雑志一・祭祀条によると、康州（＝菁州）所管の「南地理山」では中祀、「加良岳」では小祀という国家祭祀が行われたとする。これは、新羅が追求した国家イデオロギーと当該地域との関連性が窺われるところである。[33]

また、珍しい動物の進上がなされたのも注目される。八世紀初頭には、「白鷹」[34]・「白雀」[35]のような白い動物の進上が確認される。康州（＝菁州）より進上されたその動物がどこに利用されたのかは分かり難いが、新羅の国家祭祀に動物の供犠が行われた可能性は十分あり得る。[36]

なお、最近、韓国の慶尚南道泗川市の沿海地域の駐車場敷地で発掘されたいわゆる「泗川船津里碑」（成立時期は八世紀半ばと推定される）には、「香徒」という文言が見られ、[37]昔、康州所管であったこの地域に仏教を信仰する結社が存在した可能性を示している。[38]

康州は、軍事業務とも深く関わっていたと思われる。騎兵部隊を中心とする特殊部隊であった「五州誓」や、歩兵部隊として各州ごとに二つずつ置かれたことが知られ「萬歩幢」が康州地域に設置されたことは、[39]軍事的要衝地としての性格を示すものと考えられる。康州の前身である居列州が持っていた性格[40]と比較してみても、「州」の中心地が、軍事的に重要な役割を果たしたという点を継承していたようである。

なお、昭聖王元年（七九九）三月、菁州（＝康州）居老縣を学生禄邑にしたとする記事からは、[41]国家の土地支配との関わりを窺うことができる。[42]

但し、以上のような機能や性格を、康州地域の固有なものと主張するには少し無理があり、新羅地方制度の全体像を把握した上で、改めて確認すべきであろう。

三　東アジア海域における地域間交流と康州

次に、視野を少し広げ、東アジアという地域範囲のなかで、康州がどのように機能していたのかについて考察する。

一　対外交通路としての康州

〔史料十五〕「慧目山高達禪院國師元宗大師之碑」[43]（成立時期、九七五年）

（前略）景福元年（八九二）春、適有商船入漢者、遂寄載而西、（中略）貞明七年（九二一）秋七月、達康州德安浦、巡詣鳳林歸覲、（後略）

〔史料十六―①〕『三国史記』新羅本紀十二・景明王八年（九二四）条

春正月、遣使入後唐朝貢。泉州節度使王逢規、亦遣使貢方物。

〔史料十六―②〕『三国史記』雑志三・地理一・新羅康州江陽郡条

江陽郡、本大良【一作耶】州郡。景德王改名、今陜州。領縣三、三岐縣、本三支縣【一云麻杖】、景德王改名、今因之。八谿縣、本草八兮縣、景德王改名、今草谿縣。宜桑縣、本辛尒縣【一云朱烏村　一云泉州縣】、景德王改名、今新繁縣。

〔史料十六―③〕『三国史記』新羅本紀十二・景哀王四年（九二七）三月・四月条

三月、唐明宗以權知康州事王逢規爲懷化大將軍。夏四月、知康州事王逢規遣使林彦、入後唐朝貢。明宗召對中興殿、賜物。康州所管突山等四鄕、歸於太祖。

〔史料十七〕『小右記』寛仁三年（一〇一九）六月二十一日条

今日帥書付脚力送之、高麗人未斤達五月廿九日到着筑前国志摩郡。申云、去年三月十六日従彼国康州随身米千石参着京都、六月十五日罷帰之間、被放逆風去月八日到大宋国明州、今年五月廿四日罷帰本国之間、遭逆風来者。依有大疑禁固今〔合カ〕訊問者。

以上の〔史料十五〕～〔史料十七〕は、康州が出航地、もしくは入港地として登場する事例である。まず、〔史料十五〕は、元宗大師璨幽（生没年代：八六九～九五八年）が入唐修行後、新羅に戻ってきた時の帰国港が「康州徳安浦」であったという事実を伝えている。

次の〔史料十六〕は、王逢規の対唐外交を示すものである。〔史料十六―①〕では、「泉州節度使」として唐（＝後唐）に朝貢している。「泉州」は、〔史料十六―②〕によると、康州江陽郡の宜桑縣に当たる地域である。つまり、康州地域の独自的勢力として唐に朝貢していたのである。王逢規が康州に基盤を置いた勢力である事実は、彼が権知康州事や知康州事として唐に朝貢する〔史料十六―③〕から、より明確になる。康州の王逢規が唐を相手にして独自外交を結ぶことができたのは、当該地域が対唐交流において有利な立地的条件を持っていたことをよく示すと言えよう。

〔史料十七〕の場合は、高麗の康州人である未近達が日本の筑前国志摩郡に漂着した経緯を物語っている。未近達は、海路で米を運送し、康州に帰る途中、逆風に会い、宋まで漂流することになる。その後、宋を出発し、高麗（康州か）に向かったが、再び逆風に遭い、日本に漂着したとする。もちろん、未近達の来着は、漂流によるものであり、それは決して意図的な航海とは言えないものの、古代人の漂流が持つ別の側面をよく考えてみると、[44]〔史料十七〕に伝えられている未近達の行跡は、当時存在していた海上ルートの一端を示すものではないだろうか。新羅（高麗）の「康州」・唐（宋）の「明州」・日本の「筑前」と代表される東アジア三国の港湾都市名が同じ史料から確認されるのも、そのような推論を裏付けるものである。

以上の事例からは、康州が対中国交通のなかで、重要な役割を果たしたことがわかる。そして、四〜六世紀頃、日本列島と深い関係を結んでいた任那諸国の位置や、中世倭寇の上陸経路、そして近世の豊臣政権による朝鮮侵攻ルートを合わせて考慮すれば、康州地域の持つ対外玄関口としての条件は十分推察できるだろう。

二　康州徳安浦の比定

最後に、前掲〔史料十五〕に見られる「康州徳安浦」が具体的にどこに位置した港町であるのかを検討してみたい。

前項でも説明したように、「康州徳安浦」は、新羅の入唐僧である元宗大師の帰国港として登場している。これは、史料上に残っている康州地域の唯一の港町名でもある。「徳安浦」を比定するにあたって、まず注目されるのは、前掲〔史料六〕に見られる同一地名の「徳安城」である。便宜上、〔史料六〕を改めて提示すれば、次の如くである。

〔史料六〕『三国史記』新羅本紀六・文武王（上）三年（六六三）二月条

二月、欽純天存領兵、攻取百濟居列城、斬首七百餘級。又攻居勿城沙平城降之、又攻徳安城斬首一千七十級。

これは、新羅が百済の四城を攻取し、占領する記事である。新羅文武王によるいわゆる統一戦争の一環として行われた攻撃である。ここに見られる百済の四城とは、居列城、居勿城、沙平城、徳安城である。居列城、居勿城、沙平城の場合は、それぞれ現在の慶尚南道居昌、全羅南道光陽の蟾居、全羅南道順川に比定されるが、徳安城の正確な位置については、諸説が存在している状況である。[45] ところが、〔史料六〕の攻撃順序を考えてみれば、「居列城⇒居勿城・沙平城⇒徳安城」、即ち現在の「慶尚南道居昌⇒全羅南道光陽・順川⇒（?）」となっていることが分かる。それは、一定の方向に進んでいるようであり、具体的には、慶尚南道と全羅南道との境界地域の北側から南側へ移動する形となっている。

〔史料十八〕『日本書紀』天智天皇二年（六六三）二月丙戌（二日）条

百済遣達率金受等進調。新羅人焼燔百済南畔四州、并取安徳等要地。於是、避城去賊近、故勢不能居。乃還居於州柔、如田来津之所計。

同一の史実を示す〔史料十八〕から、当時の新羅軍が攻略した〔史料六〕の四城は、百済の南畔、即ち百済領土の南部地域であったことがわかる。〔史料十八〕の「安徳」は「徳安」の誤りと見てよいだろう。

以上のことから、〔史料六〕の『三国史記』記事に見える「徳安城」は、百済と新羅との境界地域でありながら、居列城・居勿城・沙平城ともさほど遠くない、しかも、現在の全羅南道の南部地域に当たる一箇所である可能性が高いと言えよう。[46]

一方、現在の全羅南道は、当時の「武州」に当たる地域で、〔史料十五〕の「康州徳安浦」の「康州」という記載と合致していないために疑問が残る。しかし、前掲〔史料十六―③〕の「康州所管突山等四郷 歸於太祖」という記載によると、景哀王四年（九二七）四月まで、全羅南道の東部海岸地域が「康州所管」であったことがわかる。逆に言えば、「突山」などの四つの郷が景哀王四年（九二七）四月以前には、康州地域だったということを示している。そして、その「突山」は現在の全羅南道麗水に比定されている。〔史料十六―③〕と同一内容を伝えている『高麗史』太祖十年（九二七）四月条によると、残りの三郷は、轉伊山・老浦平・西山であり、当該地域は、それぞれ慶尚南道の南海・河東・泗川一帯に比定されている。従って、〔史料十五〕の貞明七年（九二一）段階で全羅南道の東部海岸のどこかを「康州」と表記しても、不自然ではないのである。

以上の検討を整理すると、「康州徳安浦」は、①文武王三年（六六三）の時点に、百済と新羅との境界地域であった地域、②当時の百済領域の南部、③少なくとも貞明七年（九二一）頃までは康州管轄であった地域、という三つの条件を充足させる地域、すなわち「突山」ないしは、その周辺地域に比定されるかと思われる。さらに、興味深いのは、朝鮮時代後期の光武三年（一八九九年）に成立された『全羅南道麗水郡邑誌』の坊里条にも、「徳安面」という地名が見られるという事実である。「徳安面」が、「突山」と接している現在の麗水市召羅面に当たるとされているのである。〔史料十五〕の「康州徳安浦」は、現在の全羅南道の麗水半島に位置する港町であった可能性が極めて高いと言えよう。

おわりに

以上、承和年間における日本の対新羅交渉の事例を分析し、その結果をふまえ、康州という地域の役割や性格について考察してみた。また、「徳安浦」とされている康州地域の具体的な港湾名に注目し、現在のどこに当たる所なのかを推論してみた。

本論の検討に従うと、新羅の康州は、少なくとも承和期においては日本の大宰府のような対外交通の玄関口として機能していたと考えられる。しかし、康州地域が唯一の対外玄関口であったのかという点では、まだ検討の余地があるかと思われる。『入唐求法巡礼行記』大中元年（八四七）九月六日条によると、新羅の「武州」も日本人漂流民の送還業務に関与しているように見られるからである。少なくとも、九世紀半ばの場合、外国人が新羅に漂着して来ると、当該地域の治所（特に、「州」の中心地）が、王城との連絡を取りつつ、以後の漂着民関連業務を果たしていた可能性も無視できない。

康州が、古代東アジア海域において、非常に重要な役割を担当していたのは明らかであるが、その地域に公式外交や漂流民送還に関する機能が完全に集中していたとは断定できないと思われる。もしかしたら、それが古代国家新羅が持っていた一つの大きな特徴なのかもしれない。

注

（1）　鈴木靖民『古代対外関係史の研究』（吉川弘文館、一九八五年）、山内晋次『奈良平安期の日本とアジア』（吉川弘文館、二〇〇三年）など。

（2）　倉住靖彦『古代の大宰府』（吉川弘文館、一九八五年）、田村円澄編『古代を考える　大宰府』（吉川弘文館、一九八七年）など。

（3）　李文基「統一新羅および後三国時代の慶尚道」（『慶尚道七百年史』第一巻〈通史〉、慶尚北道、一九九九年）〔原文韓国語〕では、新羅の国際交易港として、蔚山湾・洛東江口の金海地方・蟾津江口の河東地方が、尹載云

「新羅下代貿易関連機構と政策」（『先史と古代』二〇、二〇〇四年）〔原文韓国語〕では、金海・晋州が、そして金昌錫「菁州の禄邑と香徒―新羅下代地方社会変動の一例」（『新羅文化』二六、二〇〇五年）〔原文韓国語〕では、蔚山・菁州が、それぞれ挙げられている。

（4）新羅「九州」の名称変化については、李文基「統一新羅の地方官制研究」（『国史館論叢』二〇、一九九〇年）〔原文韓国語〕を参照。

（5）『朝鮮世宗実録』地理志・晋州牧条に「居列、一名居陁」とある。

（6）「州」の成立過程については、李文基前掲注4論文。

（7）『三国史記』新羅本紀十・昭聖王元年（七九九）三月条に「春三月、以菁州居老縣爲學生祿邑、冷井縣令廉哲進白鹿」とあり、「菁州」という地名が確認される。

（8）『三国史記』新羅本紀九・恵恭王十二年（七七六）正月条には、「春正月、下敎、百官之號盡合復舊、幸感恩寺望海」とある。

（9）李泳鎬「新羅恵恭王十二年官号復古の意味―所謂「中代専制王権」説の一検討」（『大丘史学』三九、一九九〇年）〔原文韓国語〕でも、官号の復古とともに地名の復古も成された可能性について言及されている。

（10）『三国史記』新羅本紀十・憲徳王八年（八一六）正月条。

（11）『三国史記』新羅本紀十・憲徳王十三年（八二一）四月条。

（12）『三国史記』新羅本紀十・憲徳王十四年（八二二）三月条。

（13）銘文の全文は、韓国古代社会研究所編『訳注韓国古代金石文』Ⅲ（駕洛国史跡開発研究院、一九九二年）〔原文韓国語〕で確認できる。

（14）韓国古代社会研究所編前掲注13書。

（15）許興植編『韓国金石全文』（亜細亜文化社、一九八四年）〔原文韓国語〕。

（16）注14と同じ。

（17）注14と同じ。

（18）『三国史記』新羅本紀十二・孝恭王四年（九〇〇）十月条には、「冬十月、國原菁州槐壤賊帥清吉莘萱等、擧城投於弓裔」とある。

(19)『三国史記』新羅本紀十二・景明王四年（九二〇）二月条には、「二月、康州将軍閏雄降於太祖」と見られる。
(20)『小右記』寛仁三年（一〇一九）六月二十一日条。
(21)「慧目山高達禪院國師元宗大師之碑」（九七五年成立）には、「景福元年（八九二）春、適有商船入漢者、遂寄載而西、（中略）貞明七年（九二一）秋七月、達康州徳安浦、逕詣鳳林歸覲」（本章の〔史料十五〕）とあり、『三国史記』新羅本紀十二・景哀王四年（九二七）三月条・『三国史記』新羅本紀十二・敬順王二年（九二八）五月条にも「康州」が見られる。さらに、『三国史記』巻五〇・列伝十の「甄萱伝」によると、後百済が滅亡した当時（九三六年頃）まで、「康州」という地名が確認される。「鳳巖寺静眞大師圓悟塔碑」（九六五年）にも「康州」が見られる。
(22)『朝鮮世宗実録』地理志・晋州牧条「晋州牧：百濟居列城、新羅文武王二年癸亥（六六三）、【即唐高宗龍朔三年】取以爲州。神文王四年乙酉（六八五）、【即唐垂拱元年】陞居列州、爲菁州、置摠管。【居列、一名居陁】景徳王（七五七）改爲康州、惠恭王（七七六）復爲菁州、高麗太祖（在位期間：九一八〜九四三）又改康州。成宗二年癸未（九八三）、初置十二牧、即其一也。乙未（九九五）、置十二州節度使、號晋州定海軍節度使。顯宗三年壬子（一〇一二）、廢節度使、改爲按撫使、戊午（一〇一七）、定爲晋州牧、爲八牧之一。本朝太祖元年壬申（一三九二）、以顯妃康氏内鄕、陞爲晋陽大都護府。太宗二年壬午（一四〇二）、還爲晋州牧」、『高麗史』の記録もほぼ一致している。
(23)本章の第三節「東アジア海域における地域間交流と康州」で詳細に述べる。
(24)写真や釈文は、国立昌原文化財研究所編『改訂版　韓国の古代木簡』（国立昌原文化財研究所、二〇〇六年）〔原文韓国語〕参照。
(25)李成市「韓国木簡研究の現況と咸安城山山城出土の木簡」（『韓国古代史研究』一九、二〇〇〇年）〔原文韓国語〕、尹善泰「新羅の文書行政と木簡」（『講座韓国古代史』第五巻、駕洛国史跡開発研究院、二〇〇二年）〔原文韓国語〕など。
(26)尹善泰「月城垓字出土新羅木簡に対する基礎的検討」（『韓国出土木簡の世界』雄山閣、二〇〇七年）。
(27)李成市「朝鮮の文書行政　六世紀の新羅」（『文字と古代日本・二　文字による交流』吉川弘文館、二〇〇五年）、三上喜孝「韓国出土木簡と日本古代木簡——比較研究の可能性をめぐって——」（『韓国出土木簡の世界』

雄山閣、二〇〇七年）など。
(28)　尹善泰前掲注26論文など。
(29)　八二九年、執事省に昇格する。
(30)　『日本三代実録』貞観十二年（八七〇）十一月十七日条。
(31)　これに関する研究としては、西別府元日「九世紀前半の日羅交易と紀三津「失使旨」事件」（『中国地域と対外関係』山川出版社、二〇〇三年）、金恩淑「日本最後の遣唐使派遣と張保皐勢力」（『韓国古代史研究』四二、二〇〇六年）〔原文韓国語〕、山崎雅稔「新羅国執事省からみた紀三津「失使旨」事件」（『日本中世の権力と地域社会』吉川弘文館、二〇〇七年）、森公章「承和度の遣唐使と九世紀の対外政策」（『遣唐使と古代日本の対外政策』吉川弘文館、二〇〇八年）などがある。
(32)　牒の性格については、酒寄雅志「渤海国中台省牒の基礎的研究」（『渤海と古代の日本』校倉書房、二〇〇一年）が参考になる。
(33)　羅僖羅「七〜八世紀唐・新羅・日本の国家祭祀体系比較」（『対外文物交流研究』三、二〇〇四年）〔原文韓国語〕。
(34)　『三国史記』新羅本紀八・聖徳王八年（七〇九）三月条。
(35)　『三国史記』新羅本紀八・聖徳王十四年（七一五）三月条。
(36)　羅僖羅前掲注33論文。
(37)　碑文は、『泗川船津城公園駐車場敷地の發掘調査現場説明資料』（慶南文化財研究院、二〇〇四年）〔原文韓国語〕を参照。
(38)　尹善泰「新羅中代末〜下代初の地方社会と仏教信仰結社」（『新羅文化』二六、二〇〇五年）〔原文韓国語〕。
(39)　『三国史記』雑志九・職官（下）武官条。
(40)　『三国史記』新羅本紀六・文武王（上）三年（六六三）二月条（前掲〔史料六〕）、『三国史記』新羅本紀六・文武王（上）五年（六六五）冬条。
(41)　『三国史記』新羅本紀十・昭聖王元年（七九九）三月条。
(42)　金昌錫「菁州の禄邑と香徒――新羅下代地方社会変動の一例」（『新羅文化』二六、二〇〇五年）〔原文韓国語〕。

(43) 全文は、許興植編『韓国金石全文』(亜細亜文化社、一九八四年)〔原文韓国語〕を参照。
(44) 山内晋次「朝鮮半島漂流民の送還をめぐって」(『奈良平安期の日本とアジア』吉川弘文館、二〇〇三年)。
(45) 先行研究では、この「徳安」が、百済の五方城の中、東方城に当たる「得安城」を指すものと理解し、現在の忠清南道論山市恩津に比定されているが、明確な根拠を持っているわけではないので従えない。
(46) 実際に全羅南道の東南部には、古代山城の痕跡がたくさん残っている。それについては、崔仁善「全南東部地域の百済山城研究」(『文化史学』一八、二〇〇二年)〔原文韓国語〕や、朴泰洪「全南東部地域の百済山城の分布とその意味」(『韓国上古史学報』五六、二〇〇七年)〔原文韓国語〕が参考になる。

第四章　承和三年の新羅国執事省牒にみえる「島嶼之人」

はじめに

前章までで確認してきた通り、九世紀は日本列島に不特定多数の新羅人が頻繁に来航する事態が生じ、このような現象が国家的懸案として問題視された時期と言える。(1)新羅人の来航は列島縁海部の辺境社会に様々な変化を促していった。日本の支配層の立場からは、このような状況が有する「正」の側面よりは「負」の側面を強く意識せざるを得ず、新羅人が日本列島の沿岸に来着することによって発生する現象一般を新羅問題と認識していたと理解しても齟齬はないであろう。(2)

時期的範囲を承和年間（八三四〜八四八）に絞ってみれば、新羅問題のなかでも「新羅商人」と表象される異国人と、彼らに呼応する日本列島の人民との間で行なわれた交易活動が視野に入ってくる。また、他方では各種の規制策を通して——王権を中心とする——交易秩序をどうしても維持しようとした支配階層の苦悶も窺えるようになる。(3)

一方、ごく稀な事例ではあるが、日本列島の外側へ移動する人々の様子も確認される。「最後の遣唐使」とも呼ばれる「承和の遣唐使」については既に古くから注目を集めており、[4] 関連研究の蓄積も膨大であると言えよう。[5]

それに対して承和三年（八三六）に任命された遣新羅使も海を渡って外部世界へ移動した人びとの代表的な事例と言える。この使節団を通じては日本国太政官牒、新羅国執事省牒などの外交文書の実態が知られるのみならず、さらに執事省牒の内容からは両国の海域で行なわれた人民の往来にかかわる重要な事実が窺われ、非常に興味深い。とりわけ新羅側が問題視している「島嶼之人」をどう解釈するかによって当時の人々の海外渡航実態が新たに吟味できる余地があり、この使節団の問題をめぐってはより綿密な検討が求められる。[6]

前章では、承和三年の執事省牒を分析し交易空間としての新羅康州（＝菁州）を検討した。[7]

本章ではこの新羅国執事省牒を全面的に解読し、ここから読み取れる歴史的状況を明らかにしたい。まず、当該牒が収録されている『続日本後紀』巻五の諸写本を検討し、それに基づいて校訂本文を提示する。その上で、当時この牒がもたらされるようになった経緯を分析し、新羅側から送られた牒がいかなるメッセージを伝えようとしたものなのか、すなわち日本の太政官に何を要求したのかを確認した後、ここにみえる「島嶼之人」についても再解釈を試みる。

一　新羅国執事省牒の再検討

一　『続日本後紀』の諸写本と執事省牒

執事省牒が伝えている当時の状況を正確に理解するためには、何より牒の内容自体を正確に解釈する作業が必要である。したがって、本節では『続日本後紀』の諸写本を比較・検討し、承和三年の新羅国執事省牒の校訂本文を提示する。その上で本文解釈を行いたい。

『続日本後紀』の写本については二十世紀初め頃から整理がなされているが、[8]その後、暫くは総合的な検討がなされていなかった。最近になってようやく笹山晴生氏の解題が公表され、[9]続いて遠藤慶太氏の研究においては、なお詳細に検討された。[10]

これらの先行研究によると、延べ二十巻からなる『続日本後紀』は、本分に脱文・錯簡・重出が多く、嘗てより本文校訂に支障があったとの点が指摘されている。写本の系統を概略的にみてみると、十二世紀の大治写本（大治元年書写）を起点として、現在見られる本文は三条西家によって行なわれた、十六世紀（天文二年〔一五三三〕～四年〔一五三五〕）の書写に基づいているものと知られる。しかし残念ながら、現在はこの二種類の写本は散佚してしまっている。但し巻五・巻八については幸いに大治写本を書写した高柳光寿旧蔵本（國學院大學所蔵、以下、高柳本とする）が伝えられており、一方、流布本の元になった三条西家本に近い写本としては、宮内庁書陵部蔵谷森本（以下、谷森本とする）、内閣文庫所蔵慶長写本、東山御文庫巻子本などが現在まで伝えられる。

高柳本は中山侯爵家の旧蔵に付いて弘化二年（一八四五）に書写された巻子本で、巻五および巻八の二巻を残しているのみであるが、三条西家本の祖本でもある、大治年間（一一二六～一一三一）の書写本を虫損に至るまで忠実に書写したものと思われ、行間や紙背への書き入れが多く確認され、現行本文の成立を考える上で貴重な素材を提供している。(11) その一方、谷森本は、三条西家本の形態をよく残している最も良い写本として評価されており、新訂増補国史大系本の底本ともなっている。

新羅国執事省牒は『続日本後紀』巻五に収録されているため、大治写本を書写した高柳本は貴重であるが、同時に三条西家本系列の写本も参照に値する。言い換えれば、執事省牒の本文校訂にあたっては、以上で紹介した二系統の写本をすべて比較・検討する必要があり、こうした点を考慮する時、ソウル大学国史学科研究チームが行なった「新羅執事省牒」校勘訳注作業は、原文校勘および全文解釈を最初に試みたという面では意義が認められるものの、他方では原文校勘時、必ず行なわれるべき写本に対する検討に欠けているので物足りなさを残す。(12)

前で言及したように、新羅国執事省牒は『続日本後紀』承和三年（八三六）十二月丁酉（三日）条の一部として登場する。(13) 牒の原型が独立的に残っているものではないが、新羅が日本に送った外交文書が丸ごと残されている唯一の事例に該当するため、これの有する史料的価値は極めて高いとの点を格別に確認しておきたい。

二　校訂本文および校異

それでは以下に執事省牒の校訂本文を提示し諸写本との比較・検討を通じて得られた校異の詳細を記しておく。

【校訂本文】（〔史料一〕）

新羅国執事省牒日本国太政官

紀三津詐称朝聘兼有贄賷、及検公牒仮偽非実者牒。得三津等状称、奉本王命、専来通好。及開函覧牒、但云、修①聘巨唐、脱有使船、漂着彼界、則扶之送過、無俾②滞遏者。主司再発星使、般③問丁寧、口与牒乖、虚実莫弁。既非交④隣之使、必匪由衷之賂。事無摭実、豈合⑤虚受。且太政官印、篆跡分明。小野篁船帆飛已遠、未必重遣三津聘于唐国。不知島嶼⑥之人⑦、東西窺利、偸学官印、仮造公牒。用備斥⑧候之難、自邏白水之遊⑨。然両国相通、必無詭詐。使非専対、不足為憑。所司再三請、以政⑩刑章、用阻⑪姦類。主司務存大体、舎過責功。恕小人荒迫之罪、中大国寛弘之理。方今時属大和、海不揚波。若求尋旧好、彼此何妨。況貞観中、高表仁⑫到彼之後、惟我是頼、唇歯相須⑬、其来久矣。事須⑭牒太政官并牒菁州、量事支給過海程粮、放還本国、請処分者。奉判准状、牒太政官、請垂詳悉者。

【校異】

① 修（谷・閣・巻・冊・高柳抹・大）―条修（高柳原）
② 俾（谷・閣・巻・高柳・大）―得（冊）
③ 般（谷・閣・巻・冊・冊貼巻・高柳・板谷・板三・板尾・大原）―詰（冊貼板）―設（大意改）
④ 交（意補・大意補・大板）―ナシ（谷・閣・巻・冊・高柳抹）―隣（高柳原）
⑤ 合（谷〔令に近い字体〕・大意改）―令（閣・巻・冊・高柳抹・大原）―合令（高柳原）
⑥ 嶼（閣・高柳・板谷・板三・大）―岐（谷・巻・冊）―興（略久）
⑦ 人（略久・大補・大中）―ナシ（谷・閣・巻・冊・高柳・大原）
⑧ 斥（閣・大）―斤（高柳〔斥の俗字に近い〕）―付（谷〔斥に近い字体〕・巻〔斥に近い字体〕・冊）
⑨ 白水之遊（巻・高柳〔書き癖から判読〕・板三・板尾・大改）―白水之白水之遊（谷・閣・大原）―泉之泉之遊（冊）
⑩ 政（谷・閣・巻・冊・高柳・大原）―正（大改・大伴）

⑪　阻（谷・大）―但（冊）―沮（閣・巻・高柳）
⑫　仁（意補・大意補）―ナシ（谷・閣・巻・冊・高柳・大原）
⑬　須（閣・巻・高柳・板谷・板三・板尾・大）―頃（谷・冊）
⑭　須（閣・巻・高柳・板谷・板三・大）―頃（谷・冊）

【検討写本とその略号（抄）】

特に底本を定めていないが、基本的には高柳本の本文を尊重し、虫損などによる文書の毀損で判読が難しい部分に限って谷森本を参照した。

（※　以下の写本はいずれも『続日本後紀』）

高柳：國學院大學附属図書館所蔵高柳本
谷：宮内庁書陵部蔵谷森本
閣：内閣文庫所蔵慶長写本
巻：東山御文庫巻子本
冊：東山御文庫冊子本
　冊貼巻：東山御文庫冊子本貼紙所引巻本（東山御文庫巻子本）
　冊貼板：東山御文庫冊子本貼紙所引板本（寛政七年版）
板谷：宮内庁書陵部所蔵谷森善臣旧蔵版本書入（谷森善臣蔵本）
板三：宮内庁書陵部所蔵谷森善臣旧蔵版本書入（三条西公條自筆本）
板尾：宮内庁書陵部所蔵谷森善臣旧蔵版本書入（伴信友手校本所引尾張家古写本）

略久：宮内庁書陵部蔵久邇宮本日本紀略
大：新訂増補国史大系本『続日本後紀』本文
　大伴：新訂増補国史大系本『続日本後紀』頭注所引旧大系使用伴信友校本
　大中：新訂増補国史大系本『続日本後紀』頭注所引旧大系使用中院家本

三　書き下し文

新羅国執事省(14)、日本国太政官に牒す

　紀三津、詐《いつわ》りて朝聘《ちょうへい》と称し、兼ねて贄賮《ししん》有るも、公牒(15)を検ずるに及び、仮偽《かぎ》実にあらざるの者《こと》。牒す。

【「三津らの状を得るに称す、『本王の命を奉《うけたまわ》り、(16)専《もは》らに来たりて好《よしみ》を通ず』と。函を開き牒を覧《み》るに及び(17)、但だ云わく、『巨唐《きょとう》と修聘《しゅうへい》するに、脱《も》し使船、彼の界《さかい》に漂着すること有らば、則ち之を扶《たす》けて送過《そうか》し、滞遏《たいあつ》俾《せ》しむることなかれ』てへり。主司(18)再び星使(19)を発するに、般問(20)は丁寧なれども、口は牒に乖《そむ》き、虚実弁ずることなし。既に交隣の使にあらず。必ずしも由衷《ゆうちゅう》の賂《まいない》(21)にあらず。事、実を摭《ひろ》うことなし。豈、合に虚受すべんや。且つ太政官印(22)、篆跡《てんせき》分明なり(23)。小野篁《おののたかむら》(24)の船の帆飛《はんぴ》すること已《すで》に遠く、未だ必ずしも重ねて三津を遣わして唐国に聘せず。知《し》らずや、島嶼《とうしょ》(25)の人、東西に利を窺《うかが》い(26)て、偸《ひそ》かに官印を学び、仮に公牒を造り(27)、用《も》て斥候《せっこう》(28)の難に備え、自ら白水《はくすい》の遊《ゆう》(29)を逞《たくま》しゅうするを。然るに両国相通ずれば、必ずしも詭詐《きさ》なし。使は専対(30)にあらずして、憑《たより》と為すに足らず。所司(31)は再三、以て刑章《けいしょう》を政《ただ》し、用て姦類《かんるい》(32)を阻《はば》まんことを請う。主司、務めて大体を存し、過を舎《す》てて功を責《もと》む。小人の荒迫《こうはく》の罪を恕《ゆる》し、大国の寛弘の理《ことわり》を申《の》ぶ。方《まさ》に今、時は大《たい》和《わ》に属し、海は波を揚げず。若し旧好(33)を求め尋《あたた》むれば、彼此《かれこれ》何ぞ妨《さまた》げん。況んや貞観中、高表仁《こうひょうじん》(20)に到る

の後、惟だ我にのみ是れ頼み、唇歯《しんし》相須《あいもち》いるは、其の来たること久し。(34) 事、須《すべか》らく太政官に牒し幷びに菁《せい》州《しゅう》(35)に牒し、事を量りて海を過ぐるの程粮《ていりょう》を支給し、本国に放還して、処分を請うべし」てへり。】判《はん》を奉《うけたまわ》るに、(36)状に准《なぞら》えて太政官に牒す。請うらくは詳悉《しょうしつ》を垂れんことを。(37)

二　執事省牒の全写経緯と認識の相違

一　執事省牒が全写された事情

以上では執事省牒の内容を確認してみた。ところで、前述したように、この牒は独立文書の形態ではなく『続日本後紀』承和三年（八三六）十二月丁酉（三日）条の一部分として伝えられている。それでは、ここでは当該条文の残りの部分について検討してみよう。

〔史料二〕『続日本後紀』承和三年（八三六）十二月丁酉（三日）条（のうち執事省牒を除いた部分）

遣新羅国使紀三津復命。三津自失使旨、被新羅誣刧帰来。何則所以遣三津於新羅者、遣唐四ヶ船、今欲渡海、恐或風変漂着彼境。由是、准之故実、先遣告喩、期其接授。而三津到彼、失本朝旨、称専来通好。似畏怯媚託、私自設辞。執事省疑与太政官牒相違、再三詰問。三津逾増迷惑、不能分疏。是則三津不文、而其口亦訥之所致也。故執事省牒中云、両国相通、必無詭詐、使非専対、不足為憑。但其牒中亦云、小野篁船帆飛已遠、未必重遣三津聘于唐国。夫修聘大唐、既有使頭。篁其副介耳。何除其貴、軽挙其下。加以当爾之時、篁身在本朝、未及渡海。而謂帆飛已遠。斯並聞商帆浮説、妄所言耳。荷校滅耳。蓋在茲歟。又三津一介緑衫、孤舟是駕。何擬為入唐使哉。如此異論、近于誣罔。斯事若只存大略、不詳首尾、恐後之観者、莫弁得失。因全写執事省牒附載之。（この後が〔史料一〕の新羅国執事省牒）

傍線部からもわかるように、以上の内容は史料の編者が新羅国執事省牒を全写する形で『続日本後紀』に残した事情を説明する構造となっている。

これによると、遣新羅国使の紀三津が自ら失敗し使者としての任務を果たさないまま、むしろ新羅より不当な脅威を受けて帰国したとする。三津を新羅に派遣した理由は、遣唐使四ヶ船の渡海に際して、船舶が遭難し新羅の領域に漂着する恐れがあり、過去の例に準じその旨を新羅に告示することによって万が一の状況に対応してくれることを期待したからである。しかし三津らは新羅に到着すると、本人に与えられた使命を放棄し、ひたすら通好のために訪問したと述べたという。その様子は、恐れおののき、あるいは媚びへつらうかのようであり、自分に都合のよい発言をしたらしい。新羅の執事省はこのような言動が太政官牒の趣旨と異なることに疑い抱き、再三詰問するに至り、三津はなおさら困惑して自身の状況が上手く説明できなくなったとみられる。新羅側は、このすべてが三津に見識（作文力）が乏しく、また言弁がよくないことによるものと判断したらしい。太政官宛ての執事省牒に「然るに両国相通ずれば、必ずしも詭詐なし。使は専対にあらずして、憑と為すに足らず（然両国相通、必無詭詐、使非専対、不足為憑）」とあるのも、三津のそのような言行に関わるものと考えられる。

一方、日本側は、執事省牒のなかに「小野篁の船の帆飛すること已に遠く、未だ必ずしも重ねて三津を遣わして唐国に聘せず（小野篁船帆飛已遠、未必重遣三津聘于唐国）」とあることについて訝しく思った。唐に派遣された使節団には、厳然として大使がおり、小野篁は副使であるにも関わらず、なぜ大使の名前の代わりに、それより下の人の名前があげられているのか理解し難いというのである。それだけでなく、篁は依然として日本に滞在している状態で、まだ渡海に至らない状況にあり、「小野篁の船の帆飛すること已に遠し（小野篁船帆飛已遠）」と言うのはおかしい、という。日本側は、ここで、このでたらめな情報源として「商帆浮説」をあげている。商人たちの間に漂ううわさのために事実と符合しない話が新羅側に流れて入ったものであり、新羅の執事省牒に記載されている小野篁に関する誤った事実も、両国を往来する商人によって伝えられた情報に基づいているものと判断したのである。(38) 最後には、遣新羅使・三津は一人の緑衫に過ぎない者であり、一隻の船で行ったのであるが、新羅側が遣唐使と疑ったのはどう考えても納得がいかないと述べている。

結局、日本側は遣新羅使派遣事業が失敗に終わったことについて少なからぬ不満を抱いているものとみられる。要するに、執事省牒の全文を書写し附載しておいた理由として、今回のことを詳細に述べておかなければ、後世の人々が一部始終を知ることができなくなって誤解を生むはずであり、正当な評価を受けることができないためであるというのである。

二　紀三津の派遣をめぐる認識の相違

ここでは〔史料一〕と〔史料二〕から得られた理解に基づいて紀三津の派遣をめぐる認識の相違について考えてみたい。(39)

まず、新羅側は紀三津を疑っている理由についてである。〔史料一〕からもわかるように、紀三津と新羅の朝廷との交渉において問題になっていたのは①太政官牒の内容と三津の主張する通好との相異、②小野篁の渡海情報の真偽問題、③遣唐使と三津との関係、④三津が偽使である可能性などがあげられる。

これに対して、紀三津の復命時、太政官（あるいは『続日本後紀』の編者）が表した反応は明確ではないが、基本的に新羅に対する疑念を表出していたと言っていいだろう。それを〔史料二〕を通じてまとめると、①日本の正式な遣新羅使を新羅側が「憑と為すに足らず（不足為憑）」と判断して、太政官の要請を拒否した点、②副使小野篁の動向について言及し、遣唐大使を軽んじた点、③篁の出帆を「商帆浮説」に頼って誤って判断した点、④一隻の船（「孤舟」）で渡海したはずの紀三津一行を遣唐使と疑った点などになるだろう。(40)

ところで、何より興味深いのは〔史料二〕からもよくわかるように、紀三津自らも混乱に陥っていたことである。それは、自分自身が使節としての任務が何であったのか元々承知していなかったのか、あるいは新羅側の追及（「詰問」）により慌てているなかで使節として派遣された本来の趣旨を忘れてしまったのかも知れない。

新羅と日本、そして紀三津、この三者間にそれぞれ認識の食い違いがあったとしても、幾つかの事案については事実関係を確認することができると思われる。次の史料をみてみよう。

〔史料三〕『続日本後紀』承和三年（八三六）閏五月辛巳（十三日）条＝表6（本章末尾に掲載）の〔39〕

恐遣唐使船風涛或変漂着新羅境、所以太政官准旧例、牒彼国執事省。先告喩之曰、不渝旧好、鄰穆弥新。廼発皇華、朝章自遠。仍今遣使、修聘巨唐、海晏当時。雖知利渉。風涛或変、猶慮非常。脱有使船、漂着彼境、則扶之送過、不俾滞閼。因以武蔵権大掾紀三津為使、賫牒発遣。賜三津御被。

〔史料四〕『続日本後紀』承和三年（八三六）八月壬戌（二十五日）条＝表6の〔53〕

大宰府馳駅、奏遣新羅使進発、幷遣唐第三船漂着対馬嶋上県郡南浦、船上唯有三人之状。

〔史料五〕『続日本後紀』承和三年（八三六）十月戊午（二十二日）条＝表6の〔56〕

遣新羅使紀三津、還到大宰府。

〔史料三〕は、遣唐使船が風波により新羅の領域に漂着する恐れがあるため、太政官が過去の例に準じて新羅国執事省に対して事前に協力を求めようとする内容である。もし遣唐使の船が漂着するような事態があれば、援助し遅滞することなく送還してくれ、との要請なのである。よって、武蔵権大掾・紀三津を使者に任命し牒を持たせて遣わしたとのことである。その時、三津には御被を授けたとする。

〔史料四〕は、大宰府の馳駅が、遣新羅使、すなわち紀三津一行の出発を奏上する内容である。ところで、この時、すでに出港していた遣唐使の第三船が対馬島の上県郡南浦に漂着したこと、その船には三人しか残っていないこともあわせて報告されている。

〔史料五〕は、〔史料三〕の段階で遣新羅使として遂行すべき任務を受け、〔史料四〕の段階で日本を出発し新羅に向かった紀三津らが大宰府に到着したとする記事である。

以上の三つの史料を通してはっきりわかるのは、紀三津が日本の朝廷により正式に任命された「遣新羅使」であるという事実である。これは〔史料二〕で「遣新羅国使紀三津」と称していることや、〔史料三〕で「因以武蔵権大掾紀三津為使」、〔史料四〕で「遣新羅使」、〔史料五〕では「遣新羅使紀三津」としていることからも明確に確認できる。したがって、新羅側が紀三津らを遣新羅使と認識しておらず、むしろ遣唐使と三津との関係に言及したことは新羅側が完全に誤解をしたか、あるいは他の事情があったからであると推定される。

一方、〔史料二〕に「三津一介緑衫」とあるように、紀三津は「緑衫」、すなわち六位ないしは七位に該当する官人であった。これについては、紀三津の位階が低かったため「専対」として認められなかった可能性が指摘されるが、(41) 遣新羅使の官位相当としてはさほど低いレベルでもなかったという事実も充分考慮されるべきであろう。(42)

また、〔史料三〕の傍線部を根拠に、紀三津は遣新羅使に任命される以前から武蔵権大掾であったとの解釈があるが、(43)〔史料三〕は遣新羅使への「任命」記事ではなく、使節団の出港に先立ちその代表をはじめとする構成員に使節としての任務をあらためて周知させ、同時に鼓舞する場面にあたるものではないかと推測される。

これについての理解には、表6承和の遣唐使関連記事一覧（本章末尾に掲載）が参考になるだろうと思われる。表6の［26］を見てみると、遣唐大使が天皇から「御衣一襲・白絹御被二条・砂金二〇〇両」を賜わった事実が確認される。これは遣新羅使・紀三津が〔史料三〕の段階で「御被」を賜わる儀礼と酷似している。すなわち表6の［26］段階で天皇の賜与物を受ける遣唐使らが実際に任命されたのが表6の［1］段階であったことを想起すると、遣新羅使・紀三津が遣新羅使に任命された時点は少なくとも〔史料三〕より先立つのではないかと考えられるのである。

この時、紀三津の職名が「武蔵権大掾」となっていることにも注目したい。これに関連しては表6の［8］に見える措置が注目される。表6の［8］は太政官が延暦二十一年（八〇二）の例に準じて遣唐使に国司を兼ねさせ、職田および事力を支給すべきことを命じている内容である。表6の記載事項からも分かるように、このような措置が承和の遣唐使の時に、初めて実施されたのではなく、延暦二十年（八〇一）八月十日に任命された遣唐使を支援するための後続策として延暦二十一年（八〇二）六月二十七日付の太政官符、(44) そして十一月二十四日付の太政官符(45)を通じて施行命令がなされたのである。これは、遣唐使派遣事業にかかる莫大な費用を充当するための財政支援策の一環とみられ、承和の遣唐使の時にあらためて施行が命じられているのは、延暦の遣唐使を派遣した際にその効果がある程度立証された結果と推測できる。筆者は、このような措置が遣新羅使にも適用されたとみている。言い換えれば、紀三津は先に遣新羅使に任命され、後に武蔵権大掾を兼ねることとなったのではないかと推定される。このような観点からすれば、すでに武蔵権大掾であった紀三津を遣新羅使に抜擢したと理解し、紀三津の任命を武蔵国という地域の性格と結びつけようとする一連の解釈には慎重さが求められよう。

以上の考察からすると、新羅側が、紀三津が遣新羅使として派遣されたという事実を全く知らなかったとすることや、その一行を遣唐使と誤認したとすることは、にわかに信じ難い。渡海時期をめぐっては互いに若干の誤解があったものの、「商帆浮説」を通じて小野篁の動向を新羅側が把握していたように、同じ方法で遣新羅使の派遣についての情報が伝えられていた可能性も考えられるからである。

筆者は、新羅側が、日本側が荒唐無稽さを感じるほど紀三津を窮地に追い込んだことには、他の意図があったと考えている。新羅側がそのようにすることが可能であったのは単に紀三津の身分や官位が低かったからというよりは、（紀三津の）口頭発言と（日本国太政官が作成した）文書内容の不一致と関係があるとみられる。さらに、紀三津は新羅側の誤解を払拭させるほどの言語・文字能力を発揮することができなかった事実からみて、文字「言語不通」の状況を新羅側が利用しようとしたものと判断される。そのような脈絡のなかで考える時、新羅側に問題視されている「島嶼之人」という存在が浮かび上がってくる。

三　問題視される「島嶼之人」

本節では、再び執事省牒の内容に戻り、新羅側が語っている「島嶼之人」がいかなる存在であり、どの様に問題視されていたのかをみてみたい。それでは、まず先行研究では執事省牒にみえる「島嶼之人」をどう理解してきたのかを確認してみる。

一　「島嶼之人」の解釈に対する先行研究

「島嶼之人」について具体的に見解を提示した先駆的な研究としては西別府元日氏の論稿があげられる。氏は「島嶼の人びとは地域間の交易をにない、ときには公牒を発して「外交」を展開しながら海に生きる人びとであったが、その中核は、清海鎮大使として莞島を拠点に日羅唐三国海域を掌握する自立的地域政権を創出した張宝高と、その配下に編成されている海商集団だったのではないか」とする。[46] 金恩淑氏も西別府氏の説を支持しつつ新羅の海上勢力である張宝高（張保皐）を意識した内容と解釈しており、[47] 山崎雅稔氏も同じく西別府説に従い、張宝高勢力を念頭においた表現とみている。[48]

これに対して、渡邊誠氏は「張宝高になお帰属せず清海鎮の海上警備（＝斥候）から逃れるために「公牒」を偽造して、自らの活動を公的な交易使節に偽装する海民の存在」であると解釈している。[49]

ほとんどの先行研究では「島嶼之人」を新羅の張宝高勢力とみており、たとえ張宝高勢力以外の集団を想定しているとしても新羅側の海民とみる傾向が強いことが確認される。しかし、筆者は執事省牒の内容を見る限り、これを張宝高勢力か新羅側の海民と理解することは難しいのではないかと考える。

二　執事省牒の要求内容

「島嶼之人」がどのような存在なのかを知るためには、新羅国執事省牒が太政官に要求しているのが何なのか、また牒を通して伝えようとするメッセージが何なのかを綿密に把握する必要がある。

前節でみたように、新羅側が紀三津を疑うことになった直接的な契機は彼が所持していた「公牒」が偽りのものであろうと判断したことであると言えよう。牒（〔史料一〕）の冒頭で「紀三津、詐りて朝聘と称し、兼ねて贄賮有り。公牒を検ずるに及び、仮偽実にあらざるのこと、（紀三津詐称朝聘兼有贄賮、及検公牒仮偽非実者）」としたのは、執事省牒が語ろうとする事実を縮約して見せてくれるところであり、これは新羅側が日本の太政官に伝えようとしたメッセージの核心内容であると言える。

新羅の沿岸に到着した紀三津は「主司」が遣わした「星使」の質問に口頭答弁をしたようであるが、その内容が本人の持参した文書、すなわち公牒（＝太政官牒）の内容と合わなかったらしい。それで結局、使節としての任務を果たせないまま日本に帰ることになったのである。ここからは、古代国家・新羅では異国人が海外から流入する場合、「公牒」のような持参文書を確認してから交渉許可・入国許可を下すかどうかを判断していたという事実が窺える。異国人の持参文書がそれほど重要視されたのである。このことは持参文書の真偽を選り分ける作業が古代国家の支配秩序や交易秩序を維持することとも密接に繋がっていることを示唆する。「且つ太政官印、篆跡分明なれども（且太政官印、篆跡分明）」からも分かるように、実際に持参文書の内容のみならず、そこに捺印された官印を厳重に審査したようにみられ、異国人の入国管理をつかさどる官司は公認された官印の形態、すなわち「篆跡」が分別できる能力を持っていたと推測される。(50)

古代国家・新羅で異国人の持参文書を重要視した事実は執事省牒の他の箇所からも確認される。「知らずや、島嶼の人、東西に利を窺いて、偸かに官印を学び、仮に公牒を造り、用て斥候の難に備え、自ら白水の遊を逞しゅうす（不知島嶼之人、東西窺利、偸学官印、仮造公牒。用備斥候之難、自逞白水之遊）」としたところである。ここでは「島嶼之人」が公牒を偽造し新羅国の管轄地域を自由に往来している実態を問題視しており、紀三津もそのような類――「島嶼之人」のような存在――なのではないかと追及されている場面と理解される。それではこの一節を手がかりにして「島嶼之人」の実体に接近してみよう。

まず、「島嶼之人」の問題は太政官が解決できる事案であったことに留意しなければいけない。そうでなければ新羅の沿岸で起こっていることを敢えて太政官側に伝達し問題解決を頼む理由がないのであり、裏を返せば「島嶼之人」問題というのは太政官の権限が及ぶ範囲内でのことであると考えられる。

次に「島嶼之人」は官印の製作方法を習ってその技術を用い公牒を偽造することによって斥候の難に備えると した点に注目したい。既に考察したように、この時の「斥候の難」とは、新羅側の厳しい海上警備を逃れ活動することが難しい、との意味になる。「島嶼之人」が新羅人を指す言葉であれば、敢えて新羅側の厳重な海上警備（「斥候」）を避ける理由が説明できない。

さらに、「島嶼之人」を張宝高勢力ないしは彼と関わる海上勢力とみる場合、新羅の海防のために設置されたのが清海鎮（＝張宝高が王室に設置を要請）なのに、張宝高勢力が自らの防御態勢を逃れながら活動したとの話になってしまい、論理的にも成立し難い。渡邊誠氏が「島嶼之人」を張宝高勢力と関連づけて説明している一連の研究について「新羅国執事省牒は、太政官牒の趣旨と異なることを述べた紀三津の態度を、他の一般的存在を引き合いに出して指弾しているのであり、特定の政治状況下の特定を問題にしているのではない」と論じているのは示唆するところが大きい。(51)

結局、新羅国執事省牒が伝えようとしたのは「島嶼之人」の行動について太政官が適切な措置を取ってほしいというメッセージであったのではないかと思われる。紀三津事件を通じて「島嶼之人」の実態が喚起されたとみられ、これをきっかけにして新羅側の沿海地域の主要な懸案となっていた「島嶼之人」問題をあわせて解決しようとしたものと考えられる。その上で、官印を偽造し偽りの公牒を作る人びとが新羅へ頻繁に渡航する状況なので、公式使節を派遣する時には、紀三津のような疑わしい人物ではなく「専対」なる者、すなわち使節として適合な人を送ってほしいとの希望事項も同時に伝達しようとしたのではなかろうか。

但し、このような推論が認められるためには、日本列島から朝鮮半島へ向かう移動の実例が確認されなければならない。それとともに執事省牒で問題視していた存在が「島嶼之人」つまり、島々の人びとであったとの点に留意すると、「島嶼之人」とは、日本列島の島嶼部に居住しつつ朝鮮半島（新羅）への渡航を試みる集団ないし勢力でなければならない。これに関しては執事省牒に出ている「白水之遊」が一つの手がかりになるだろうと思われる。「島嶼之人」の行為が「白水之遊」と描写されているからである。

四　白水郎と「島嶼之人」

一　「白水之遊」と白水郎

「白水之遊」は執事省牒が取り上げている事柄のなかでも特に「島嶼之人」問題と密接に繋がっているようにみられる。〔史料二〕から関連箇所を改めて引いておくと次のようになる。

不知島嶼之人、東西窺利、偸学官印、仮造公牒。用備斥候之難、自逞白水之遊

筆者は、この部分を「嶋嶼の人びとが東西の利を窺い、密かに官印を学び仮に公牒を造り、もって斥候の難に備え、自ら白水（郎）の遊を逞しゅうするのかも知れない」と解釈する。一方、盧明鎬氏（ほか七名）および尹善泰氏は当該部分を「島の人びとが東西に利益を覗いて、官印を模造する方法を学び、偽りに公牒を作って斥候の大変さに備えつつ勝手に中国の沖（＝白水）を漂うこと」と読んでいる。[52]最も大きな相違点は「白水之遊」に対する理解であり、先行研究では「白水之遊」を「中国の沖（＝白水）を漂うこと」と読んでいることが確認されるのである。

確かに従来の研究が言うように、「白水」という語には「中国の沖」という意味も含まれている。『宣和奉使高麗図経』に出ている「白水洋」や『漂海録』にみえる「白海」は、[53]現在の寧波市（中国浙江省の都市）周辺海域を指す言葉として理解されている。[54]しかし中国資料で「白水」が使用される事例を分析してみると、「白水」の示す分布圏がさほど一定でないことに気づく。中国大陸の西部および南部奥地で発する河川と、それに関連する様々な郡県名からはもちろんのこと、中部より南側にあたる浙江省・江蘇省・海南省・福建省・広東省の色々な地名からも「白水」が登場しているのである。[55]したがって、「白水」という用語のみでこれが局地的な地名を指すと結論づけるには慎重さが求められる。

一方、山崎雅稔氏は「白水之遊」を「白水郎（海民）としての生業」と理解していて注目を引く。[56]そう解釈している根拠については明示していないが、「遊」を「生業」とみて、その行為主体を「白水」と理解したものと推測される。この脈絡では生業を行なう主体が「白水」になるため、これを地名と解釈せず、代案を探したもの

とみられる。筆者も山崎氏の見解と同様に「白水」を「白水郎」の略称であると考えている。(57)

藪田嘉一郎氏の指摘によると、『原化記』（『太平広記』巻二三二所収）にみえる「崑崙白水」の「白水」は「白水郎」から「郎」を略した表現とし、「白水郎」が一般的海人を指すように「白水」も海人を意味するという。(58)後代の記録ではあるが、『順風相送』（十六世紀成立）、『指南正法』（十八世紀成立）に引用された航海守護神の名前にも「白水都公」がみられるが、これもまた「白水郎」を「白水」と簡略に表記した事例とのことである。(59)

「白水郎」は「泉郎」という異称としてもしばしば登場する。「白水」を「泉」と認識したり、あるいはそう表記したりする習慣は、前で見た執事省牒写本の【校異】からも見られるように東アジア地域の漢文資料にはたびたび確認される事例である。ところで『太平寰宇記』には、この「泉郎」についての興味深い記事がある。すなわち「泉州の風俗に泉郎というものがある。これはこの州の夷戸で、遊艇子ともいう。平常船上に生活し、また海畔にも盧を結んでいる。随時移徙して一処にとどまらない」との一節である。(60)もちろん、この記録を根拠に「白水郎」の語源を「泉州の水人」に求める見解も存在するようであるが、筆者がここで注目しようとするのは「泉郎」つまり「白水郎」を「遊艇子」とも言ったとの事実である。執事省牒にみえる「白水之遊」というのもまさに白水郎が一つの場所に留まらず、海上移動を通して活発に動いている様子を指すものと推測され、そのものが白水郎の移動実態を表わす言葉であると思われる。

以上の考察に基づき、問題の一節を改めて解釈してみると、「嶋嶼の人びとが東西の利を窺い、密かに官印を学び仮に公牒を造り、もって斥候の難に備え、自ら白水郎が移動するようにほしいままに往来するのかも知れない」という意味になるだろう。

二　「島嶼之人」としての白水郎

重要なのは、新羅側が「白水」あるいは「白水郎」という用語をどうやって知り、執事省牒のような公式文書に使用したのかという点である。新羅で「白水郎」という表記が嘗てから使用されていた可能性が全くないとは言い難いが、本章で取り上げている執事省牒の「白水之遊」という用例以外には、各種の文献資料、文字資料から見出せないのも事実である。そうすると、執事省牒にみえる「白水」すなわち「白水郎」も新羅で固有に使われた表記というよりは外部世界から移入された蓋然性も想定される。

白水郎という表記は、中国六朝時代に遡って見出すことができず、唐代に至って以降詩や小説類に登場しはじめる。むしろ日本での用例のほうが古いのではないかとさえ言われている。しかし、中国の正式の記録に早くからみえなくても、会稽郡鄮県（浙江省）白水郷の郎（男）がよく潜水して竜王の宝珠をとってくるという伝承があり、そのような潜水生活を直接目撃した日本の遣唐使、特に斉明五年（六五九）七月に出帆して一時、北路を取りながら、暴風などによって会稽県（郡）の地に至った第四次遣唐使などによって、中国南方の海人たちの生活や風俗が日本に報じられ、伝わったという可能性も指摘されている(61)。その一方で、八世紀～九世紀中葉に、南島路あるいは南路を取った遣唐使、あるいはその一員であった「新羅訳語」が中国南方の海人を白水郎と記録した後、それを翻訳して伝えたとみる見解もあり、大宝二年（七〇二）に出帆した第七次遣唐使に少録として合流した山上憶良が白水郎という用語活用に一役かったのではないかとも推測されている(62)。しかしこのような特異な白水郎という表現が、一回的な契機によってつくられ、伝えられたと考える必要はない。むしろ数次にわたって日本へ齎され、あるいは日本で使用されたものとみるのが合理的であろう(63)。

古代日本で使用された白水郎という表記も中国から伝えられた可能性が依然として残されているが、ともかく文献記録上最も古い事例が『日本書紀』仁賢六年是秋条から確認される点は無視できない。『日本書紀』を除いても白水郎の初期用例は日本側の記録で多数確認される。『風土記』や『万葉集』が代表的な例と言えよう。

古代文献から「アマ（＝海人）」表記の用例を総合的に分析した福島好和氏の研究によると、現存する『風土記』には常陸・出雲・播磨・豊後・肥前などの五つの国の風土記と、残り幾つかの国についての逸文があるとし[64]、「アマ」を表記した事例は他の地域の『風土記』にも散見するが、それを「白水郎」と表記した事例は西海道風土記にしか見えないとする。具体的には『豊後国風土記』に一件、『肥前国風土記』に二件が確認されるとのことである。[65]一方、『万葉集』では「アマ」を表記した事例が一〇〇件であり、そのうち、「白水郎」「泉郎」と表記した例は二十件あるとする。このうち五件が漢語的用例であるため、それらを除けば十五件になるとのことである。ところでこれらは共通的に漁業（＝釣漁）あるいは製塩業に従事する専業的な漁民と捉えられていることが明確にあらわれるとする。さらに、漢語的用例として出ている五件の場合も、例えば「志賀乃安麻」のような表現とともに見えていることから他の用例と同じく漁業と関連性をもつ海人と考えられるとのことである。[66]

なお、西海道風土記の白水郎の用例からは興味深い共通点が確認されて注目に値する。その内容を検討してみよう。

〔史料六―①〕『豊後国風土記』海部郡条

比郡百姓。並海辺白水郎也。因曰海部郡。

〔史料六―②〕『豊後国風土記』海部郡・穂門郷条

（前略）海底多生海藻。而長美。即勅曰。取最勝海藻。（割注略）便令以進御。因曰最勝海藻。（後略）

〔史料七〕『肥前国風土記』松浦郡・大家島条
昔者。纏向日代宮御宇天皇。巡幸之時。此村有土蜘蛛。名曰大身。恒拒皇命。不肯降服。天皇。勅命誅滅。自爾以来。白水郎等。就於此嶋。造宅居之。因曰大家郷。…(中略)…廻縁之海。鮑螺鯛雑魚及海藻海松多之。

〔史料八〕『肥前国風土記』松浦郡・値賀郷条
値嘉郷〈在郡西南之海中、有烽処三所〉…(中略)…彼白水郎富於馬牛、…(中略)…西有泊船之停二処〈一処、名曰相子田停、応泊廿余船。一処、名曰川原浦。応泊一十余船〉遣唐之使、従此停発、到美弥良久之埼〈即川原浦之西埼是也〉従此発船、指西度之。此嶋白水郎、容貌似隼人、恒好騎射、其言語異俗人也。(〈　〉は原文の割注を意味する)

以上の〔史料六〕〜〔史料八〕は、西海道風土記のうち、白水郎について言及した記事を示したものである。まず、〔史料六―①〕は、豊後国海部郡の地名由来を伝える記事であるが、この郡の人民が皆海辺の白水郎であるため、こう名づけたといっている。〔史料六―②〕は同じ郡の穂門郷の海底には多くの海藻が繁茂していることを伝えている。この二つの記事からは、海部郡の白水郎が海辺に居住しつつ魚や海藻を採取し生活する海辺種族であったとの事実や、一つの郡を形成するほどの集団であったことが分かる。このような生活方式は『万葉集』にみえる豊後国の白水郎の様子とも一致するという(67)。

次の〔史料七〕からは、松浦郡大家島に居住している白水郎の実態が窺える。島の周辺海域から様々な水産物が採集されている状況からみて、彼らも漁業を営んだことがわかる。

〔史料八〕は、松浦郡値賀郷の白水郎についての事実を伝えている。ここに登場する白水郎の場合は、前に出た〔史料六〕〔史料七〕のそれと若干異質にもみえる。馬と牛を保有していたことや、容貌が隼人に似ており、騎・射を好んでいる人々であるとする。さらに、言語が俗人と異なるとされている描写は、この島に住んでいる白水郎のみが持っている特徴であったと思われる。とはいえ、このような集団が島という環境で居住する限りは、〔史料六〕〔史料七〕に見えている白水郎と同様に水産物を採取しつつ生活する方法を放棄することはなかっただろうと思われる。

三津の事例のみをもって断定し難いが、海人を白水郎と表記した事例が西海道風土記に集中（あるいは限定）しているのは示唆するところが大きい。さらに、彼らが共通して沿海地域、特に島嶼地域に居住している事実は西海道の白水郎が島の人びと、言い換えれば「島嶼之人」であったことを暗示していると言ってもよいだろう。

「島嶼之人」としての白水郎は九世紀の史料からも確認できる。

〔史料九〕『入唐五家伝』「頭陀親王入唐略記」（『続群書類従』巻一九三）

…（前略）…九月五日去向壱伎嶋、嶋司並講読師等亦来迎圍繞、親王彌厭此事。□□左右自波渡着小嶋〈此小嶋名云班嶋云云〉。於是白水郎多在、仍不細、更移肥前国松浦郡之柏嶋。十月七日仰唐通事張友信令造船一隻。四年五月造船已了。時到鴻臚館。七月中旬、率宗叡和尚・賢真・恵蕚・忠全・安展・禅念・恵池・善寂・原懿・猷継、並船頭高岳真今等、及控者十五人〈此等並伊勢氏人也〉。柂師絃張支信・金文習・任仲元〈三人並唐人〉。建部福成・大鳥智丸〈二人並此間人〉。水手等、僧俗合六十人、駕船離鴻臚館、赴遠値嘉嶋。八月十九日着于遠値嘉嶋。九月三日従東北風飛帆、其疾如矢。…（中略）…七日午尅遙見雲山、未尅着大唐明州之揚扇山。…（中略）…同年六月、延孝船自大唐福州得順風、五日四夜着値嘉嶋。…（後略）

（※〈　〉のうちは原文の割注を示した）

〔史料九〕は真如親王（＝高岳親王）の入唐行跡を伝えている記事である。これによると、貞観三年（八六一）九月五日、入唐を前にしていた真如親王らが向かったところは「壱伎嶋」であった。一行がそこで嶋司および講読師などから迎接を受けたが、親王がそのようなことを嫌っていたからか、一行は「班嶋」という小さな島に渡ったとする。その島は白水郎が多いところであった。その後、肥前国松浦郡の「柏島」に移動した親王らは、十月七日に唐通事張友信に命じて、船一艘を造らせている。翌年五月、やがて船ができあがると、一旦、大宰府鴻臚館に戻り、そこで張友信・金文習・任仲元および僧俗六十人などとともに船に搭乗し、七月中旬に再び出発した。八月十九日に遠値嘉島に到着した一行は、九月三日、東北風を得て出港することになる。そして四日後の九月七日、唐の明州に到着する。この時点から三年後の貞観七年（八六五）六月、求法活動を終えた真如親王らは唐商人李延孝の船に乗り、唐の福州を出港、五日ぶりに帰国したとしており、その時到着した地点が値嘉嶋であったとする。

ここで見えている白水郎も班嶋という島に拠点をおいていた集団である。さらにこの島には白水郎が多く住んでいると伝えられる。彼らが営んだ生活方式、生計維持手段については明確に知る手がないのであるが、真如親王らがそこを経由したのは遠距離航海に必要な人力を求めようとしたことが推測できよう。その島に立ち寄った後、唐通事張友信に造船を命じていることがそのことを傍証する。いま一つ面白い事実は〔史料九〕に見えている一行が日本から唐へ行く時も、さらに唐から日本へ帰る時も、〔史料八〕にみえる値賀郷と同一の島嶼地域、つまり遠値嘉島、値嘉嶋を経由している点である。これは「班嶋」の白水郎に求められていた遠距離航海と関わる能力が値賀郷に居住する白水郎にも要求されていたためではないかと推測される。

本文の詳細な検討は省略するが『日本三代実録』貞観十八年（八七六）正月二十五日癸卯条にみえる「志賀嶋白水郎男十人女十人」という記録からも当時の白水郎が島嶼地域を基盤としていたことが確認できる。

それでは、新羅側は「白水」あるいは「白水郎」という用語をどうやって知ったのだろうか。これに関しては〔史料二〕にみえる「商帆浮説」が一つの手がかりになる。新羅が執事省牒を通じて太政官に伝えている内容は、史料の編者が指摘しているように、日本を往来する商人から得た情報である可能性が想定される。これは小野篁についての情報取得過程とも非常に類似している。すなわち、日本と新羅とを行き来しながら交易を担った商人集団が西海道の島嶼地域、あるいは沿海地域に居住しつつ活動する白水郎の実態を伝え、これを通じてこの商人らは「斥候の難」を逃れ、海域を縦横無尽しつつ利益を得ていた——業界のライバル——「島嶼之人」としての白水郎を牽制できたのではないだろうか。

三　新羅へ渡った日本人

これまでの検討を通じて、新羅国執事省牒にみえる「島嶼之人」が日本列島の沿海地域の大小の島々に居住しつつ新羅側の厳しい海上警戒活動に備えるために、ときには官印を造り、ときには公牒を偽造し、海上往来から得られる利益を得ていた集団であることが分かった。さらに、そのような人びとが西海道地域の白水郎とも無関係でなかった事実が確認できた。

では、以上の検討結果に基づき、ここでは「島嶼之人」と同様に日本列島から朝鮮半島（新羅）へ移動した人びとの実例を幾つかみてみよう。

〔史料十〕『続日本後紀』承和十二年（八四五）十二月戊寅（五日）条

大宰府馳駅言、新羅人齎康州牒二通、押領本国漂蕩人五十余人来著。

〔史料十一〕『入唐求法巡礼行記』大中元年（八四七）九月六日条

六日卯時、到武州南界黄茅嶋泥浦泊船、亦名丘草嶋、有四五人在山上、差人取之、其人走蔵、取不得処、是新羅国第三宰相放馬処、従高移嶋、到此丘草嶋、山嶋相連、向東南、遥見耽羅嶋、此丘草嶋、去新羅陸地、好風一日得到、少時守嶋一人、兼武州太守家捉鷹人二人、來船上、語話云、国家安泰、今有唐勅使、上下五百余人在京城、四月中、日本国対馬百姓六人、因釣魚、漂到此処、武州収将去、早聞奏訖、至今勅未下、其人今在武州囚禁、待送達本国、其六人中一人病死矣。

まず〔史料十〕〔史料十一〕は漂流（「漂蕩」「漂到」）の形態で新羅に渡航した場合である。〔史料十〕からは日本人五十余人が新羅の沿海に漂流した事実が知られており、康州牒二通を所持した新羅人が彼らを押送したとのことが伝えられている。〔史料十一〕は新羅武州管轄の島嶼地域に対馬島六人が釣魚のために来て漂流したとの事実を伝えている。結局、一行は武州に拘禁され、本国（日本）に帰ることを待っているうち一人が病死したとする。[68]

〔史料十二〕『日本三代実録』貞観八年（八六六）七月十五日丁巳条

大宰府馳駅奏言、肥前国基肆郡人川邊豊穂告、同郡擬大領山春永語豊穂云、与新羅人珎賓長、共渡入新羅国、教造兵弩器械之術。還来将撃取対馬嶋。藤津郡領葛津貞津、高来郡擬大領大刀主、彼杵郡人永岡藤津等、是同謀者也。仍副射手卌五人名簿進之。

〔史料十二〕は対馬嶋を撃取するために新羅に渡った郡領層が密告されている場面である。新羅人珎賓長とともに新羅に渡って行き、兵弩器械の製造技術を学び、謀反を図ろうとしたのである。ここでは、謀反に参画したとされる郡領層が肥前国の様々な地域を基盤にしていたことが注目される。(69)

〔史料十三〕『日本三代実録』貞観十二年（八七〇）二月十二日甲午条

先是。大宰府言、対馬嶋下県郡人卜部乙屎麻呂、為捕鸕鷀鳥、向新羅境乙屎麿為新羅国所執、囚禁土獄。乙屎麿見彼国挽運材木、搆作大船、撃鼓吹角、簡士習兵。乙屎麿窃問防援人曰、為伐取対馬嶋也。乙屎麿脱禁出獄、纔得逃帰。

〔史料十三〕は対馬嶋下県郡人の卜部乙屎麻呂が鸕鷀鳥（＝鵜）を捕るために新羅の境まで渡って行き、そこで捕まって拘束された内容である。脱出に成功し日本に帰ってきた乙屎麻呂は新羅で目撃したこと（軍備拡充・軍事訓練）を報告しつつ、それが対馬嶋を「伐取」するためであると陳述している。(70)

以上、わずか四つの事例に過ぎないが、新羅へ渡った日本人、すなわち日本列島から朝鮮半島へと移動した人びとについて検討してみた。ここでわかるのは、これらすべてが隠密な渡航であったという事実である。日本側からも出国許可を得ることができなかった可能性が高く、到着国にあたる新羅からも当然正式な入国許可が得られなかったものとみられる。〔史料十二〕の場合、謀反のために渡航を試みた点が特徴として指摘でき、〔史料十二〕や〔史料十三〕にみえる日本人らはそれぞれ生業のために海を渡ったことがわかる。さらに〔史料十〕や〔史料十二〕からは、新羅国が許可を得ていない日本人の渡航を確認する場合、文書外交（「牒」を送付する場面）ないしは文書行政（「勅」を待機する場面）に基づいた後続措置を取るという点が窺える。

のみならず、〔史料十一〕〔史料十二〕〔史料十三〕の内容からは、新羅に渡航した日本人らがすべて対馬嶋の人びとか、あるいは対馬の重要性を深く認識している人びとであることがわかる。また、既に言及したように〔史料十二〕にみえる郡領層は肥前国を基盤とする勢力であるが、この地域は、地理的にも大小の島々が密集しているという点を想起すると、対馬嶋および肥前国の沿海地域は執事省牒にみえる「島嶼之人」の活動基盤としても相応しいと言えるのではないだろうか。

おわりに代えて――張宝高偏重史観の反省――

近年、李成市氏は古代日本の対外関係史研究が「遣唐使偏重史観」にとらわれてきた点を指摘している。[71] 古代日本と唐との交流とは別に、東アジアにおける諸王権間の通交が独自に展開されていた事実を見過ごしてきたとされている。遣唐使に偏重する歴史観を相対化し、そこから解放されるならば、古代東アジアの諸地域間の新たな交流の姿が浮かびあがってくる、という氏の見解は実に妥当であると言わざるを得ない。

ところで、九世紀日本の対外関係史を読んでいくと、もう一つの先入観にぶつかるような印象を受ける。その先入観とは、多様な対外問題を「張宝高」（「張保皐」ともいう）というキーワードに収斂させようとする態度である。確かに、張宝高は、日・中・韓三国の史料ともに取り上げている国際的人物であり、その活躍を見る限り、当時の東アジア海域においても相当な影響力を行使していたことは否定し難い。それはそれで高く評価すべきであろう。但し、だからと言って、九世紀における対外関係の展開を張宝高が主に活動した八三〇～八四〇年代を基準に、それ以前・それ以後と区切る方式が無条件に容認されるわけではない。特に張宝高との直接的な関連性が窺われないところについては、それ以外の多様な選択肢を想定しつつ歴史像を解き明かしていく必要があるる。筆者が主に取り扱っている「不特定多数の新羅人」や「新羅海賊」などに関心を注ぐのも有効な方法になるだろう。「張宝高偏重史観」に対する省察は、これまで見逃されてきた九世紀海域史の複雑多岐性・多様性・重層性・力動性を回復させる原動力になるものと考えられる。

表6　承和の遣唐使関連記事一覧（任命～遣新羅使紀三津の帰国）（※特記しない限り、典拠は『続日本後紀』）

承和元年（八三四）

［1］1月19日　遣唐使任命。持節大使に参議従四位上右大辨兼行相摸守藤原朝臣常嗣、副使に従五位下彈正少弼兼行美作介小野朝臣篁、他に判官四人、録事三人。

［2］2月2日　大宰海涯に漂着した新羅人を射傷させたものは罪科に処し、また被害者には治療を加え、糧を支給して放還させる。この日、造船使を任命。長官に貞成を、次官に島主を任じ、並びに左中弁笠仲守、右少弁伴成益を遣唐裝束司とす。

［3］3月16日　大宰府に滞在中の唐人張継明を、肥後守従五位下粟田朝臣飽田麻呂に引率して入京させる。

［4］5月13日　遣唐大使常嗣に備中権守を兼ねさせる。大工三嶋嶋継を造船次官となす。この他、遣唐判官・録事・知乗船事ら九人に外官を兼任させる。

［5］7月1日　遣唐大使常嗣に近江権守を兼ねさせる。

［6］8月4日　右中弁伴氏上を造船使長官となす。

［7］8月10日　遣唐録事・准録事・知乗船事、各一人を任じ、外従五位下三嶋嶋継を造船都匠となす。

［8］8月20日　太政官、延暦二十一年（八〇二）の例に準じて、遣唐使に国司を兼ねさせ、職田並びに事力を支給すべきことを命ず（『類聚三代格』巻六・巻十五）。

承和二年（八三五）

［9］1月7日　遣唐史生道公広持に姓当道朝臣を賜う。

［10］2月2日　外従五位下長岑高名を遣唐准判官に、従七位上松川貞嗣を録事に、従八位下大和耳主・大初位下盧原有守を訳語に任ず。

［11］2月7日　遣唐使の奏上により、録事以上に度者を賜う（『類聚三代格』巻二）。

［12］3月12日　大宰府に、不虞に備えて遣唐使に積み込む綿甲一〇〇領・冑一〇〇口・袴四〇〇腰を用意させる。

［13］3月14日　大宰府、この頃、新羅商人の往来が絶えず、壱岐島の防衛が不充分なため、島の徭人三三〇人に、兵仗を持たせて十四箇所の要害の埼を防御させる。

［14］10月16日　右京人遣唐訳語盧原公有守・兄散位柏守らに朝臣の姓を賜う。

［15］10月19日　従六位下藤原貞敏を遣唐准判官となす。

［16］10月27日　遣唐録事松川貞嗣・散位同姓家継らに高峯宿禰の姓を賜う。その先祖は高麗人。

［17］11月20日　遣唐使知乘般事従八位上香山連清貞らに、宿禰の姓を賜う。その先祖は百済人。

［18］12月2日　遣唐使に位を借す。大使従四位上藤原朝臣常嗣に正二位、副使従五位上小野朝臣篁に正四位上。並びに大臣の口宣により、告身（位記）を授けず。

承和三年（八三六）

［19］1月25日　詔して、陸奥国白河郡の従五位下勲十等八溝黄金神封に戸二烟を充てる。例年より倍の砂金を得て、遣唐使の派遣を援助した功による。

［20］2月1日　遣唐使、天神地祇を北野に祀る。

［21］2月7日　遣唐使、賀茂大神社に幣帛を奉る。

［22］2月9日　天皇、紫宸殿に御し、遣唐大使・副使らを引見。参議右近衛大将橘朝臣氏公、詔を宣す。ついで大使に綵帛一〇〇匹・貲布二十端、副使に綵帛八十匹・貲布十端、判官並びに准判官に各綵帛十五匹・貲布六端、録事に綵帛十匹・貲布四端、知乗船事・譯語に各綵帛五匹・貲布二端、還学僧に各綵帛十匹を賜う。和泉国の人遣唐使准録事県主益雄・父散位文貞らに和氣宿禰の姓を賜い、本貫を改めて右京二条二坊に偏す。

〔23〕2月17日　八省院において史生以下・将従以上に位記を賜う。
〔24〕3月14日　擬遣唐僧伝燈法師位俊貞ら八人に位一階を進める。
〔25〕4月10日　遣唐使、八省院において朝拝。天皇、例により御せず。大臣以下参議以上、列席。視告朔の儀の如し。
〔26〕4月24日　天皇、紫宸殿に御し、遣唐大使・副使らに餞別の宴を催す。天皇をはじめ、五位以上、「賜餞入唐使」の題で詩を賦す。大使に御衣一襲・白絹御被二条・砂金二〇〇両、副使に御衣一襲・赤絹被二条・砂金一〇〇両を賜う。
〔27〕4月26日　遣唐使の無事を祈願して、五畿七道の名神に幣帛を奉る。
〔28〕4月29日　遣唐大使・副使に節刀を賜う。大臣、詔を宣し、遣唐使の意義を述べ、大使・副使らに各々御衣被を賜う。この日、遣唐医師山城国葛野郡の人朝原宿禰岡野、本貫を改めて左京四条三坊に偏す。
〔29〕4月30日　遣唐判官外従五位下長岑高名に従五位下を授ける。また遣唐大使藤原常嗣の母・无位菅野朝臣淨子に、旧例に準じて従五位下を授ける。この日、遣唐録事高岑宿禰貞継に朝臣の姓を賜う。その先祖は高麗人。
〔30〕5月2日　遣唐副使小野篁の申請により、无位小野神に従五位下を授ける。この日、山城国の人遣唐史生大宅臣福主に朝臣の姓を賜う。
〔31〕5月9日　遣唐使の無事を祈願するため、下総国香取郡従三位伊波比主命に正二位、常陸国鹿嶋郡従二位勳一等建御賀豆智命に正二位、河内国河内郡従三位勳三等天兒屋根命に正三位、従四位下比賣神に従四位上を授ける。
〔32〕5月10日　過去の遣唐使・留学生のうち、奉使の途次に没した八人に位を贈り、その位記を今回の遣唐使に託す。故入唐大使贈正二位藤原朝臣清河に従一品、故留学生贈従二品安倍朝臣仲滿（仲麻呂）に正二品、故入唐使贈従四品下石川朝臣道益に従四品上、故入唐判官贈従五品下紀朝臣馬主・故入唐判官従五品下勳十二等田口朝臣養年富・故入唐判官従五品下甘南備眞人信影・故入唐判官贈従五品下紀朝臣三寅・故入唐判官従五品下掃守宿禰明（阿賀流）にそれぞれ従五品上を贈る。
〔33〕5月12日　右近衛中将従四位下藤原朝臣助を摂津国難波海口の遣唐使の許に遣わし、勅を宣して前途を励ます。
〔34〕5月13日　右少弁藤原朝臣当道、濱頭において遣唐使に太政官宣を称揚し、遣唐判官以下に犯罪があった場合、死罪以下に処する権限を大使・副使に与え、そのしるしとして節刀を付与した旨を述べる。ついで遣唐使一行、乗船。
〔35〕5月14日　遣唐船四艘、難波津を出帆。
〔36〕5月18日　摂津国輪田泊に停泊中の遣唐船の様子を調べさせるため、看督・近衛を使わしたが、道中の河川が氾濫して通行できず。あらためて左兵衛少志田辺吉備成を使わす。
〔37〕5月22日　遣唐使の平安を祈るため、参議文室秋津・常陸権介永野王、内舎人良岑清風らを山階（天智）・田原（光仁）・栢原（桓武）陵、神功皇后陵等に使わして幣帛を奉る。

［38］閏5月8日　河内国遣唐音声長良枝清上・遣唐画師雅樂答笙師良枝朝生・散位春道吉備成らの本貫を改めて右京七条二坊に偏す。
［39］閏5月13日　**遣唐使の出発にあたり、太政官、旧例に準じて、新羅に漂着した場合、同地より唐に向けて航海できるよう援助を依頼する新羅執事省宛ての牒状を、遣新羅使武蔵権大掾紀三津に付して派遣。**この日、大安寺僧伝燈大法師位恵靈を還俗させ、紀朝臣春主という姓名、そして正六位上を授ける。遣唐訳語となし、但馬権掾を兼ねさせる。
［40］閏5月14日　皇后宮職に臨時に置かれていた染作遣唐料雑物処の帛一匹、飆風にあらわれて飛んで行き、侍従所に落下。
［41］閏5月28日　遣唐留学僧元興寺僧伝燈住位常曉に満位を授ける。
［42］7月2日　遣唐使船四艘、入唐の途に就く。ついで大宰府、馳駅してこれを報じ、15日、朝廷に届く（7月15日条）。
［43］7月8日　これより先、遣唐副使小野篁の乗る第二船、肥前国松浦郡別島に漂廻。この日、篁、上奏文を草す（7月24日条・7月25日条）。
［44］7月16日　これより先、遣唐大使藤原常嗣の乗る第一船・判官菅原善主の乗る第四船、肥前国に漂廻。両人、6日・9日付で上奏文を草す。ついで10日、大宰府、馳駅して上奏文を伝える。この日、朝廷に届く。
［45］7月17日　遣唐大使藤原常嗣・判官菅原善主に勅符して、漂廻を慰労し、船舶を修造して必ず渡海すべきこと、船大工を派遣させること、及び行方不明の遣唐第二船・第三船に備えて値嘉島に見張りを置くべきこと、等を命ず。
［46］7月20日　これより先、遣唐第三船、遭難し、船舶破損。水手十六人、板を編んで作った筏（いかだ）に乗って対馬島南浦に漂着。この日、大宰府、水手漂廻のこと、及び遣唐使節六〇〇余人を供給することが困難であるので、天平宝字・宝亀両度の例に準じて、使人は帰京させ、水手は帰郷させること、また判官・録事各一人を留めて大宰府司とともに破船修造を監督させるべきこと等を飛駅して報ず。8月1日に届く（8月1日条・8月2日条）。
［47］7月24日　大宰府、馳駅して、遣唐第二船漂廻のことを報ず（8日付小野篁の奏上を伝える）。
［48］7月25日　遣唐副使小野篁に勅符して、大宰府に帰還し、船舶を修造して持節大使らとともに再び渡航すべきことを命ず。
［49］8月2日　遣唐大使藤原常嗣に勅符して、7月20日付大宰府上奏文の内容を伝え、大宰府の要請に応えて、判官以下水手以上を帰京させ、帰京を願わない者は現地に留めてもよいこと、但し、大使・副使の去留は本人の意志に任せること、破船修理監督の判官・録事の人選は大使に一任すること、等を命ず。
［50］8月4日　遣唐第三船の乗員九人、筏（いかだ）に乗って肥前国に漂着。
［51］8月8日　勅して、遣唐第三船、渡海の途中、遭難し、わずかに合わせて二十五人が漂廻したのみで、残りの判官・録事・史生・知乗船事ら一〇〇余人の行方が不明であるため、大宰府に命じて、海路に詳しい人物を絶島・無人島に遣わ

し、捜索させる。報酬として穀帛を与えることとする。
[52] 8月20日　大宰府、遣唐第三船に乗り組んだ真言請益僧真済らが筏（いかだ）に乗って漂着したことを報ず。
[53] 8月25日　大宰府、馳駅して、遣新羅使が進発したこと及び遣唐第三船が対馬島上県郡南浦に漂着し、生存者が三人のみであることを報ず。
[54] 9月15日　遣唐大使・副使、帰京して節刀を返還。
[55] 9月25日　右中弁正五位下伴氏上を修理遣唐舶使長官に、大工外従五位下三嶋嶋継を次官に任ず。
[56] 10月22日　遣新羅使紀三津、大宰府に帰着。
[57] 12月3日　遣新羅使紀三津、復命。三津、新羅に遣唐使船漂着の場合の保護を求めるために赴いたが、使命を果たせず、太政官宛ての新羅国執事省牒を得て帰国。

注

（1）筆者は、本書第一部第一章で、「長い九世紀（the long 9th century）」という概念を打ち出し、宝亀年間（七七〇～七八〇）をその起点にすることができると述べた。日本歴史においての九世紀を対外情勢との関連性のなかで説明すると、「商人」「僧侶」「漂流民」「海賊」「帰化人」「流来人」などの形態で来航する新羅人（ここには大規模化した使節団も含まれる）に対し、日本側が危機意識を明確に表出する時期と言えるが、宝亀年間の時代像も以前とは違って数多くの異国人が日本列島に殺到し、さらに、それに対し日本側は警戒心で向き合っている点で九世紀の辺境状況との同質性ないし連続性が認められるということである。本章でいう九世紀も同じ文脈で理解できよう。
（2）本書第二部第五章は、このような観点から九世紀後半の新羅問題を取り扱っている。
（3）これについては、渡邊誠「承和・貞観期の貿易政策と大宰府」（『平安時代貿易管理制度史の研究』思文閣出版、二〇一二年〔初出二〇〇三年〕）を参照。
（4）佐伯有清『最後の遣唐使』（講談社、一九七八年）は、承和の遣唐使とその周辺について考察した先駆的研究である。

（5）最近発表された研究としては、森公章「承和度の遣唐使と九世紀の対外政策」（『遣唐使と古代日本の対外政策』吉川弘文館、二〇〇八年）があげられる。ここからは関連研究史についての情報が得られる。

（6）新羅国執事省牒および「島嶼之人」については、少なくない先行研究が存在する。まず、ここでは執事省牒と「島嶼之人」について部分的あるいは専論的に考察した論稿を紹介しておく。詳細については本文で言及する。羅列は初出年度順である。佐伯有清『最後の遣唐使』（講談社、一九七八年）、酒寄雅志「渤海国中台省牒の基礎的研究」（『渤海と古代の日本』校倉書房、二〇〇一年〔初出一九八五年〕）、酒寄雅志「九・一〇世紀の国際関係を探る」（『新視点・日本の歴史』第三巻・古代編二、新人物往来社、一九九三年）、河内春人「新羅使迎接の歴史的展開」（『ヒストリア』一七〇、二〇〇〇年）、盧明鎬ほか七人共著『韓国古代中世古文書研究（上）――校勘訳注篇――』（ソウル大学校出版部、二〇〇〇年）、金恩淑「九世紀の新羅と日本の関係」（『歴史表象としての東アジア――歴史研究と歴史教育との対話――』清文堂出版、二〇〇二年）、尹善泰「新羅の文書行政と木簡」（『講座韓国古代史』第五巻、駕洛国史跡開発研究院、二〇〇二年）〔原文韓国語〕、西別府元日「九世紀前半の日羅交易と紀三津「失使旨」事件」（『中国地域と対外関係』山川出版社、二〇〇三年）、渡邊誠「承和・貞観期の貿易政策と大宰府」（『平安時代貿易管理制度史の研究』思文閣出版、二〇一二年〔初出二〇〇三年〕）、金恩淑「紀三津の新羅派遣について」（『二一世紀の歴史認識と国際理解』明石書店、二〇〇四年）、金昌錫「菁州の禄邑と香徒――新羅下代地方社会変動の一例――」（『新羅文化』二六、二〇〇五年）〔原文韓国語〕、金恩淑「日本最後の遣唐使派遣と張保皐勢力」（『韓国古代史研究』四二、二〇〇六年à『対外文物研究』四、二〇〇六年に再収録、本章では後者を参考する）、山崎雅稔「新羅国執事省からみた紀三津「失使旨」事件」（『日本中世の権力と地域社会』吉川弘文館、二〇〇七年）、森公章「承和度の遣唐使と九世紀の対外政策」（『遣唐使と古代日本の対外政策』吉川弘文館、二〇〇八年）、本書第一部第三章等。

（7）本書第一部第三章等。

（8）邨岡良弼『続日本後紀纂詁』（近藤出版部、一九一一年）などがある。諸本に関する研究紹介は、遠藤慶太『続日本後紀』の写本について」（『平安勅撰史書研究』皇學館出版部、二〇〇六年〔初出二〇〇四年〕）八一頁を参照。

（9）笹山晴生「続日本後紀」（『国史大系書目解題』下、吉川弘文館、二〇〇一年）。

(10) 遠藤慶太前掲注8論文。

(11) 笹山晴生前掲注9論文、五九～六〇頁。

(12) 盧明鎬ほか七人前掲注6書。

(13) 巻五に該当する。この条文の前半部は、後で改めて取り上げることにし、本節では転載されている執事省牒の本文に焦点をあてて考察する。

(14) 執事省：新羅の文書行政、特に王の意志を伝達するにあたって非常に重要な役割を果たした官司。但し、王命を執行する官府ではなく、王命の撰述をつかさどり、王の意志を文書化し、これを関連官府に伝達する機能を遂行したとみられる（尹善泰前掲注6論文、七一頁および八六頁）。

(15) 公牒：紀三津が新羅にもたらした牒式文書。太政官牒であろう。

(16) 本王《ほんおう》の命を奉《うけたまわ》り（奉本王命）：紀三津が所持した状によると、彼は天皇（仁明天皇）の命を奉り、新羅に渡ったとする。これは新羅使節が日本の朝廷において使用した表現と似ている。天平宝字四年（七六〇）の新羅使金貞巻らの時には「是以本国王令齎御調貢進」とし、天平宝字七年（七六三）の新羅使金体信の時には「承国王之教唯調是貢」としている（金恩淑前掲注6二〇〇六年論文、五九～六〇頁）。

(17) 函《はこ》を開き牒を覧《み》るに及び（及開函覧牒）：【　】の間にある内容は、執事省が国王の処分を請う文書に該当する（尹善泰前掲注6論文、七〇頁）。したがって、文章の主語は執事省になる。「函を開き牒を覧る」というのは、執事省に外交文書の開封権限が与えられていたことを示唆する。

(18) 主司：主管官司のこと。ここに出ている「主司」が具体的に新羅のどの官司を指すのかについては意見が分かれている。

	《主司》	《所司》
尹善泰（二〇〇二年）	領客府	礼部
金恩淑（二〇〇六年）	領客府	礼部
山崎雅稔（二〇〇七年）	執事省	領客府 or 判断不可

(19) 星使：天子または政府から派遣された使者のこと。勅使ともいう（山崎雅稔前掲注6論文、二九頁）。

(20) 般問：「盤問」と通じるか。「盤問」は、詳細に査問すること、または問い詰めること。山崎雅稔氏は、これを

「詰問」と判読しており（山崎雅稔前掲注6論文、四八頁を参照）、国史大系本は意味上「設問」が正しいだろうとし、文字を改めている。しかし、本章ではほとんどの写本で「般問」とある点を尊重する。返答の意に解すべきかもしれない。

(21) 由衷《ゆうちゅう》の賂《まいない》（由衷之賂）：誠意のある贈物。山崎雅稔前掲注6の論文、二九頁の説明に基づいた解釈である。

(22) 太政官印：奈良時代以降、太政官符・太政官牒などの公文書に使用した官印のこと。外印ともいう。太政官印についての研究としては、①木内武男「日本古印の沿革」（『日本の古印』二玄社、一九六四年）、②木内武男『日本の官印』（東京美術、一九七四年）、③中村直勝「古文書の部分研究」（『日本古文書学』下、角川書店、一九七七年）、④鎌田元一『日本古代官印の研究』（平成七年度科学研究費助成金（一般研究B）研究成果報告書、一九九六年）、⑤国立歴史民俗博物館編『〔非文字資料の基礎的研究――古印――〕報告書　日本古代印集成』（国立歴史民俗博物館、一九九六年）などがあげられる。①の一四一頁に太政官印（外印）についての説明があり、②には太政官印のカラー写真が収録されている。④には外印（太政官印）などの日本古代の官印全般に関する研究が収録されているため便利であり、⑤は日本古代印文集成の一覧表、文書印の図版などが収録しているとのことで古代官印の全体像を理解するうえで有用である。

(23) 篆跡分明《てんせきぶんみょう》なり（篆跡分明）：太政官印が篆刻されていたことを示す。実物事例については注22論文②を参照すること。

(24) 小野篁：遣隋使小野妹子以降、外交分野でも活躍した一族に属する人物である。宝亀年間の遣唐使の時は、副使石根および判官滋野が一員として参加しており、小野氏らは遣唐使事業にも精通していたものとみられる。また、篁の父親である岑守は天長元年（八二四）前後に大宰大弐を務めた人物であり、公営田の方策を提唱したことで著名である。実際に赴任することはなかったが、篁自身も天長九年（八三二）に少弐に任命され、承和四年（八三七）～六年には、小野末嗣が筑前権守を歴任し、さらに請益僧円仁が帰国した承和十四年（八四七）には大宰大弐小野恒柯がともに入京するなど、大宰府周辺との関係を持っていた（森公章前掲注6論文、二一四頁および金恩淑前掲注6二〇〇六年論文、六五～六六頁）。

(25) 嶋嶼の人（島嶼之人）：大小の島の人びとを指す言葉。これについては本文で詳細に考察する。

(26) 東西《とうざい》に利を窺《うかが》いて（東西窺利）：ここでの「東西」とは『文選』などにも見えている漢籍語として「あちこち」

の意味を持つ（西宮一民校注『新潮日本古典集成・古事記』新潮社、一九七九年、一五五頁）。但し、山崎氏が言うように、これは新羅を中心とする地理観を反映させた表現で、東は日本を、西は唐を想定した文言なのかも知れない（山崎雅稔前掲注6論文、三六頁）。執事省牒では「島嶼之人」の活動半径を指す表現として使われていると思われる。

（27）偸《ひそ》かに官印を学び、仮に公牒を造る（偸学官印、仮造公牒）：官印は前に出た太政官印を指しており、公牒は太政官印が捺されている公文書、すなわち太政官牒を指すものと考えられる。

（28）斥候の難（斥候之難）：「斥候」とは、敵情および地形など、様々な種類の状況を精察・捜索するために部隊から派遣される小規模兵力を意味する。この牒での文脈上、斥候をする側は新羅であり、斥候を避けて活動する側は「島嶼之人」になる。したがって、「斥候の難」とは、新羅側の厳しい海上警備を逃れつつ活動することが難しいとの状況を指す。

（29）白水の遊（白水之遊）：白水郎の遊。本文で詳細に考察する。

（30）専対：外交交渉の場で独自に判断できること（西別府前掲注6論文、九頁）。使者として単独で対応できる者のこと（山崎前掲注6論文、三一頁）。日本側は、天平宝字四年（七六〇）に来航した新羅の金貞巻使節に対して「専対之人」を含めて使節としての四つの条件を要求したことがある（金恩淑前掲注6二〇〇六年論文、五六頁）。新羅側は紀三津が専対に相応しくないと判断し不満を表出している。

（31）所司：所管官司のこと。奈良・平安時代においてある事案をつかさどる官司、あるいは官人の意味として使用した語。特定官司の官人を指す用語ではないようにみられる。この牒で所司が何を指すのかについては、前掲注18論文を参照。

（32）姦類：不正な輩のこと。「島嶼之人」の行為を問題視していたことがわかる。（山崎前掲注6論文、三一頁）

（33）旧好：日本と新羅との旧来の友好関係。宝亀五年（七七四）の新羅使節金三玄らに対する日本朝廷の措置を念頭においたこととされる。日本に派遣された金三玄は自分の使行目的を「奉本国王教、請修旧好、毎相聘問」としているが、当時日本側はこれを「無礼」と規定したうえ「放還」する（金恩淑前掲注6二〇〇六年論文、六〇頁）。

（34）況んや貞観中《ていかんちゅう》、高表仁彼《かれ》に到るの後《のち》、惟《た》だ我《われ》にのみ是《こ》れ頼む。唇歯《しんし》相須《あいもち》いるは、其《そ》の来《き》たること久《ひさ》し（況貞観中、高表仁到彼之後、惟我是頼、唇歯相須、其来久矣）：舒明天皇四年（六三二）に日本の第一次遣唐使が新羅の沿岸を経て帰国する時、唐が高表仁らを送使としてともに遣わし、この時、新羅も日本に送使を送ったが、それを指すものと考えられる。この牒では日本が唐と交渉する際に、新羅の協力および仲介が常に必要であるとのことを強調しているように思われる（金恩淑前掲注6二〇〇六年論文、六〇～六一頁および山崎雅稔前掲注6の論文、三二～三四頁）一方、高表仁の来日についての専論的研究には、金鉉球「初期の日・唐関係に関する一考察――『日本書紀』〝高表仁の来日〟記事を中心に――」（『日本歴史』四二三、一九八三年）がある。

(35) 並びに菁州《せいしゅう》に牒し（并牒菁州）：菁州は、新羅の九州の一つ。康州ともいう。現在の慶尚南道西部にあたる広域行政区画で、州治は慶尚南道晋州市に置かれた。外国使節が到着すると、訪問目的の把握、外交文書の受付、王京への送付など、一次的迎接業務を果たし、また、日本使節の滞在時に寝食提供をはじめ、諸般措置を司ったものと推定される。この牒に「量事支給過海程粮、放還本国」とあることからは、日本使節の本国帰還時、食糧調達などの渡航手続きをも担当したことがわかる（本書第一部第三章）。

(36) 判《はん》を奉《うけたまわ》るに（奉判）：奉判とは、「新羅王の判を奉る」との意で、「判」とは処分を請うたことに対する新羅王の指示であると思われる（尹善泰前掲注6論文、六九～七一頁）。

(37) 請うらくは詳悉《しょうしつ》を垂《た》れんことを（請垂詳悉者）：詳悉とは、詳細に調査し問題を明らかにすること、あるいは非常に詳細であること、またそのようなあり様。つまり、新羅側が紀三津に対して抱いている疑いを日本国太政官が解いてほしいとの要請の意味が含まれている。

(38) 幾つかの先行研究ではここにみえる「商帆」を「新羅商人の船」と断定する傾向が見て取れるが（西別府元日前掲注6論文、金恩淑前掲注6二〇〇六年論文）、必ずしも「新羅商人」に限られているわけではないように判断される。

(39) この問題については、西別府元日前掲注6論文、六～七頁および山崎雅稔前掲注6論文、二〇～二一頁が参考になる。

(40) 西別府元日前掲注6論文、六～七頁では、「恕小人荒迫之罪、申大国寛弘之理」のような姿勢を言及しているが、これに対して『続日本後紀』の編者が明確に反感をあらわした痕跡は見出せないのではないかと思われる。

(41) 河内春人前掲注6の論文、一八頁。

（42）八世紀以降に任命された遣新羅使（大使）とその官位を検討してみると、大宝三年（七〇三）九月の波多広足が従五位下、慶雲元年（七〇四）十月の幡文通が正六位上、同三年（七〇六）八月の美努浄麻呂が従五位下、和銅五年（七一二）九月の道首名が従五位下、養老二年（七一八）三月の小野馬養が正五位下、同三年（七一九）閏七月の白猪広成が従六位下、同六年（七二二）五月の津主治麻呂が正七位下、神亀元年（七二四）八月の土師豊麻呂が従五位下、天平四年（七三二）正月の角家主が従五位下、同八年（七三六）二月の阿倍継麻呂が従五位下、同十二年（七四〇）三月の紀必登が従五位下、天平勝宝四年（七五二）正月の山口人麻呂が正七位下、同五年（七五三）二月の小野田守が従五位下、宝亀十年（七七九）二月の下道長人が正六位上であることがわかり、ここからは正式な遣新羅使の大使となる者が六位または七位の位階をもつ場合が複数確認される。したがって、紀三津がレベルの低い「緑衫」であったため「専対」として認められなかったとは考え難い。

（43）注41と同じ。

（44）『類聚三代格』巻六・承和元年（八三四）八月二十日官符に引用されている官符。

（45）『類聚三代格』巻十五・承和元年（八三四）八月二十日官符に引用されている官符。

（46）西別府元日前掲注6論文、一〇頁。

（47）金恩淑前掲注6二〇〇六年論文。但し、二〇〇二年・二〇〇四年論文では「『島嶼之人』についての話は紀三津が太政官牒を偽造した可能性を言う脈絡で出たため、日本の『島嶼之人』のことを指していると思われる」と述べた。二〇〇六年論文の時に既存の見解を修正したことになる。

（48）山崎雅稔前掲注6論文。

（49）渡邊誠前掲注6論文、三一頁。

（50）古代日本の官印については、注22で紹介した一連の研究が参照になる。新羅側が紀三津が偽使である可能性について警戒をしたが、後には日本の正式使節と認め、結局、その便で太政官宛ての執事省の公式文書（牒）を送るようになったことも、太政官印（篆刻か）が分明であったこと（＝偽造とは思えない官印と判断したこと）と無関係ではないようにみられる。

（51）渡邊誠前掲注6論文、四四〜四五頁。ここでは、山崎雅稔の反論（山崎前掲注6論文）に対する再反論の形式（二〇〇三年初出論文の注釈を補強する方式）で論じている。

(52) 盧明鎬ほか七人前掲注6書、四三八頁および尹善泰注6論文、六七〜六八頁。
(53) 『宣和奉使高麗図経』巻三四・海道一・白水洋。
(54) ttp://koreamaritimefoundation.or.kr/info/DBCenter/DBCenter_List_View.asp（韓国海洋財団・海洋学術情報データベースセンターの説明）を参照。
(55) 鴻巣隼雄「古代『白水郎』表記の伝来と中国縁起」（『(季刊) 文学・語学』四四、一九六七年）
(56) 山崎雅稔前掲注6論文、三五頁。
(57) 小島憲之「『白水郎』考」（『上代日本文学と中国文学』中、塙書房、一九六四年）、鴻巣隼雄「わが国における古代白水郎の研究――主として中国白水郎の巫祝的生態に関する試論――」（『国語と国文学』五二一、一九六七年）、鴻巣隼雄前掲注54論文、藪田嘉一郎「白水郎考」（『日本民族と南方文化』平凡社、一九六八年）、福島好和「古代諸国貢納水産物の分布について――その歴史地理学的考察――」（『人文地理』二三―五、一九七一年）、福島好和「土蜘蛛伝説の成立について」（『人文論究』二一―二、一九七一年）、福島好和「白水郎と海人」（『関西学院史学』二二、一九八八年）、新川登亀男「白水郎の伝承と海の神」（『日本古代史を生きた人々』大修館書店、二〇〇七年〔初出一九八八年〕）。
(58) 藪田嘉一郎前掲注57論文、四二三頁。
(59) 藪田嘉一郎前掲注57論文、四三七頁。
(60) 注57と同じ。
(61) 小島憲之前掲注57論文。
(62) 鴻巣隼雄前掲注55論文およびこれを除いた注56論文。
(63) 新川登亀男前掲注57論文。研究史の整理もこの論文を参照した。
(64) それぞれの風土記は、成立事情および編述方式が異なるが、風土記の成立時期については、和銅六年（七一三）の官命を受けた直後、国ごとに編纂が完了したと考えられている。大体八世紀頃の記録とみていいだろう（福島好和前掲注56一九八八年論文、四四頁）。
(65) 福島好和前掲注57一九八八年論文、四四頁。
(66) 福島好和前掲注57一九八八年論文、四〇〜四三頁。

(67) 福島好和前掲注57一九八八年論文、四五頁。
(68) より詳細な考察については、本書第一部第三章を参照すること。
(69) より詳細な考察については、本書第二部第五章を参照すること。
(70) 注69と同じ。
(71) 李成市『東アジアの王権と交易――正倉院の宝物が来たもうひとつの道――』(青木書店、一九九七年)。

第二部　新羅海賊と日本列島

第五章　貞観年間における弩師配置と新羅問題

はじめに

九世紀後半になると新羅人来着の事例が顕著に増加する。そして、新羅人の来着によって発生する新羅問題は、日本の支配層の立場からみれば、よりいっそう火急な懸案となっていたことは間違いない。(1)

九世紀に頻発する新羅問題に対して、日本がさまざまな防備策で対応していたことが多様な史料から確認される。特に、新羅海賊のような現実的脅威に対して、俘囚の配置、統領・選士の増員、健児の活用など、人力の増員・再配置などの軍事的な対策を立てて対応していったことが指摘できる。同じ時期に行われた縁海地域における弩師の配置もそのような防備策の一環として評価できよう。最近、こうした縁海地域への防備対策についての分析を試みた研究が学界に報告されたが(2)、それは健児・統領・選士・俘囚を中心にした見解であり、それ以外の対策一つ一つに関する具体的な分析は依然として十分ではないように思われる。

そこで、本章では詳しく論じられたことのない海防対策のうち、とくに貞観期（八五九〜八七七）の弩師の配置に焦点を当てて考察を行い、[3] 九世紀後半の海防対策の持つ特徴を解き明かしていきたい。

一　縁海諸国への弩師配置と赴任者

一　弩師配置の現況と特徴

まず、貞観期における弩師の補任を伝える記事を列記する。

〔史料一―①〕『類聚三代格』貞観十一年（八六九）三月七日官符

太政官符

　応停史生一人補弩師事

右得隠岐国解偁、被太政官去貞観九年五月廿六日符偁、新羅凶醜不顧恩義、早懐毒心常為咒咀、廼者兆卦之数告兵革、卜筮之識不可不慎、右大臣（藤良相）宣、奉勅、彼国地在辺要、堺近新羅、警備之謀当異他国、宜早下知殊令警護者、此国素無弩「師」具、又無其師、望請、省史生任弩師、少大之賊応機討滅、謹請官裁者、中納言兼左近衛大将従三位行陸奥出羽按察使藤原朝臣基経宣、奉勅、依請、

　　貞観十一年三月七日

〔史料一―②〕『日本三代実録』同日条

　勅廃隠岐国史生一員、置弩師一員。

〔史料二―①〕『類聚三代格』貞観十一年（八六九）十一月二十九日官符

太政官符
　応停史生一人任弩師事
右得長門国解偁、此国素置軍団調習兵戎、而有弩機無其師、若有不虞何得適用、望請、停史生置弩師、謹請
官裁者、大納言正三位兼行皇太子傅藤原朝臣氏宗宣、奉勅、依請、
　　　貞観十一年十一月廿九日

〔史料二―②〕『日本三代実録』貞観十一年（八六九）十二月二日条

省長門国史生一員、置弩師一員。

〔史料三―①〕『類聚三代格』貞観十二年（八七〇）五月十九日官符

太政官符
　応以権史生鴈高松雄遷補弩師事
右得出雲国解偁、謹案太政官去二月十二日下当道符偁、大宰府解偁、大鳥集于兵庫楼上、訪之卜筮当有隣国兵事者、如聞、新羅商船時々到着、仮令託事商売来為侵暴、忽无其備恐同慢蔵、右大臣（藤氏宗）宣、奉勅、居安慮危、有国所先、慎微防萌、安民急務、宜仰縁海国勤修武衛屢加巡察俾慎斥候、又作「候」〔ママ〕弩調習以備機急、兼有堪為師者点定言上者、今件松雄昔備宿衛頗習兵弩、見其才略良堪為師、望請、遷補弩師令伝其術、秩限六年俸准一分、謹請官裁者、従三位守大納言兼左近衛大将行陸奥出羽按察使藤原朝臣基経宣、奉勅、宜依請補之、但史生一人待闕停止永補弩師、
　　　貞観十二年五月十九日

〔史料三―②〕『日本三代実録』貞観十二年（八七〇）五月十九日官符

勅出雲国廃史生一員、置弩師一員、永以為例。即以権史生従八位下鴈高宿祢松雄為弩師、以善作弩也。

〔史料四〕『類聚三代格』貞観十二年（八七〇）七月十九日官符

太政官符

応減史生一員置弩師事

右得因幡国解偁、被太政官去二月十二日符偁、有堪弩師者択定言上者、因捜求部内黄文真泉、元直宿衛能習弩術、望請、補之弩師勤修武術者、従三位大納言兼左近衛大将行陸奥出羽按察使藤原朝臣基経宣、奉勅、宜減史生一人依請補之、

貞観十二年七月十九日

〔史料五〕『日本三代実録』貞観十二年（八七〇）八月二十八日条

先是、対馬嶋言、境近新羅、動恐侵掠、既無其師、弩機何用。絶域孤嶋、誰救警急。廼者有聞、彼国寇賊、学鉫習戦。若不予備、恐難応卒。望請置弩師一員。勅大宰府簡択其人、補任置之、立為恒例。

〔史料六〕『類聚三代格』貞観十三年（八七一）八月十六日官符

太政官符

応停史生一員置弩師事

右得伯耆国解偁、太政官去年二月十二日符偁、有堪弩師者択定言上者、謹依符旨歴試其術、高市金守誠堪為師、望請、以件金守補任弩師者、従三位守大納言兼左近衛大将陸奥出羽按察使藤原朝臣基経宣、奉勅、依請、但停史生一員永置弩師、

貞観十三年八月十六日

〔史料七〕『類聚三代格』貞観十七年（八七五）十一月十三日官符

太政官符

応停史生一員補弩師事

右得石見国解偁、被太政官去二月七日符偁、津守稲利去正月廿二日任彼国弩師畢者、国依符旨任用已畢、而今件弩師是新置之職、至于俸料未知拠行、望請、准出雲伯耆等国例停史生一人宛給其公廨、謹請官裁者、右大臣《（基経）》宣、奉勅、依請、

貞観十七年十一年十三日

以上の史料からは、隠岐⇒長門⇒出雲⇒因幡⇒対馬⇒伯耆⇒石見の順番にそれぞれ一人の弩師が置かれたことが確認できる。これら七ヶ所はすべて現在の若狭湾以西に位置しており、長門や対馬を除いた五ヶ所は山陰道諸国にあたる地域である。長門の場合も本来山陽道として分類されるが、実質的には山陰道の西端である石見に隣接しており、山陰道諸国と同じく日本海沿岸(4)に面している点から、隠岐、出雲、因幡、伯耆、石見の五ヶ所とある程度同質的な圏域に属していたと見てよいだろう。そうすると、貞観期における弩師配置とは、山陰道地域の持つ特殊な事情と密接に関わっていた可能性が高いと言えよう(5)。

ついで弩師が置かれた時期に注目してみると、貞観十一年が二件、貞観十二年が三件、貞観十三年が一件、貞観十七年が一件であり、七件のうち六件が貞観十一年〜十三年に集中していることがわかる。これは弩師の配置が貞観十一年〜十三年前後の時期における国内外の動向と深い関連性を持っていたことを暗示する(6)。

これらの二つの特徴から、弩師補任がなぜ他の地域より山陰道に集中するのか、なぜ他の時期ではなく貞観十

一年から十三年の間なのか、という二つの疑問が生じる。以下ではこれらの疑問点に留意しながら議論を進めたい。

二　弩師の担い手

山陰道を中心とした縁海諸国に配置された弩師は、実際にいかなる役割を果たしていたのか。それを明確に示す史料は見当たらないが、前に掲げた〔史料一〕～〔史料七〕には弩師がいかに機能していたのかを物語る記述が見られる。

〔史料三―①〕の「作「候〔ママ〕」弩調習以備機急」、〔史料三―②〕の「鴈高宿祢松雄為弩師、以善作弩也」という文言から、弩師とは、弩の製作や操作練習をつかさどるものであり、緊急状況・非常事態に備える任務を果たすものであったと考えられる。さらに、同史料で「伝其術」を命じていることからは、自分の保持している技術を伝授するように義務付けられていたと推測される。

弩師に補任される人材は現地で充当されたように思われる。〔史料三―①〕〔史料四〕〔史料六〕は、縁海の諸国が「有堪弩師者択定言上者」と言った貞観十二年二月十二日付の太政官の下知に基づき、「部内」[7]から一人の適任者を選定し、言上する経緯を伝えている。また、〔史料五〕には「勅大宰府簡択其人、補任置之、立為恒例」とあり、対馬嶋を管轄する大宰府が適任者を選出することを基本方針としていたことが確認される。

山陰道諸国に補任されたと見られる弩師のうち、出雲の鴈高松雄（〔史料三―①・②〕）・因幡の黄文真泉（〔史料四〕）・伯耆の高市金守（〔史料六〕）・石見の津守稲利（〔史料七〕）などは具体的な人名まで知られる。では、彼らはいったいなぜ弩師に選ばれたのか。

残念ながら、右に列挙した四人の名前が、他の史料からは見当たらない。しかし、彼らの持つ氏名からは、ある程度の情報を得ることができる。まず、〔史料三―①・②〕に見える鴈高松雄についてで、〔史料三―②〕の記載から鴈高宿祢の姓をもつことが確認される。鴈高宿祢の旧姓は元々昆解であったが、宝亀六年（七七五）八月に昆解沙弥麻呂が宿祢の姓を賜わり、(8) さらに延暦四年（七八五）五月に鴈高宿祢の氏姓を賜わった。(9)『新撰姓氏録』には「鴈高宿祢、百済国の貴首王自り出づ」(10) とあるので、〔史料三―①・②〕に見える鴈高松雄は百済系渡来人を先祖としていることがわかる。なお、鴈高宿祢の同族と考えられる氏族に無姓の昆解氏がおり、承和二年（八三五）五月に広野宿祢の氏姓を賜わっている。(11) 興味深いことは、当該氏族も百済系渡来人のように思われる点である。(12)

ついで、〔史料四〕の黄文真泉について考えてみよう。この人物の場合、いかなる姓を持っていたのか不明であるが、『新撰姓氏録』に「黄文連、高麗国の人、久斯祁王自り出づ」(13) と見えていることから、高麗（＝高句麗）系氏族である可能性が想定される。

次は〔史料七〕の津守稲利であるが、彼のことも他の史料には見当たらない。但し津守氏に関しては『新撰姓氏録』に「津守宿祢、尾張宿祢と同じき祖。火明命の八世孫、大御日足尼の後なり」(14) とあり、推論の糸口になるだろう。この津守宿祢の旧姓は津守連と知られているが、(15) 津守連一族のうち、津守連己麻奴跪は遣百済使、(16) 津守連大海は遣高句麗使、(17) 津守連吉祥は遣唐使になっているのをはじめ、(18) 津守宿祢客人が遣唐使神主、(19) 津守宿祢池吉が遣唐神主、(20) 津守宿祢男足が遣渤海神主、(21) 津守宿祢国麻呂が遣唐主神であったように、(22) 相次いで遣唐・遣渤海神主（主神）を担っていたことがわかる。

以上の弩師三人については、他にその名が見えないにも関わらず、彼らが持つ氏姓の性格を分析すると、渡来系氏族か、あるいは朝鮮半島諸国や唐に使者として遣わされた氏族出身の人物が任命されている事実が窺がえる。

しかし、問題は〔史料六〕の高市金守である。他の三人の弩師と同じく高市金守という人名は他の史料には見えない。よって、彼の性格についても氏族の出自から推測するしかない。高市の氏名は、大和国高市郡（現在の奈良県高市郡）の地名に基づく。『日本書紀』天武十二年（六八三）十月己未条に「…高市県主、…賜姓曰連」とあるように、県主から後に連となったことがわかる。「高市連」は『新撰姓氏録』においては右京神別下に属しており、一見、先に検討した三人の弩師とは性格を異にしているように見られる。但し、『続日本紀』には「高市連大国」「高市連真麻呂」の名前が「大鋳師」として見えており、彼らは東大寺大仏鋳造に関与したと記されていることから、高市氏族がモノづくりに長じていたと推察できる。これは、〔史料四〕の「黄文」氏が「画工」に長けていたことに重なる。(23)

さらに「高市連屋守」は大和国高市郡の擬大領、「高市連広君」は同郡の擬少領であったことから(24)大和国高市郡の郡領氏族出身であることがわかる。『倭名類聚抄』によれば、高市郡には、巨勢・波多・遊部・檜前・久米・雲梯・賀美の七つの郷があったようであり、そのうち、巨勢・波多・檜前郷等地には渡来人が集団で居住していたようである。(25)高市氏は当該地域の有力氏族として渡来系氏族との頻繁な接触を通じて、弩の製作技術や使用技術のような能力を身に付けていた可能性もある。

一方、貞観期以外の時期にも弩に関わっていた人物が何人か確認される。まず『続日本後紀』承和二年（八三五）九月十三日条には、新弩を開発した島木史真が見えている。興味をひくのは、『新撰姓氏録』には「島木史、高麗国の能祁王より出づ(26)」と記されている点である。ついで『日本三代実録』元慶四年（八八〇）二月十七日条からは「（陸奥国）前弩師従七位上秦忌寸能仁」が、『類聚符宣抄』巻七・天暦八年（九五四）十二月二十九日の宣からは「出雲弩師桑原値生」が確認される。「秦忌寸」ついては『新撰姓氏録』第二十五巻・山城国諸蕃や、同第二十六巻・大和国諸蕃、さらに同第二十一巻・左京諸番上などに漢系渡来氏族として出ている。そして「桑原値」の場合は、『新撰姓氏録』に「桑原村主と同じき祖」(27)とあり、漢系氏族の後裔であることがわかる。この「桑原値」についての記述は『続日本紀』天平宝字二年（七五八）六月乙丑条にも見られる。そこには「桑原史年足」が「値」の姓を賜わったとあり、この情報からは「桑原値」の旧姓が「桑原史」であったことが確認できる。ところが「桑原史」は、『新撰姓氏録』第二十五巻・山城国諸蕃に狛国（＝高句麗）系氏族として見えている。それぞれ漢系・高句麗系であることが記されているが、いずれにせよ、渡来系氏族の後裔といえる。

弩師の人名が明らかに見える史料はわずかであるので、断定はできないが、弩師に補任する人物の出自が朝鮮半島系ないしは中国大陸系の渡来氏族となっているのは、単なる偶然というよりは何らかの理由があるからではないだろうか。(28)

例えば、山陰道弩師のもとになった氏族が渡日する前から身につけていた弩製作・操作能力が以後にも高く評価されたためかも知れないし、日本側が新羅によって滅ぼされた高句麗・百済出身の氏族（鴈高・黄文・島木）、あるいは新羅を除いた高句麗・渤海・百済との外交に深く関わった氏族（津守）の持っていたであろう新羅に対する特殊な感情を活用しようとした可能性も想定できる。実際、八世紀の段階には、渡来系軍事貴族、特に百済系・高句麗系の王族や貴族が新羅出兵計画に深く関与していたという指摘もあるし、奈良時代の律令軍制においても渡来系の武士たちが一定の役割を果したという評価もある。(29)そういう意味では渡来系氏族が九世紀の弩師運用においても重要な地位を占めていたというのは、十分にあり得る話である。

二　四天王法と新羅問題

一　山陰道諸国における四天王法と新羅

隠岐国への弩師配置を伝えている前掲〔史料一―①〕では、その法的根拠を貞観九年五月二十六日付の太政官符に置いているのが注目される。ここではひとまずその太政官符の中身を検討してみよう。参考になるのが次の〔史料八〕である。

〔史料八〕『日本三代実録』貞観九年（八六七）五月二十六日条

造八幅四天王像五鋪、各一鋪下伯耆、出雲、石見、隠岐、長門等国。下知国司曰、彼国地在西極、堺近新羅、警備之謀、当異他国。宜帰命尊像、勤誡修法、調伏賊心、消却災変。仍須点択地勢高敞瞼瞰賊境之道場、若素无道場、新択善地、建立仁祠、安置尊像。請国分寺及部内練行精進僧四口、各当像前依最勝王経四天王護国品、昼転経巻、夜誦神咒、春秋二時別一七日、清浄堅固、依法薫修。

〔史料八〕によると、八幅の四天王像五鋪を造り、各一鋪を伯耆、出雲、石見、隠岐、長門などの国に下すという。そもそもこれらの国の地は「西極」にあり、堺は新羅と接するため、他国に増して警護の必要があるというのである。そこで四天王法を行い、「賊心」を「調伏」し、「災変」を「消却」すべきだとしている。その方法は、尊像を安置し、国分寺及び部内の練行精進僧四口を請い、各像の前に、最勝王経四天王護国品に基づき、昼は経巻を転じ、夜は神咒を誦し、春秋二時ごとに十七日、清浄堅固にして、法によって薫修すべきことを定めている。但し〔史料八〕の内容は、貞観期に突出したものではなく、次の〔史料九〕に基づくものと考えられる。

〔史料九〕『類聚三代格』巻二　宝亀五年（七七四）三月三日官符

太政官符

応奉造四天王寺捻像四軀事〈各高六尺〉

右被内大臣従二位藤原朝臣《（良継）》宣偁、奉勅、如聞新羅兇醜不顧恩義、早懐毒心常為咒詛、仏神難誣慮或報応、宜令太宰府直新羅国高顕浄地奉造件像攘却其災、仍請浄行僧四口、各当像前、一事以上依最勝王経四天王護国品、日読経王、夜誦神咒、但春秋二時別一七日、弥益精進依法修行、仍監已上一人専当其事、其僧別法服、麻袈裟蔭脊各一領、麻裳綿袴各一腰、絁綿襖子汗衫各一領、襪菲各一両、布施絁一疋、綿三屯、布二端、供養布施並用庫物及正税、自今以後永為恒例、

宝亀五年三月三日

『扶桑略紀』宝亀五年（七七四）是歳条に「太宰府起四王院」とあるように、西海道においての四王院は宝亀五年（七七四）に創建されたと見て良いだろう。右の〔史料九〕には、その四王院が設置された目的や、そこで行なわれる四天王法の具体的な内容が記されている。その内容によれば、四王院は新羅・新羅人との緊張関係を背景に、国家鎮護を目的として設置され、そこで行なわれる四天王法については、僧侶四人が、四天王の各像の前で最勝王経・四天王護国品によって、昼は経巻を読み、夜は神咒を誦すこと、春秋の四天王修法を行なうべきこと、供養の布施は大宰府の庫物ならびに正税を用いること、などが定められている。(30)

この〔史料九〕で「宜しく大宰府として新羅に直する高顕の浄地に件の像を造り奉り、その災を攘却せしむべし」とあることは、〔史料八〕の「よりて、須らく地勢の高敞にして、賊境を瞼瞰するの道場を点択すべし」という文言と意味が通じ合う。それは四天王法が行なわれる場所の立地条件でありながら、弩師が置かれる場所の条件でもあるだろう。

ついで四天王法において新羅の存在が強く意識されていた時代的背景について考えてみよう。先行研究では〔史料九〕で確認される対新羅認識について、同じ年に大宰府に来泊した新羅史金三玄が「元来臣と称し調を貢す」べきなのに「調は信物と称し、朝貢は修好とな」した行為は、はなはだ「無礼教」であるとして放還された事件[31]に関わる施策として出されたものと見ている。[32]もちろん、それはそれなりに説得力があるとは思われるが、〔史料九〕を次の史料と付き合わせて考えてみればどうであろうか。

〔史料十〕『類聚三代格』巻十八　宝亀五年（七七四）五月十七日官符

太政官符

応大宰府放還流来新羅人事

右被内大臣《藤良継》宣、奉勅、如聞、新羅国人時有来着、或是帰化、或是流来、凡此流来非其本意、宜毎到放還以彰弘恕、若駕船破損、亦無資糧者、量加修理、給糧発遣、但帰化来者、依例申上、自今以後、立為永例、自今以後、立為永例、

宝亀五年五月十七日

〔史料十〕によると、太政官が大宰府に勅して、この頃、頻りに来着して日本に留まる新羅人は、帰化ではなく、漂着が多いという。そこで以後このような新羅人には必要な船や食料を支給して帰国させるべきことを命じているのである。

ここでの「この頃」とは、宝亀五年（七七四）三月三日官符が出される時期を含むものと考えられる。この時期における新羅人の来着事例一つ一つについては史料から目にすることが難しいが、漂着の形で新羅人の来着が頻繁になされたことは間違いないだろう。さらに、宝亀五年（七七四）三月三日官符に見えるような四天王修法を大宰府辺りで行なったことも〔史料十〕に見える新羅人の来着状況と無関係ではないだろうか。つまり、宝亀五年を前後とする時期に新羅人が頻繁に来着すること自体が問題視されていたのではないだろうか。そういう意味では〔史料十〕は〔史料九〕が行なわれていた当時の状況をよく示すものと言えるだろう。

〔史料十二〕『日本三代実録』元慶二年（八七八）六月二十三日条

勅、令因幡、伯耆、出雲、隠岐、長門等国、調習人兵、修繕器械、戒慎斥候、固護要害。災消異伏、理帰仏神。亦須境内群神班幣、於四天王像僧前修調伏法。以著龜告加邊警也。

右の〔史料十二〕は、元慶年間の状況を伝えている。これによると、蓍亀により縁海諸国への警固の必要性が告げられたため、因幡、伯耆、出雲、隠岐、長門などの日本海沿岸の諸国に命じて、四天王像の前において「調伏の法」を行なわせたという。ところが、〔史料十二〕に見える措置が当時のいかなる状況を意識したものなのかは明らかではない。但し、上引の〔史料八〕の事例と同じく山陰道をはじめとした縁海諸国で警備を固め、四天王像の前で調伏の修法が行なわれている事実から、貞観年間に当該地域が直面していた状況が、元慶初期まで持続した可能性は十分に推察できる。これは、現存史料には伝えられていないが、元慶期においても山陰道への新羅人の来着、あるいは新羅人と現地人との接触が珍しくはなかったことを逆説的に物語っているものであり、そうした中で増幅された新羅・新羅人に対する警戒意識が〔史料十一〕の四天王修法として現われたものと考えられる。

四天王像前で読まれたものは、奈良時代前後において最も強く思想界を支配した金光明最勝王経四天王護国品である。[33] 四天王護国品を護持することにより、「怨敵」「飢饉」「疾疫」などを鎮めることができ、特に「隣国怨敵」が四兵を具して境界を侵犯し、諸々の災変、疫病が発生しようとする時、この経典の力によって未然に防ぐというのである。すなわち、四天王護国品は、対新羅関係が緊張した際に読経されるものとして極めてふさわしい内容をもっていたと言えよう。[34]

一方、最近では朝鮮半島の新羅も四天王寺を造営し、四天王法を行なったという研究が報告され、注目を集めている。[35] それによると、『三国遺事』巻二・文虎王法敏条に見られる新羅の四天王法は極めて反唐的性格をもっていたという。そのような四天王寺造営の対自的性格は、九世紀後半に山陰道をはじめ日本海沿岸地域を中心に行われた四天王法の事例とかなり類似していることに注目してみると、四天王法が当時の東アジア諸国のなかで「調伏の法」として通用していた可能性も無視できないだろう。そういう意味では〔史料九〕に見られる「新羅凶醜、恩義を顧みず。早く毒心を懐き、常に呪詛をなす」というような事例、すなわち新羅が日本に対して呪詛をかける諸事例を分析し、新羅・日本両国が互いに敵国調伏で対抗する構造が生まれていたと論じた近年の一研究は十分に吟味してみる価値があるように思われる。[36]

二　弩師配置の背景としての新羅問題

さて、以下では、貞観期において特に山陰道を中心とする縁海諸国へ弩師が置かれた理由は何なのかについて考えてみよう。ここでは、通謀事件、漂着事例、海賊事件と関連づけて論じることとする。(37)

①　通謀事件

まず、前掲〔史料一〕でも確認されるように、山陰道をはじめとした縁海諸国のうち、一番最初に弩師が置かれた隠岐国の事情へ目を向けてみよう。

〔史料十二〕『日本三代実録』貞観十一年（八六九）十月二十六日条
太政官論奏曰、刑部省断罪文云、貞観八年隠岐国浪人安曇福雄密告。前守正六位上越智宿祢貞厚、与新羅人同謀反造。遣使推之、福雄所告事是誣也。至是法官覆奏、福雄応反坐斬。但貞厚知部内有殺人者不挙。仍応官当者。詔、斬罪宜減一等処之遠流。自余論之如法。

右の事例は、貞観八年（八六六）、隠岐国の浪人安曇福雄が、隠岐国前守越智貞厚と新羅人との反逆計画を密告した内容となっている。結局、その密告は虚偽であったのが明らかにされ、刑部省は誣告した福雄を斬刑に処すべきと上申したという。

〔史料十二〕に見られる貞観八年（八六六）の通謀事件は、〔史料一―①〕官符が出された法的根拠となる〔史料八〕よりも時期的に若干先行していることが注目される。つまり、〔史料十二〕のような動きが〔史料八〕に見えている新羅への警戒意識を生成ないしは増幅させた可能性が考えられるわけである。

さらに、次の〔史料十三〕と〔史料十四〕との二例からもわかるように、同時期（＝貞観八年前後）に「辺境」における日本人と新羅人との結託・通謀事件が発覚することによって、新羅人の来着、そして、それに伴う新羅人と当該地域の日本人との（あらゆる意味での）「私的交流」が顕在化していったものと考えられる。このような流れのなかで隠岐国をはじめとした山陰道諸国に対する海防策の必要性が高まっていったわけである。

〔史料十三〕『日本三代実録』貞観八年（八六六）七月十五日条

大宰府馳駅奏言、肥前国基肆郡人川邊豊穂告、同郡擬大領山春永語豊穂云、与新羅人珎賓長、共渡入新羅国、教造兵弩器械之術。還来将撃取対馬嶋。藤津郡領葛津貞津、高来郡擬大領大刀主、彼杵郡人永岡藤津等、是同謀者也。仍副射手卌五人名簿進之。

〔史料十四―①〕『日本三代実録』貞観十二年（八七〇）十一月十三日条

筑後権史生正七位上佐伯宿祢真継奉進新羅国牒、即告大宰少弐従五位下藤原朝臣元利万侶与新羅国王通謀欲害国家、禁真継身付検非違使。

〔史料十四―②〕『日本三代実録』貞観十二年十一月一七日条

勅大宰府、追禁少弐藤原朝臣元利万侶、前主工上家人、浪人清原宗継、中臣年麿、興世有年等五人。以従五位下行大内記安倍朝臣興行、為遣大宰府推問密告使、判官一人、主典一人。

〔史料十三〕は大宰府が馳駅して、肥前国人らが新羅人珍賓長と共に新羅に渡り入り、兵弩機械を造る技術を教わり還って来て、対馬を討ち取ろうとの計画があったことを報告し、通謀の証拠として射手四十五人の名簿を進めたことを伝えている。(38)通謀に関与した者（＝共謀者）のうち、具体的に名前まで知ることができる人物は合わせて三人で、それぞれ「藤津郡領」「高来郡擬大領」「彼杵郡人」として登場する。このことから肥前国の郡領層が新羅人と何らかの形で結託していた様子が窺がえる。

〔史料十四〕に見られる大宰少弐藤原元利万侶と新羅人との通謀事件は、筑後権史生佐伯真継が、「新羅国牒」を証拠にして、元利万侶が新羅国王と共謀して国家を害せんとすることを告発した出来事である。朝廷は元利万侶及び共謀者として上家人、清原宗継、中臣年麿、興世有年ら五人の身柄を拘束し、大宰府に推問密告使を派遣したが、その後の処分については史料に見られないため、通謀の真偽は不明である。特に、新羅国王が大宰少弐と通謀したという設定に対しては疑問が残る。但し、当時新羅から齎された牒式文書（牒状）は、大宰府のみならず、場合によっては筑前国(39)や肥後国(40)などで受付する事例もあったことから、筑後権史生である佐伯真継が「新羅国牒」を入手したということ自体は、十分にあり得る話とみてよいだろう。(41)

以上で検討した三つの通謀事件が起きた場が、それぞれ山陰道の「隠岐国」であり、有明海沿岸の「肥前国」であり、また、大宰少弐藤原元利万侶を密告した者も「筑前」の権史生であることを考慮すれば、この時期に問題視された「新羅商船」（史料三―①）（史料十七）とは、大宰府博多津以外の地点に来航し、大宰府管理下に属さない新羅商人の船であり、だからこそ強い不信感を齎したものと考えられる。(42)

②　山陰道への漂着事例

〔史料十五〕『日本三代実録』貞観五年（八六三）十一月十七日条

先是、丹後国言、細羅国人五十四人来着竹野郡松原村、問其来由、言語不通、文書無解、其長頭屎烏舎漢書答云、新羅東方別嶋、細羅国人也、自外更無詞。因幡国言、新羅国人五十七人、来着荒坂浜頭、略似商人。是日、勅給程粮、放却本蕃。

この史料は、丹後国が細羅国人の来着を報告するものである。細羅国人の屎烏舎漢ら五十四人が竹野郡松原村に来着した際、来着の理由をたずねると、彼らと言語・文書による意思疎通がうまくできなかったようである。それでも「長頭」の屎烏舎漢はどうやら自分らが新羅東方の別島細羅国人と答えたという。

さらに、史料の後半部には、因幡国のことが伝えられる。新羅人五十七人が荒坂浜に来着したことを報告する場面である。新羅人らについて「ほぼ商人に似たり」と言っている。記事の内容からは、帰国させられる際に路糧を支給したという情報も得られる。

まずは〔史料十五〕で来着地としてあげられる丹後国・因幡国、両国とも山陰道に属する点が興味を引く。特に丹後国に来着した細羅国人が自らの出身について「新羅東方別嶋、細羅国人也」と述べたのが印象に残る。限られた情報のみでは新羅と細羅国との位置関係や政治的関係を明らかにすることが非常に難しいが、細羅国人らが第三国である日本に着き、自国の位置を説明する基準点として新羅をあげたのは、新羅と細羅国との恒常的交流が存在した可能性を間接的に示すものではないだろうか。

また、因幡国に来着した新羅人に対し「ほぼ商人に似たり」と判断したのは、因幡国と外国商人との接触回数が少なくなかったことを逆説的に物語ってくれるものと考えられる。

〔史料十六〕『日本三代実録』貞観六年（八六四）二月十七日条

先是、去年新羅国人卅余人漂着石見国美乃郡海岸、死者十余人、生者廿四人。詔国司給程粮放却。

〔史料十六〕は石見国司が新羅人らの漂着を報告する場面である。最初の時点での人数は凡そ三十人位だったようであるが、報告の時点では死者が十人程度発生し、生き残ったものは二十四人だったとする。〔史料十五〕と同じように、結局は放却方針がとられ、漂着者に路糧を支給して帰らせたという。ところで〔史料十六〕は、漂着者が発生した一年後のことを伝えている点で注目される。なぜなら、「去年」の何月何日に漂着したのかまではわかり難いが、記事自体の日付が「二月十七日」となっていることから、漂着した新羅人らは少なくとも二ヶ月半以上を当該地域で滞在したことになるからである。ここから、漂着民の滞在期間中、現地民との間で様々な交流が行われたと見ることも可能であるだろう。

以上の事例から貞観年間において丹後国、因幡国、石見国などの山陰道諸国の海岸に新羅人あるいは新羅をよく知る人々が漂着したことが確認できた。わずかの事例ではあるが、同時期の漂着記事自体が極めて少ない中、そのほとんどが山陰道への漂着を伝えているということは大きな意味を持つものと言えるのではないか。(43)

③　目撃談と海賊事件

前節で取り上げた弩師配置記事（特に〔史料三〕〔史料四〕〔史料六〕）の法的根拠となるのが、次の〔史料十七〕である。ここでは、〔史料十七〕が伝えている当時の時代的状況を把握した上で、新羅海賊事件と弩師配置との関連性について考察していく。

〔史料十七〕『日本三代実録』貞観十二年（八七〇）二月十二日条

先是。大宰府言、対馬嶋下県郡人卜部乙屎麻呂、為捕鸕鷀鳥、向新羅境乙屎麿為新羅国所執、囚禁土獄。乙屎麿見彼国挽運材木、搆作大船、撃鼓吹角、簡士習兵。乙屎麿窃問防援人、曰、為伐取対馬嶋也。乙屎麿脱禁出獄、纔得逃帰。是日、勅、彼府去年夏言、大鳥集于兵庫楼上、決之卜筮、当夏隣兵、因玆、頒幣転経、予攘災眚。如聞。新羅商船時々到彼、縦託事賈販、来為侵暴、若無其備、恐同慢蔵、況新羅凶賊心懐覬覦、不収蠆尾、将行毒螫、須令縁海諸郡特慎警固。又下知因幡、伯耆、出雲、石見、隠岐等国、修守禦之具焉。

まず右の〔史料十七〕についてである。この記事よると、大宰府は、これより先、鸕鷀鳥を捕えるため新羅国境に赴き、新羅に拘禁された対馬島下県郡の人、卜部乙屎麻呂の目撃談を言上している。新羅から逃帰した彼の陳述によると、新羅が大船を建造し、兵士を調練して対馬島奪取を企てているという。これに対し、太政官は、大宰府に勅して縁海の諸国に警固を固めるように命ずるとともに、また、因幡、伯耆、出雲、石見、隠岐等の国には「守禦の具」（＝弩）を修めるように命じたという。

この史料では「彼府去年夏言…（中略）…如聞、新羅商船時々到彼、縦託事賈販、来為侵暴。若無其備、恐同慢蔵、况新羅凶賊心懐覬覦、不収蠆尾、将行毒螫」という記載が注目される。なぜなら、山陰道諸国への警固強化は「去年の夏」すなわち貞観十一年（八六九）五月二十二日に出現した「新羅海賊」(44)を強く意識した措置であることがわかるからである。大宰府は「去年の夏」に卜筮を行なってみたら「隣兵」が予兆され、「頒幣転経」の措置をとることによって災いを避けようとしたわけである。さらに、その次に「聞くならく、新羅商船、時々彼に到り、ほしいままに事を賈販に託し、来りて侵暴を為すと」とあることからは、その「新羅海賊」という存在が、当時、問題視されていた「新羅商船」の来着と密接に関わっている事情が見て取れる。結局、〔史料十七〕のなかでは、因幡、伯耆、出雲、石見、隠岐への「守禦の具」すなわち「弩」の設置が行なわれる背景として「新羅海賊」や「新羅商船」が示唆されているのである。

ところが、貞観期前後において「新羅海賊」が実際に出現したのは、貞観十一年五月二十二日の夜のみであり、むしろ貞観年間における山陰道への弩師配置の初見は、貞観十一年三月九日付の隠岐国への弩師配置（〔史料一〕）なので、必ずしも「新羅海賊」の出現が弩師配置の直接的な原因となったとは言い難い。

そうすると、おのずと関心は「新羅商船」に移る。この時期に「新羅商船」「新羅商人」が問題視されたのは、これらが交易管理システムの外側で活動していたためであり、前にも見たように、統制から離れた新羅商人集団は、縁海地域の日本人たちと結合・結託し、彼らの国家権力からの離脱・離反を加速化させていたからである。一方、新羅海賊事件が処理される過程の中で、大宰府管内居住新羅人の存在が顕在化したことも「新羅商人」に対する不信感が高まった一因であったと思われる。集団居留地を形成し「交関」に従事する新羅人グループに対して日本の朝廷が東国・東北地方への移配を断行したのも、多様なレベルの在地勢力と来着新羅人との密やかな結合を事前に遮断することに第一目的を置いていたのであるだろう。(45)

前掲の〔史料十七〕は基本的に新羅・新羅人への警戒意識を示すものと考えられる。表向きの理由としては、新羅人による「侵暴」「覬覦」「毒螫」があげられており、新羅・新羅人が「兵士を調練する」、そして「奸をさし挟みて往来する」（第七章〔史料二〕）存在として強調されている。しかし、その裏面には、時々到来する「新羅商船」及び長期間大宰府管内に居住しつつ「交関」に従事する人々に対する危機意識があったように思われる。すなわち、活発に海上を往来する新羅人らが現地民と私的に結託し、交流・交易に伴なう様々な利益を増やしていく現状そのものに対する警戒意識が強く反映されているわけある。特に〔史料十七〕は、前で指摘したように、〔史料三〕（＝出雲）、〔史料四〕（＝因幡）、〔史料六〕（＝伯耆）に見えている山陰道諸国への弩師配置の法的根拠にもなっているのであるが、それは、なぜ他の時期でなく貞観十一年から貞観十三年までを前後にする時期に、他の地域でなく山陰道地域に、弩師が置かれるようになったのかを最もよく示すものと言えよう。

おわりに

従来の研究においては弩師配置が平安初期における軍制改編の一環として取り上げられてきた。それは、辺境地域での外敵の侵入を想定した評価であり、特に新羅による軍事的な挑発ないしは侵略に対する海防政策として把握しようとする視角に基づいている。しかし、貞観期における弩師補任記事を検討してみた結果、山陰道を中心とする辺境において実際に問題視されていたのは、新羅・新羅人による軍事的な動きというよりも、当該地域の人民が新羅人、とりわけ商人的性格を持つ新羅人らと結託していく事態そのものであったことが確認できた。但し、対外的脅威の実態がどうであっても、日本側は新羅に対して極めて強い警戒意識を持っていたのは明確である。弩師人事において反新羅的な感情を抱いていた可能性の高い氏族が任命されたのも、それと無関係ではないだろう。また、四天王法が山陰道を中心とした縁海地域で行なわれたのも、当該地域での新羅問題が「怨敵」「飢饉」「疾疫」のような災異の一種として認識されていたことを示すものと考えられる。たとえ、それらが観念的・呪術的な内容と連動していたと言っても、外的脅威に対する防備策としてはそれなりに十分に機能していたことは間違いないように見られる。

とはいえ、貞観期日本の弩師配置に関する理由に目を向けると国家的、内部的な要因や課題へつながることがわかる。「新羅商船」と表現される来着新羅人に呼応する勢力が辺境地域で生まれ始めたことや、そうした時代の流れに便乗して国家権力から離脱・離反していく人民が増えてくる現状、それを遮断するための一つの方便として弩師配置が断行された側面も無視できないのである。

これは貞観期以前、弘仁・承和・嘉祥年間における弩師配置の背景と極めて類似していると言える。天平宝字六年（七六二）四月二十二日、始めて置かれた「大宰弩師」(46)は、その後、延暦十六年（七九七）頃、何らかの理由で停廃される。(47)それがまた弘仁五年（八一四）五月二十一日の官符により復置されるが、(48)その時期を前後にして「新羅の船」(49)や「新羅商人」(50)の来着が問題視されていた。承和・嘉祥年間においても、壱岐島や対馬島にそれぞれ史生一員の代わりに弩師一員が置かれるが、その時も「新羅商人の往来」(51)や「新羅」の動き(52)が直接的な原因となっている。大宰府が承和初期に新羅商人の往来が絶えないという判断のもと、壱岐島民三三〇名に兵仗を持たせて要害の地点に配置することを請うなど、新羅人の来着を強く意識する海上防衛対策を立てることや、(53)大宰大弐藤原衛が新羅の「商賈之輩」に関わる問題を起請する場面(54)も脈絡を一緒にするものと考えられる。

弘仁年間から貞観年間にかけての弩師配置とは異なって、元慶年間以後になると、弩師が置かれる地域が北陸道のほうに移動していく。(55)但し、それは必ずしも規則的とは言えない、一つの傾向性を示すものに過ぎない。さらに寛平七年（八九五）十一月二日の官符からは、南海道伊予国への弩師配置も見られるなど以前とは違う状況が窺がわれる。なお、この時期になると、弩師の配置にあたり、新羅・新羅人だけではなく、蝦夷の存在をも強く意識していたことが確認される。これは、元慶期以後の弩師配置を単に当時の新羅問題と関連づけて考えてきた先行研究に再検討の余地があることを物語っているため、注意が求められる。(56)

弩師配置の背景を「連続と断絶」の観点から検討することや、弩師配置以外の海防対策と新羅問題との関わりについての分析など、本書で十分に考察できなかったことに関しては今後の課題としたい。

注

（1）この時期の新羅問題に関する代表的な研究としては、遠藤元男「貞観期の日羅関係について」（『駿台史学』一九、一九六六年）、佐伯有清「九世紀の日本と朝鮮」（『日本古代の政治と社会』吉川弘文館、一九七〇年〔初出一九六四年〕）、石上英一「古代国家と対外関係」（『講座日本歴史』古代二、東京大学出版会、一九八四年）等があげられる。

（2）寺田浩「九世紀の地方軍制と健児」（『律令国家史論集』塙書房、二〇一〇年）は、いわゆる軍団兵士制廃止後も九世紀を通して沿岸警備などに兵力が動員される記事が数多く見られることに特に注目し、地方軍制というフレームのなかでその実態について検討している。ここには俘囚・統領・選士・健児それぞれに関する基本史料や先行研究が紹介されているので参考になる。

（3）弩や弩師についての先行研究としては、八幡一郎「古代中国の弩について」（『史潮』八四・八五、一九六三年）のように中国や朝鮮半島においての弩を検討した研究、そして、加藤孝「弩・弩台考――古代東北の城柵跡の考古学的研究――」（『東北学院大学論集（歴史学・地理学）』七、一九七六年）、岩城正夫「古代「弩」復元の試み――「弩」復元過程でみえてきた私の研究法――」（『和光大学人間関係学部』五、二〇〇〇年）のように考古学の成果に基づく研究などがあげられるだけであり、日本古代における弩・弩師を主な素材とした研究は見当たらない。

（4）日本海の名称をめぐっては日本・韓国両国間に見解の差が存在しており、韓国名の東海を併記すべきであるが、本章では便宜上、日本海のみを表記する。以下も同様。

（5）『日本三代実録』貞観八年（八六六）十一月十七日条によると、当時怪異が頻りに現われ、卜筮をしてみると、新羅賊兵が間隙をうかがう予兆という結果が出たとする。そこで諸神への班幣、兵士への訓練などを命ずるが、その命令が下った地域として「能登・因幡・伯耆・出雲・石見・隠岐・長門・大宰府等」があげられている。ここでも山陰道の因幡・伯耆・出雲・石見・隠岐などの縁海地域が重要視されていることが注目される。

(6) 松原弘宣「九世紀における対外交易とその流通」(『古代国家と瀬戸内海交通』吉川弘文館、二〇〇四年〔初出一九九九年〕)三八一～三八二頁でも特に貞観十一・十二年の間の日羅関係が重視されている。

(7) 〔史料四〕に「有堪弩師者択定言上者。因捜求部内黄文真泉」とある。

(8) 『続日本紀』宝亀六年八月七日条に「従五位下昆解沙弥麻呂賜姓宿祢」とある。

(9) 『続日本紀』延暦四年五月四日条に「右京人従五位下昆解宿祢沙弥麻呂等、改本姓賜鴈高宿祢」とある。

(10) 『新撰姓氏録』第二十四巻・右京諸蕃下・百済。

(11) 『続日本後紀』承和二年(八三五)五月癸酉(二十九日)条に「右京人丹波権大目昆解宮継。内竪同姓河継等賜姓広野宿祢。百濟国人夫子之後也」とある。

(12) 注11と同じ。

(13) 『新撰姓氏録』第二十五巻・山城国諸蕃・高麗。

(14) 『新撰姓氏録』第十八巻・摂津国神別・天孫。

(15) 『日本書紀』天武天皇十三年(六八四)十二月己卯条。

(16) 『日本書紀』欽明天皇四年(五四三)十一月甲午条など。

(17) 『日本書紀』皇極天皇元年(六四二)二月戊申条。

(18) 『日本書紀』斉明天皇五年(六五九)七月戊寅条など。

(19) 天平三年七月五日の「住吉大社司解」(『平安遺文』一〇―補一号、東京堂出版、一九六五年)。

(20) 『津守氏系図』(加地宏江「津守氏古系図について」『人文論究』三七―一、一九八七年を参照)。

(21) 注20と同じ。

(22) 『続日本紀』巻卅五宝亀九年(七七八)十一月乙夘条など。

(23) 佐伯有清『新撰姓氏録の研究 考証篇・第三』(吉川弘文館、一九八二年)三二七～三二九頁。

(24) 佐伯有清前掲注23書、三六五頁。

(25) 地名の比定については、奈良県史編集委員会編「『倭名類聚鈔』郡・郷名考」(『奈良県史・十四・地名――地名伝承の研究——』名著出版、一九八五年）三七〇～三七一頁、当該地名と氏族名との関連性については、岸俊男「ワニ氏に関する基礎的考察」（『日本古代政治史研究』塙書房、一九六六年）、当該地域と渡来系氏族との関係については、上田正昭「檜隈と渡来氏族」（『古代の道教と朝鮮文化』人文書院、一九八九年）、加藤謙吉『秦氏とその民——渡来氏族の実像——』（白水社、一九九八年）、水谷千秋『謎の渡来人秦氏』（文芸春秋、二〇〇九年）参照。

（26）『新撰姓氏録』第二十四巻・右京諸蕃下・高麗。

（27）『新撰姓氏録』第二十六巻・大和国諸蕃。

（28）八幡一郎前掲注3論文には中国や朝鮮半島における弩の出土事例が紹介されている。弩のような武具がかなり早い段階から両地域に実在したことがわかる。

（29）保立道久「奈良時代の東アジアと渡来人」（『黄金国家——東アジアと日本——』青木書店、二〇〇四年）七六～八一頁。

（30）三上喜孝「古代日本の境界意識と仏教信仰」（『古代日本の異文化交流』勉誠出版、二〇〇八年〔初出「古代の辺要国と四天王法」『山形大学歴史・地理・人類学論集』五、二〇〇四年および「「古代の辺要国と四天王法」についての補論」『山形大学歴史・地理・人類学論集』六、二〇〇五年〕）二八九頁を参照した。

（31）『続日本紀』宝亀五年（七七四）三月癸卯条。

（32）関口明「九世紀における国分寺の展開」（『古代東北の蝦夷と北海道』吉川弘文館、二〇〇三年）二三一頁。

（33）『大正新脩大蔵経』第十六巻・最勝王経四天王護国品（『国訳大蔵経』経部第十一巻・国訳金光明最勝王経）が参照される。関口明前掲注32論文、二三一～二三二頁にて一部が紹介されている。

（34）関口明前掲注32論文、二三二頁。

（35）三上喜孝前掲注30論文。

（36）松本真輔「呪咀をめぐる新羅と日本の攻防——利仁将軍頓死説話と『三国遺事』の護国思想——」（『アジア遊学』一一四、二〇〇八年）。

（37）この時期の通謀事件と新羅海賊事件との関わりについては、本書第二部第七章においても論じている。それ以外にも山崎雅稔「貞観十一年新羅海賊来寇事件の諸相」（『國學院大學院紀要』三二、二〇〇一年）、渡邊誠「承和・貞観期の貿易政策と大宰府」（『平安時代貿易管理制度史の研究』思文閣出版、二〇一二年〔初出二〇〇三年〕）、保立道久前掲注29論文、松原弘信前掲注6論文、渡邊誠「藤原元利麻呂と新羅の「通謀」」（『平安時代貿易管理制度史の研究』思文閣出版、二〇一二年〔初出二〇〇七年〕）などが参考になる。

(38) 「共渡入新羅国、教造兵弩器械之術」の解釈をめぐって、研究者によっては「共に新羅国に新羅に渡り入り、兵弩機械を造る術を教え還って来て」ともするが、本章のように「共に新羅国に新羅に渡り入り、兵弩機械を造る術を教わり（＝学び）還って来て」と解釈すべきと思われる。

(39) 『続日本後紀』承和九年（八四二）正月十日条の「閻丈が筑前国に上げた牒状」。

(40) 『日本三代実録』仁和元年（八八五）六月二十日条の「執事省牒」。

(41) 本書第二部第七章。

(42) 渡邊誠前掲注37二〇〇三年論文、一二頁。

(43) 漂流記事については、山内晋次「朝鮮半島漂流民の送還をめぐって」（『奈良平安期の日本とアジア』吉川弘文館、二〇〇三年）。

(44) 『日本三代実録』貞観十一年（八六九）六月十五日条に「大宰府言、去月廿二日夜、新羅海賊、乗艦二艘、来博多津、掠奪豊前国年貢絹綿、即時逃竄、発兵追、遂不獲賊」とある。

(45) 『日本三代実録』貞観十二年（八七〇）二月二十日条、および本書第二部第七章などを参照されたい。

(46) 『続日本紀』天平宝字六年（七六二）四月辛未（二十二日）条。

(47) 『類聚三代格』弘仁五年（八一四）五月二十一日官符。

(48) 注47と同じ。

(49) 『類聚三代格』弘仁四年（八一三）九月二十九日官符。

(50) 『類聚三代格』天長八年（八三一）九月七日官符。

(51) 『類聚三代格』承和五年（八三八）七月二十五日官符。

(52) 『続日本後紀』嘉祥二年（八四九）二月庚戌（二十五日）条。

(53) 『続日本後紀』承和二年（八三五）三月己未（十四日）条。

(54) 『続日本後紀』承和九年（八四二）八月丙子（十五日）条。

（55）『類聚三代格』元慶三年（八七九）二月五日（肥前国）、同四年八月七日（佐渡国）、同四年八月十二日（越後国）、寛平六年（八九四）八月二十一日（能登国）、同九月十三日（大宰府）、同七年（八九五）七月二十日（越前国）、同十一月二日（伊予国）、同十二月九日（越中国）、昌泰二年（八九九）四月五日（肥後国）官符。

（56）関幸彦「平安期、二つの海防問題」（『古代文化』四一―一〇、一九八九年）。

第六章　「貞観十一年新羅海賊」の来日航路に関する小考

はじめに

『日本三代実録』貞観十一年（八六九）六月十五日辛丑条において大宰府が「新羅海賊」の出現を報告する内容が伝えられる。

〔史料一〕『日本三代実録』貞観十一年六月十五日辛丑条

大宰府言、去月廿二日夜、新羅海賊、乗艦二艘、来博多津、掠奪豊前国年貢絹綿、即時逃竄、発兵追、遂不獲賊。

ここには、貞観十一年五月二十二日の夜、「新羅海賊」が二艘の船に乗って、博多津に現れ、豊前国の年貢絹綿を奪取した後、即時逃亡したとある。これに対して、大宰府は兵士を出動させて追いかけたものの、遂に捕まえることができなかったと記されている。

「貞観十一年新羅海賊」とは、この事件に登場する新羅人らを指すが、[1] 先行研究には大きく二つの流れがある。一つは、「新羅海賊」の出現が新羅末期の地方豪族および寺院勢力の動向と密接に関わっているものと理解する視角である。これによると、「貞観十一年新羅海賊」とは、朝鮮半島（＝新羅）の西南海沿岸で跋扈した海上豪族が海賊化した実体であるとする。[2] いま一つは、九世紀日本が対外姿勢を転換するようになった直接的な原因としてこの海賊事件を取り扱う視角である。すなわち、それ以前までは開放的であった対外交流の方針が閉鎖的かつ消極的方針へと変わった契機が、「新羅海賊」の出現にあるとみる分析である。[3]

二つの流れから共通してみえる特徴は、「新羅海賊」の活動を朝鮮半島と日本列島という領域範囲に限定して考えてきたという点である。しかし、関連史料を検討していくと、「貞観十一年新羅海賊」が一般的には日本・唐間の交通路としてよく知られている五島列島経由ルートを通じて来日したとある点が注目できる。そこで、本章では「新羅海賊」が利用した航路を再確認し、歴史的な意味合いを検討していきたい。

一　「新羅海賊」と五島列島

次の〔史料二〕には、「貞観十一年新羅海賊」に関わっている叙述があって注目される。まず、本文と書き下し文を提示すると、次のようになる。

〔史料二〕『日本三代実録』貞観十八年（八七六）三月九日丁亥条

九日丁亥、参議大宰権帥従三位在原朝臣行平、起請二事…（中略）…其二事、請合肥前国松浦郡庇羅値嘉両郷、更建二郡、号上近下近、置値嘉嶋曰。検案内、元有九国三嶋、至于天長元年、停多褹嶋、隷大隅国。是只貢百領鹿皮、費三万六千餘束稲之故也。今件二郷、地勢曠遠、戸口殷阜。又土産所出、物多奇異。而徒委郡司、恣令聚歛。彼土之民、厭私求之苛、切欲貢輸於公家。惣是国司難巡撿、郷長少権勢之所致也。加之地居海中、境隣異俗、ⓐ大唐新羅人来者、本朝入唐使等、莫不経歴此嶋。府頭人民申云、去貞観十一年、ⓑ新羅人掠奪貢船絹綿等日、其賊同経件島來。以此観之、此地是当国枢轄之地。宜擇令長以慎防禦。又去年或人民等申云、唐人等必先到件嶋、多採香薬、以加貨物、不令此間人民観其物□。又其海浜多奇石。或鍛練得銀、或琢磨似玉。唐人等好取其石、不曉土人。以此言之、不委以其人之弊、大都（郡カ）皆如此者也。望請、合件二郷、更建二郡、号上近下近、便爲値嘉島、新置嶋司郡領、任土□貢。但其俸粁挙定正税公廨之間、令兼任肥前国権官。…（後略）…（傍線・記号は筆者：以下も同じ）

《書き下し文》

九日丁亥、参議大宰権帥従三位在原朝臣行平、二事を起請しき。…（中略）…其の二事、肥前国松浦郡の庇羅、値嘉の両の郷を合わせて、更に二郡を建て、上近、下近と号け、値嘉嶋を置かむことを請ひて曰わく、『案内を検するに、元九国三嶋有り。天長元年に至り、多褹嶋を停じて、大隅国に隷かしめき。是只百領の鹿皮を貢して、三万六千餘束の稲を費すが故なり。今、件の二郷は地勢曠遠にして、戸口殷阜なり。また土産として出だす所、物に奇異多し。而かるに徒に郡司に委せて、恣に聚斂せしむ。彼の土の民、私求の苛を厭ひて、切に公家に貢輸せむと欲す。ⓐ惣べて是国司巡撿し難く、郷長権勢少きの致す所なり。加之、地は海中に居りて、境は異俗に隣り、大唐新羅の人の來たれる者、本朝の入唐使等、此の嶋を経歴せざるはなし。府頭の人民申して云わく、(b)「去る貞観十一年、新羅人、貢船の絹綿等を掠奪せし日、其の賊同じく件の島を経て來りき」と。此を以て観るに、此の地は是当国枢轄の地なり。宜しく令長を擇びて防禦を愼むべし。また去年或る人民等申して云わく、「唐人等必ず先ず件の嶋に到り、多く香薬を採りて、貨物に加へ、此の間人民をして其の物□を観しめず。また其の海濱に奇石多し。或は鍛練して銀を得、或は琢磨して玉に似す。唐人等好みて其の石を取り、土人に曉せず」と。此を以て言ふに、委ねるに其の人を以てせざるの弊、大都《郡カ》皆此くの如き者なり。望請はくは、件の二郷を合わせて、更に二郡を建て、上近、下近と号けて、便なわち値嘉島と爲し、新らたに嶋司・郡領を置きて、任土□貢せむ。但し其の俸析は正税公廨の間を挙定し、肥前国の権官を兼任せしめる』と。…（後略）…

冒頭の文言からも確認されるように、〔史料二〕は大宰権帥在原行平の起請文である。本来、この起請文は二ヶ条となっているが、本章の主要な分析対象になる〔史料二〕は、そのうち二番目の項目に該当する内容である。

この起請文のなかで特に留意したい部分は、（b）である。その内容によると、貞観十一年（八六九）、「新羅人」らが貢船の絹綿などを略奪した時、「件島」を経て来たとする。ここで言う「新羅人」とは〔史料一〕にみえる「新羅海賊」を指しており、「件島」とは値嘉島、すなわち現在の五島列島を意味する。〔史料一〕と〔史料二〕（b）を通じて、「貞観十一年新羅海賊」が五島列島を経由し、博多に至ったとの事実が確認できるのである。ここから、行平の起請文（＝〔史料二〕）は「貞観十一年新羅海賊」の来日航路を示す史料として位置づけられるかと思われる。

この史料については、かつて戸田芳実氏による考察が学界に報告されたことがある。(4) 戸田氏は、行平の起請文に対して「五島列島の行政的地位を格上げするよう中央政府に上申し、それまで肥前国松浦郡所属の庇羅・値嘉二郷であった五島を肥前国から分離して、大宰府管内の九国二島とならぶ独立の行政区域（壱岐・対馬なみの「値嘉島」）にすることを提議した」ものであると指摘した。(5) さらに五島列島の地理的位置については「大陸に最も近い島々であったから、『大唐・新羅人の来る者、本朝入唐の使など、この島を経歴せざるはなし』とされるような国際航路の中継要地となり、去る貞観十一年（八六九）に博多津で豊前国官物絹綿の貢納船を襲った新羅船二艘も、この島を経由して来たといわれている」と論じた。(6) なお、大宰府側が五島列島の防御体制の強化に言及するようになったのも「五島列島には、新羅船が停泊して博多津の情報をキャッチすることができるような基地が存在し、それと連携する西海の海人集団が活動していた」からであると指摘し、日本に来航する「唐船・新羅船の多くは、五島列島を中継基地としていた」と述べた。(7)

一方、東野治之氏は〔史料二〕について、五島が中国はもちろん、朝鮮半島・対馬地域に対しても、基地としての意味をもっていたことを示すものと評価した。(8) 『万葉集』の記録では、五島から対馬への航海が確認され、『日本書紀』や『続日本紀』などには、五島から朝鮮半島へ向かう事例がみられることから、五島経由ルートが日本と対馬・朝鮮半島との間を結ぶ「恒常的ルート」として存在した可能性があると論じたのである。(9) すなわち、「五島列島は北路・南路双方の起点」であったとのことであり、(10) 〔史料二〕にみえる「新羅人」（＝「新羅海賊」）も朝鮮半島から五島を経由して来日したことを意味している。

「五島列島と新羅の交流」という項目のなかで〔史料二〕を分析している山内晋次氏の論稿も注目を引く。(11) 彼は「五島列島が、対中国交流ばかりでなく対朝鮮交流においても重要な位置を占めていた」とし、〔史料二〕は

「五島列島と新羅の間における民衆交流」を示すものと評価した。[12] 山内氏の見解は、近年の中世日韓関係史研究にもそのまま受け継がれているなどで、注目度の高い研究である。[13]

九世紀中後半における九州の五島列島・対馬・壱岐を中心に展開した地域間交渉の実態を分析している李炳魯氏の研究でも〔史料二〕についての言及が確認される。[14] 李氏は「貞観十一年五月、豊前国の官物である絹綿掠奪事件を起こした新羅海賊もこの島を経ている」とし、「新羅海賊が韓半島から経由地なしで突然大宰府まで来て日本の貢物を掠奪したとは到底想像できない。少なくともその補給地の役割を果たす場所が存在したとみるべきであり、それがまさに五島列島であった可能性が非常に高いと考えられる」と論じた。[15]

日本列島の「古代統一国家」を分析する素材として〔史料二〕を取り扱った研究もある。新川登亀男氏は、壱岐・対馬を日本列島に存在した「古代統一国家」の「辺要」と捉え、当該地域の歴史が「国家」のなかでどう展開するのかを究明した。[16] このような議論の過程で、大宰権帥在原行平の二ヶ条起請を綿密に分析したのである。起請の二番目の内容にあたる〔史料二〕については値嘉島（＝五島列島）が「壱岐・対馬の両島とはちがって豊かであり、かつ唐や新羅の集団がやってきて、島人に内緒で香薬を採取し、海浜の奇石をひろい、それを鍛練して銀を得、あるいは琢磨して玉をつくるなどの行為」が盛んに行なわれる場所になった新たな状況に対応するために、大宰府が中央政府に行政組織改編を提案したものであると述べた。つまり、「肥前国―松浦郡―庇羅郷・値嘉郷」となっていた行政組織を解体し、「値嘉島―上近郡・下近郡」に再編し、それを壱岐・対馬と同等なレベルに昇格・独立させ、島司とその下に郡領を置くよう建議したとのことである。一方、「新羅人の賊」（＝新羅海賊を指すか）については その「到來も問題になってい」たことを簡略に指摘した。[17]

以上、〔史料二〕についての先行研究の理解を検討してみた。それぞれ主眼を異にしている論稿という側面を勘案しても、「貞観十一年新羅海賊」の来日航路については、ほとんどの場合が「朝鮮半島→五島列島→博多津」ルートを想定しているとの点が特徴として指摘できよう。

実は、史料上の表記が「新羅海賊」ないし「新羅人」となっているため、「新羅の海賊」すなわち、「新羅から来た海賊」と解釈している先行研究がほとんどである。しかし、「新羅人」あるいは「新羅海賊」という表現のみで、直ちに朝鮮半島に存在した新羅本国の人々を想像するには相当慎重な姿勢が求められる。特に、九世紀における五島列島の状況を伝える〔史料二〕の「新羅人」問題を取り扱う場合は、なお注意を払わなければならない。新羅人の海上活動が飛躍的に活発化し始める九世紀の段階に入ると、日本側の史料のなかに「新羅人」の存在が確認されることと、日本列島と朝鮮半島との間で交流が行なわれたこととは別レベルの問題になるためである。[18] したがって、〔史料二〕（b）にみえる「去貞觀十一年、新羅人掠奪貢船絹綿等日、其賊同經件島來」をめぐる解釈も、①当時における五島列島の海上交通上の位置づけ、および②新羅人の活動範囲、③新羅人の航路利用パターン等が優先的に検討された上で、なされるべきであると思われる。

「貞観十一年新羅海賊」の来日航路と関連づけて、①・②・③の問題を本格的に検討する前に、必ず考慮すべき事項について述べておきたい。まず、当該航路が意図的な渡海に用いられているのかどうかという点である。〔史料二〕に見える新羅人・唐人らは、漂流・漂着のような偶然によるものでなく、ある程度意識された海上ルートを通じて安全に五島を往来しているからである。

次に、当時の新羅人らが五島を経由して国際航海をする場合、出発点と到着点がどこかという点である。すなわち、五島列島はどの地点とその地点とを繋ぐ役割を果たしているのかに注目しなければいけないのである。これは、交流の頻度および傾向性の問題に繋がるだろう。

最後に、当該航路が直航路なのかどうかという点である。〔史料二〕で描かれている五島は日本列島の玄関口としての役割を担っている。日本への入国時には最初の到着地、また外国への出国時には最終出航地として機能していたようである。特に、〔史料二〕にみえる新羅人らは、日本列島の他の地域を経由して五島に到着するのでなく、外国の一地点より直ちに五島に到着しているように描写されている点に留意しなければならないであろう。

二　対外交通路としての五島経由ルート

以上の理解をふまえ、ここでは五島列島が日本の対外交通においてどのような位置を占めていたのかについて考えてみたい。

〔史料三〕『日本書紀』敏達十二年（五八三）是歳条

於是恩率・参官臨罷国時…（中略）…参官等遂発途於血鹿…（中略）…於後海畔者言、恩率之船被風没海。参官之船漂泊津嶋、乃始得帰。

《解釈》それで恩率・参官が国に帰る時…（中略）…参官らは遂に血鹿を出発した…（中略）…後に海畔の者が曰く、恩率の船は風を被り、海に没し、参官の船は津嶋に漂泊し、よって始めて帰ることができた、と。

〔史料四〕『続日本紀』天平十二年（七四〇）十一月戊子（五日）条

広嗣之船、従知駕嶋発、得東風往四ケ日、行見嶋。船上人云、是耽羅嶋也。于時、東風猶扇、船留海中、不

肯進行。漂蕩已経一日一夜。而西風卒起、更吹還船…（中略）…然猶風波弥甚、遂着等保知駕嶋色都嶋矣…（後略）

《解釈》広嗣の船が知駕嶋を出発し、東風を得、四ヶ日往って島を見た。船上の人曰く、これ耽羅嶋なり、と。其の時、東風がもっと強く吹いて船が海中に留まり、進行できなかった。漂蕩してから一日一夜が経った。西風が俄かに起き、更に吹いて船を還した。…（中略）…然しむしろ風波はもっと甚だしくなり、遂に等保知駕嶋の色都嶋に着いた。…（後略）

東野治之氏は、以上の『日本書紀』『続日本紀』記事について、五島列島と朝鮮半島との交流を示す事例であると述べた。(19)

まず、〔史料三〕について、「朝鮮への渡航に当たり、血鹿島（値嘉島に同じ）を最終寄港地とした例である」と評価しつつ、「このうち参官の船は、遭難した上でのことではあるが、対馬を経由して帰ったことも知られる」と述べた。さらに〔史料四〕について「大宰府で反乱を起こして敗れた藤原広嗣は、海路西方に逃亡しようとしたが、そのとき出発点としたのも五島列島であった」と指摘しつつ、「この場合、広嗣は五島に吹きもどされ、この地で捕まえられたが、これは耽羅嶋（済州島）方面を目指していたとみられる点で新羅への逃亡を画したものとも考えられ、そうとすれば、五島が朝鮮への起点であった傍証となろう」と論じた。(20)

確かに〔史料三〕〔史料四〕では東野氏が指摘した通り、恩率・参官および広嗣が五島列島を出発し、朝鮮半島へ渡航しようとした試みが窺われる。但し、留意すべきは、航海が成功したかどうかである。〔史料三〕にみえる恩率・参官の場合、恩率は海に沈没しており、参官は対馬に漂着した後、ようやく帰国の道に至る。また

〔史料四〕の広嗣は朝鮮半島への渡航に失敗しているのみならず、風と波に流されてしまい、出航地付近まで戻されて、その地で最後を迎えている。遣唐使時代以前において五島列島を出発点とした朝鮮半島への渡航事例のほとんどが遭難に至ったとする山中耕作氏の指摘は実に妥当であると言えよう[(21)]。

このように、五島列島から朝鮮半島へ向かう航海がほとんど失敗に終結したという事実は、極めて大きな意味をもつと言わざるを得ない。両地域間の往来が風向き、海流など、航海に必要となる諸条件に違背することをよく示しているからである。〔史料三〕にみえる参官の船が、対馬を経由するルートに切り替えた後に、ようやく帰国できたのも、五島列島を出発して直ちに朝鮮半島へ向かう航海が自然・環境的条件上にも適切でないとの事実を裏付ける。

次の〔史料五〕もそのような状況を物語っている面で注目される。

〔史料五―①〕『日本書紀』天武六年（六七七）五月戊辰（七日）条

戊辰、新羅人阿湌朴刺破・従人三口・僧三人、漂著於血鹿嶋。

〔史料五―②〕『日本書紀』天武六年（六七七）八月丁巳（二十七日）条

丁巳、金清平帰国、即漂著朴刺破等、付清平等、返于本土。

この二つの史料は、血鹿嶋、すなわち五島列島地域に漂着した新羅人朴刺破および従三人・僧侶三人を、日本に滞留していた新羅使節金清平が帰国する際、ともに帰したとの内容を伝えている。ここで留意すべきは、新羅人朴刺破らが五島列島に「漂著」したということである。意図的な航海による来着ではなく、予想外の結果としてその地に到着したとの意味になるのである。これも〔史料三〕〔史料四〕と同じく朝鮮半島と五島列島とを繋ぐ海上航路が日常的な交通路でなかったことを示しているものと考えられる。

ところで、九世紀初頭の状況を伝える記録のなかで、次に示す新羅人らが五島列島に到着したという記述が留意される。

〔史料六〕『日本紀略』弘仁四年（八一三）三月辛未（十八日）条

辛未、大宰府言、肥前国司今月四日解稱、基肆団挍尉貞弓等、去二月廿九日解稱、新羅人一百十人駕五艘船、着小近嶋、与土民相戦、即打殺九人、捕獲一百一人者。

この史料によると、五艘の船に分かれて乗った新羅人ら一一〇人が小近嶋に到着し、現地の人々と戦ったとする。その結果、新羅人九人が打ち殺され、残りの一〇一人は捕獲されたらしく、その状況が肥前国基肆団挍尉から肥前国司、さらに大宰府を経て太政官へ上申されたのである。

注目されるのは、新羅人一一〇人が小近嶋、すなわち五島列島地域に来着したとあることである。〔史料六〕から分かる情報のみでは、彼らがどの地域から出航した集団なのか明確に判断することは難しい。但し、史料上に追加説明がない限り、朝鮮半島を出発して来た集団と理解するのが自然であろう。それでは、〔史料六〕の事例は朝鮮半島と五島列島との間に日常的に用いられる航路が存在したことを示す証拠になり得るのだろうか。

それに関しては、まず〔史料六〕のなかで、新羅人らと五島列島の住民との間で衝突が発生している事実、そしてその途中、新羅人九人が死亡し、一〇一人は逮捕されるに至った点が注目を引く。新羅人と現地民との間でトラブルが起こった原因として「言語不通」が想定されるのである。(22) 言い換えれば、これは両者間の出会いがそれほど日常的ではなかったことを意味する。死亡者が発生した戦いに至ったのも、新羅人らの来着による、両者間の接触が事前に約束されたり、予想されたことでなかったためであろう。

つまり〔史料六〕にみえる新羅人らの来着は、意図された航海の結果というよりは、歓迎されない漂流であった可能性が非常に高いと考えられる。そうすると、たとえその新羅人らが朝鮮半島を出発して来た人々であったとしても、そのこと自体が朝鮮半島と五島列島との間に恒常的交流が存在したという根拠になり難いのではないかと判断される。

五島列島を起点とするルートが、対朝鮮半島交通においては正式ルートとして機能していなかった反面、対唐交通においては充分に役割を果たしていたことは各種の史料から確認される。(23) 次の史料は五島列島が対外交通上においてそのような位置を占めていたのかについて明確に示している。

〔史料七〕『肥前国風土記』松浦郡値嘉郷条

値嘉郷〈在郡西南之海中、有烽処三所〉…（中略）…西有泊船之停二処〈一処、名曰相子田停、応泊廿余船。一処、名曰川原浦。応泊一十余船〉、遣唐之使、従此停発、到美弥良久之埼〈即川原浦之西埼是也〉、従此発船、指西度之。（〈　〉は原文の割注、以下同じ）

これによると、値嘉郷には相子田と川原という停《とまり》があるが、そこにはそれぞれ二十余隻の船、十余隻の船を停泊することが可能であるらしい。日本の遣唐使は、これら二つの停泊所を経て、美弥良久に到着し、最終的にはそこを出港して西側の大海に出るという。

壱岐・対馬を経て朝鮮半島の西海岸に沿い、北上して黄海を横切り、山東半島に上陸（＝「北路」または「新羅道」）した七世紀の段階とはちがって、五島列島から出発して東シナ海を一気に横断（＝「南路」）した八世紀以後の現実が〔史料七〕によく反映されているのである。(24)

一方、〔史料二〕（a）に「大唐新羅人來者、本朝入唐使等、莫不経歴此嶋（大唐新羅の人の來たれる者、本朝の入唐使等、此の嶋を経歴せざるはなし）」とみえることから、〔史料七〕の『肥前国風土記』の編纂段階にすでに確立していた遣唐使の航路利用パターンが九世紀後半までも保たれていたことが分かる。(25)

対外交通路としての五島列島を考えるにあたって欠かせないものが、日本の僧侶たちの入唐求法活動である。以下の三つの事例を通じて考えてみよう。

〔史料八〕『平安遺文』一―一六四号「安祥寺伽藍縁起資財帳」(26)

（前略）…遂則承和九年、即大唐会昌二年〈歳次壬戌〉、夏五月端午日、脱躧両箇講師、即出去観音寺在太宰府、博多津頭始上船、到於肥前国松浦郡遠値嘉島那留浦、而船主李処人等、棄唐来旧船、便採嶋裏楠木、新織作船舶、三箇月日、其功已訖、秋八月廿四日午後上帆、過大洋海入唐〈得正東風六箇日夜、船着大唐温州楽城県玉留鎮守府前頭〉、経五箇年巡礼求学、承和十四年即大唐大中元年〈歳次丁卯〉、夏六月廿一日、乗唐人張友信・元静等之船、従明州望海鎮頭而上帆〈得西南風三箇日夜、帰著遠値嘉嶋那留浦、纔入浦口、風即止、挙船歎云、奇快奇快也云云〉…（後略）

〔史料九〕『平安遺文』四四九四号「太政官牒」(27)

（前略）…至仁寿二年閏八月、値大唐国商人欽良暉交関船来、三年七月十六日上船到値嘉島、停泊鳴浦、八月初九日、放船入海、…（中略）…六月八日辞州、上商人李延孝船過海、十七日申頭、南海望見高山、十八日丑夜、至止山島、下矴停住待天明、十九日平明、傍山行至本国西界肥前国松浦県管旻美楽埼、天安二年六月廿二日、廻至大宰府鴻臚館、…（後略）

〔史料十〕『入唐五家伝』「頭陀親王入唐略記(28)」

（前略）…九月五日去向壱伎嶋、嶋司並講読師等亦来迎圍繞、親王彌厭此事。□□左右自波渡着小嶋〈此小嶋名云班嶋云云〉、於是白水郎多在、仍不細、更移肥前国松浦郡之柏嶋。十月七日仰唐通事張支信令造船一隻。四年五月造舶已了。時到鴻臚館。七月中旬、率宗叡和尚・賢真・恵蕚・忠全・安展・禅念・恵池・善寂・原懿・猷継、並船頭高岳真今等、及控者十五人〈此等並伊勢氏人也〉、柂師絃張友信・金文習・任仲元〈三人並唐人〉、建部福成・大鳥智丸〈二人並此間人〉、水手等、僧俗合六十人、駕船離鴻臚館、赴遠値嘉嶋。八月十九日着于遠値嘉嶋。九月三日従東北風飛帆、其疾如矢。…（中略）…七日午尅遙見雲山、未尅着大唐明州之揚扇山、…（中略）…同年六月、延孝船自大唐福州得順風、五日四夜着値嘉嶋、…（後略）

まず〔史料八〕についてである。これによると、僧侶恵運は、承和九年（八四二）に李処人の船に乗って、博多を出港し、肥前国松浦郡遠値嘉嶋の那留浦に到着したとする。船主李処人はそこで船を新たに造って出港し「大洋海」（＝東シナ海）を渡ったようである。その後、唐で五年間の「巡礼求学」を終え、承和十四年（八四七）六月二十一日、張友信・元靜らの船で帰国の途に上がったが、そのとき到着した港湾も遠値嘉嶋の那留浦であったとする。

次は〔史料九〕にみえる智証大師円珍の事例である。この史料によると、円珍は仁寿三年（八五三）七月二十六日、すでに一年前、日本に来ていた大唐国商人欽良暉の交関船に搭乗したとする。(29)円珍を乗せた欽良暉の船は値嘉嶋の鳴浦に向かって、そこで一時停泊した後、八月九日、海に入ったらしい。以後、五年間の求法活動を終えた円珍は、商人李延孝の船に乗って帰国の途につくが、今度は肥前国松浦郡の旻美楽埼に到着したとする。ここにみえる旻美楽も五島列島の一地域である。

〔史料十〕に登場する真如親王（＝高岳親王）の行跡も注目にあたいする。貞観三年（八六一）九月五日、入唐を前にした真如親王一行が向かったところは、壱岐島（〔史料十〕では「壱伎嶋」）であった。一行はそこで嶋司および講読師らの迎接を受けるが、親王自身がそのようなことを嫌がったためか、親王は班嶋という小さな島に渡る。その島は白水郎が多いところと知られているが、一行がそこに立ち寄ったのも恐らく遠距離航海に必要となる人力を求めようとしたからなのかも知れない。以後、肥前国松浦郡の柏島に移動した親王一行は、十月七日、唐通事張支信（張友信か）に命じて、船一隻を造らせる。(30)翌年五月、ようやく船が出来上がり、一旦大宰府に戻って、そこで張支信・金文習・任仲元および僧俗六十人とともに船に搭乗し、七月中旬にあらためて出発する。八月十九日、遠値嘉島に到着した一行は、九月三日、東北風を得て出港する。そして、四日後の九月七日、唐の明州に到着する。そこから三年後の貞観七年（八六五）六月、求法活動を終えた真如親王は唐商人李延孝の船に乗って、唐の福州を出港し、五日ぶりに帰国する。〔史料十〕には、その時、到着した地点がまさに値嘉嶋であったと明記されている。

興味深いのは、以上の三つの事例から幾つか共通点が確認されるとの事実である。一つは、日本の僧侶たちが唐へ入唐する場合、唐商人（あるいは在唐新羅商人）の船に便乗している点である。(31)これは、当時の国際商人たちが唐と日本との間を日常的に往来していた可能性を示しているといえよう。

もう一つは、僧侶たちが日本を離れる時も、日本に戻る時も、五島列島を寄港地にしている点である。具体的な地名としては〔史料八〕の「遠値嘉嶋那留浦」、〔史料九〕の「値嘉島鳴浦」および「肥前国松浦県旻美楽埼」、〔史料十〕の「遠値嘉嶋」および「値嘉嶋」などが確認される。(32)このなかで〔史料九〕にみえる「旻美楽埼」の場合、『肥前国風土記』（前掲〔史料七〕）には「美弥良久之埼」と記される。(33)これは遣唐使船の最終寄港地として重要視された五島列島の港が、実質的には国際商人の発着地としても機能していたことを示す点において大きな意味をもつ。

以上、対外交通路としての五島経由ルートについて、朝鮮半島との直航路としての限界、遣唐使の最終寄港地としての役割、求法僧の出入航路という観点から考察してみた。ここからみえてくることは当該航路が朝鮮半島との交通において典型的な「裏道」であったということである。(34)五島列島から朝鮮半島へ向かう航海がほぼ例外なく失敗に至り、漂流記事を除いては朝鮮半島から五島列島への来着事例がみられないことは、五島経由ルートが対朝鮮半島交通路として明らかな限界をもっていたことを物語る。

その反面、遣唐使と求法僧の入唐航路としての機能は充分に果たしていたことが確認できる。勿論、五島列島が大海を横断しなければならない遠距離航海の発着地であったことから、多様な危険をともなう海路でもあったが、(35)頻繁な往来を通じて得られた航海技術の進展とともに日唐交通の大動脈としての脚光を浴びるようになったのではないだろうか。(36)

三　「大唐新羅人来者」と「新羅海賊」

それでは、再び在原行平の二ヶ条起請文（〔史料二〕）に戻り、「貞観十一年新羅海賊」の来日航路について考えてみよう。

結局、本章の論点は、「新羅海賊」が新羅から来たのかどうか、もしそうでなければ、どこから来たのか、というところに収斂する。大体「新羅海賊」と言えば「新羅の海賊」、すなわち「新羅から来た海賊」と安易に理解しがちであるが、〔史料二〕（b）に「去貞觀十一年、新羅人掠奪貢船絹綿等日、其賊同經件島來（去る貞觀十一年、新羅人、貢船の絹綿等を掠奪せし日、其の賊同じく件の島を経て來りき）」とあるように、「新羅海賊」が一般的に日唐間航路の中継地と知られている五島列島を経て来たとなっているので、朝鮮半島の新羅ではない、他の地域から来た可能性が想定されるのである。

これに関しては〔史料二〕（a）の「大唐新羅人來者、本朝入唐使等、莫不経歴此嶋（大唐新羅の人の來たれる者、本朝の入唐使等、此の嶋を経歴せざるはなし）」とある一節が注目される。ここにも〔史料二〕（b）と同様に「新羅人」の到来が見えているからである。〔史料二〕（a）の「新羅人」と〔史料二〕（b）の「新羅人（＝新羅海賊）」とは、〔史料二〕の全体構造からみると、類似している航路利用パターンを見せる集団とみられる蓋然性がある。したがって、本節では〔史料二〕（a）の解釈を通じて、〔史料二〕（b）にみえる「貞観十一年新羅海賊」の利用航路を推察してみたい。

まず〔史料二〕（a）の「大唐新羅人來者」の解釈についてである。先に（a）を「大唐新羅の人の來る者、本朝の入唐使等、此の嶋を経歴せざるはなし」と解釈した。「大唐新羅人來者」を暫定的に「大唐新羅の人の來る者」と読み下したが、すっきりしない読み方のように思われるのも事実である。したがって、この部分の解釈をより明確にしておく必要があると判断される。

ここで特に問題となるのは、「大唐新羅人」の解釈である。これを「(大)唐の新羅人」と理解すべきか、それとも「(大)唐人と新羅人」と理解すべきか。ところで、「大唐新羅人」という文言をみると、「国名(大唐)+国名(新羅)+ヒト(人)」の構造となっていることが分かる。そうすると、類似用例を探ることによって、そこから合理的な解釈を導き出すことが可能なのではないだろうか。

「国名+国名+ヒト」の構造をもつ文言がみえる事例としては、まず、新羅の金石文があげられる。新羅下代に造られたこれらの塔碑から「有唐+新羅国+僧侶名」をはじめ、「大唐+新羅国+僧侶名」「唐+新羅国+王名」の用例が確認されるのである。(37)しかし、従来の研究はその解釈をめぐる議論を明確に解決してはいない状況である。(38)

但し、「有」という字が、場合によってヒトの集団あるいは国名などに付く言葉として使用される点から推してみれば、(39)「有唐」は「唐(国)」と同じ意味であるだろう。さらに、「唐」を「大唐」と表記する例は当時の史料に頻出しているため、「有唐新羅国」「大唐新羅国」は「唐新羅国」と同じ意味として受け止めてもよいだろう。そうなると、次の段階として「唐新羅国」を具体的にどう解釈するのか、という問題が残される。

金石文にみえる用例の場合、僧侶名および王名が単数として表われているため、「唐国の某僧侶(あるいは王)と新羅国の某僧侶(あるいは王)」のように解釈することは難しいだろうと判断される。残るのは、「唐の新羅国」と理解する方法である。但し、このように解釈すると、当時の唐と新羅とが上下関係・従属関係にあったのかが自然に問題となる。

これについては、権悳永氏が最近の論稿で、「有唐新羅国」あるいは「大唐新羅国」などの表現から自国を貶下しつつ唐中心の世界秩序に忠実であろうとした新羅下代の社会風潮が窺えると指摘している。[40] 求法僧、留学生などによる「西学」活動の影響で新羅社会全般にわたって自尊意識が弱化したということである。すなわち「有唐新羅国」あるいは「大唐新羅国」という用語は、実質的な上下・従属関係の産物というよりも新羅人らの特殊な自己表現方式であったとみるべきであろう。

以上の検討から「唐の新羅国某僧侶（あるいは王）」という解釈方法を導き出したが、これは「唐の影響力下にある新羅国の某僧侶（あるいは王）」というニュアンスが強く、さらに新羅国内で死亡した人々に対する新羅人の自己認識がそっくりそのまま反映された表現であり、〔史料二〕（a）にみえる「大唐新羅人」の性格とは差異があるように判断される。

表記の形のみが似ており、全く異なる性格を有する新羅の金石文よりも、日本側の史料にみえる類似用例に注目する必要があろう。

〔史料十二〕『続日本紀』宝亀十一年（七八〇）正月癸酉（七日）条

癸酉、宴五位已上、及唐新羅使於朝堂、賜祿有差。

この史料には「唐新羅使」という表現がみえる。これは「国名（唐）＋国名（新羅）＋ヒト（使）」の構造を帯びている点、日本人の認識に基づいた外国人表記法という点で〔史料二〕（a）の「大唐新羅人」の用法にかなり類似していると言えよう。換言すれば、〔史料十二〕の「唐新羅使」が「唐の新羅使（あるいは唐にいた新羅使）」

を指すのか、それとも「唐使と新羅使」を指すのかによって〔史料二〕（a）の「大唐新羅人」の解釈方法も変わり得ることを意味する。

〔史料十二〕は五位以上の貴族および「唐新羅使」のために朝堂で宴会を催し、差をつけて禄を支給したとの内容を伝えている。したがって、饗宴に参加した「唐新羅使」の実体を知るためには、当時、外国使節の訪日状況を検討してみればよいと思われる。

宝亀十一年（七八〇）正月以前に来日した使節としては、まず、宝亀十年の新羅使金蘭孫があげられる。(41)ついで、日本の朝廷が大宰府に勅して、唐客高鶴林ら五人と新羅使節をともに入京させるよう命ずる記事から唐使節高鶴林の存在が知られる。(42)さらに、翌年の宝亀十一年正月二日には、光仁天皇が大極殿で、唐使の判官高鶴林と新羅使の薩飡金蘭孫の朝礼を受けている場面がみえる。(43)〔史料十二〕の饗宴はその数日後かに催されたものと考えられるのである。したがって、〔史料十二〕の「唐新羅使」とは、唐使高鶴林と新羅使金蘭孫のことを指すものとみられ、結局、これは「唐使と新羅使」の縮約された表現と理解できよう。

以上を参考にすれば、〔史料二〕（a）の「大唐新羅人」は「(大)唐人と新羅人」と解釈することができ、「大唐新羅人来者」も「(大)唐人および新羅人の来たれる者」の意として理解すれば自然であろう。

但し、ここで留意すべきは「大唐新羅人」が「唐の新羅人」「唐にいた新羅人」すなわち在唐新羅人を直接的に指す表現でなくても、その「新羅人」が唐からやって来た可能性は依然として存在するということである。なぜなら〔史料二〕（a）の「大唐新羅人來者、本朝入唐使等、莫不経歴此嶋（大唐新羅の人の來たれる者、本朝の入唐使等、此の嶋を経歴せざるはなし）」という全体文脈のなかでは「新羅人」が「(大)唐人」と「本朝入唐使等」との間に位置しており、その前後に出ている人々、すなわち唐人および遣唐使と同じ方式で五島経由ルートを利用したと見られるからである。先に検討した通り、「唐人」らは「商人」ないし「通事」の身分で五島列島を行き来しており[46]、さらに日本の遣唐使も五島列島を最終寄港地として唐を往来している[45]。それと同様に「新羅人」らも五島列島を経由して日本と唐との間を行き来していた可能性は充分あり得るのである。

次に、「莫不経歴此嶋」について検討してみたい。この文言は「此の嶋を経歴せざるはなし」と読むことができ、「唐人、新羅人、遣唐使がほぼ例外なくこの島、すなわち五島列島を経由して往来した」と解釈することができる。航海の頻度と傾向性を物語っているのである。

日唐間の交通は、八世紀初頭を起点として、壱岐・対馬経由ルート（＝北路＝新羅道）中心から五島経由ルート（＝南路）中心へと転換していったが、日本・新羅間の往来においては九世紀以後にも依然として壱岐・対馬経由ルートが優勢であった[46]。反面、日本・新羅間の航海で五島経由ルートがきちんと機能を果たした事例は見当たらない[47]。したがって、九世紀以後において新羅人がほぼ例外なく五島列島を経由して来日したとするのは、彼らが唐と日本を繋ぐ直航路を用いてやって来たことを意味するものと考えられる。

新羅人が朝鮮半島と日本列島との間でなく、唐と日本列島との間を往来していたことを立証するためには、新羅人が唐のどこかに拠点を置いていたことが前提にならないといけない。つまり、新羅人居留地の存在が確認されなければならないのである。山東半島周辺の新羅人社会については『入唐求法巡礼行記』の数多くの記述からその実体が相当明らかになったが[48]、江南地域、すなわち長江以南地域の新羅人社会については、さほど注目を集めてこなかったのが事実である。しかし、最近幾つかの研究によってその実態が次第に明らかになりつつある[49]。

そのなかでも、九世紀半ば頃、東アジアの政治的変動により、長江以南に移動する新羅人らが増加したとの事実は非常に注目される[50]。まさにそのような動きが交流の形態においても新たな変化をもたらしたからである。

江南地域に拠点を置くようになった新羅人が、同じ頃、成長していた唐人集団（＝唐商人）と協業関係を結び、日唐間の海域で活動するようになったのは、変化の代表的な事例であると言える。(51)

当時の実情をよく示しているのが表7にみえる商人の国籍表記混在である。これについて、榎本渉氏は「唐海商とは、唐から日本に来た海商（新羅から来たのではない海商）一般を指し、民族的区分から言えばもともと新羅人を含み得る概念」と指摘し、「在唐新羅人が好待遇を得るために、意図的に唐海商としての側面を強調したことも考えられよう」と説明した。(52)

協業関係で主導権を握っていたのが新羅人なのか、唐人なのか判断することは難しいだろうが、少なくない新羅人らが九世紀中後半まで日唐交流に参画していたことは明らかであり、さらに〔史料二〕（a）の内容がそのような時代像と符合することは決して無視できないだろう。

航海の自然環境的条件という観点でも、「貞観十一年新羅海賊」の来日航路を推定することが可能である。かつて森克己氏は、時期別季節風を分析し、四・五月〜七・八月頃は大体南風が優勢であることを明らかにし、その期間中、多くの人々が風を利用して唐から日本へ移動したと論じた。統計的にみても、中国商人が大宰府に到着するのは六月頃が最も多いらしい。(53)興味深いのは「貞観十一年新羅海賊」が博多で姿を現したのも五月末であったとの事実である。このことから「新羅海賊」が季節風という自然環境的条件を用い、来日した可能性が想定されるのである。

十五〜十六世紀頃に成立した日本地図では壱岐・対馬および五島に対する認識の差異が明確に表われるが、ここからも「新羅海賊」の来日航路を推察することができる。田中健夫氏が指摘しているように、朝鮮人・中国人の壱岐・対馬および五島についての認識の差異から地域間交流がどのような様相を帯びていたのかが窺えるのである。(54)

表7　九世紀に来日した商人の国籍表記

区分	商人名	移動時期	国籍表記	移動	記事の性格	典拠	備考
A	李少貞	820	唐人	唐→日		『紀略』弘仁11.4.27	新羅人王請、唐人張覺濟兄弟と関連があるように推定される（行記：開成4.1.8）
		842	新羅人	羅→日		『続後紀』承和9.1.10	
	欽良暉	847	新羅人	唐→日		『行記』大中元.6.9	
			*唐人			『続後紀』承和14.10.2	
			*新羅商船			『続後紀』承和15.3.26	
			*本国船		円仁卒伝	『三代』貞観6.1.14	
		852	大唐国商人	唐→日	円珍、公験申請のために求法旅程を奏上	『平安遺文』4494（『園城寺文書』42）	円珍入唐船
		853		日→唐			
	金珍	847	新羅人	唐→日		『行記』大中元.6.9	
			唐人・唐客		太政官符	『行記』承和14.10.19・11.14	
			*唐人			『続後紀』承和14.10.2	
			*新羅商船			『続後紀』承和15.3.26	
			*本国船		円仁卒伝	『三代』貞観6.1.14	
	金子白	847	新羅人	唐→日		『行記』大中元.6.9	
			*唐人			『続後紀』承和14.10.2	
	王超	853	大唐商人	日→唐	大宰府公験（渡航証明書）	『平安遺文』102	入唐する際に申請
			大唐商客		円珍、大宰府公験を申請	『平安遺文』103（『園城寺文書』14-1）	円珍、入唐するとき、改めて申請
			新羅商人		円珍、台州公験（求法証明書）を申請	『平安遺文』124（『園城寺文書』17-3）	帰国前に台州公験を申請。乗船を報告
B	李延孝	853	大唐商客	日→唐	円珍、大宰府公験を申請	『平安遺文』103（『園城寺文書』14-1）	
		856	渤海国商主	日→唐	円珍、台州公験（求法証明書）を申請	『平安遺文』124（『園城寺文書』17-3）	
		858	本国商人	唐→日	円珍、台州公験（求法証明書）を申請	『平安遺文』127（『園城寺文書』16-3）	帰国前に帰国予定船と報告
			商人			『平安遺文』4492（『園城寺文書』42）	
		861	大唐商人	在日	眞如親王、入唐のために大宰府へ移動。鴻臚北館に滞在	『五家伝』頭陀親王入唐略記	李延存と表記。李延存＝李延孝か
		862	大唐商人	唐→日		『三代』貞観4.7.23	安置供給
		865	大唐商人	唐→日	大宰府言上	『三代』貞観7.7.27	安置供給
	李英覺	856	渤海国商主	日→唐	円珍、台州公験（求法証明書）を申請	『平安遺文』124（『園城寺文書』17-3）	
			本国商人	唐→日	円珍の求法目録	『平安遺文』4480（『園城寺文書』29）	目録は帰国前に作成。帰国後、良房に奉る
C	李隣德	842	-	唐→日	恵蕚の帰国船提供に関する対話	『行記』会昌2.5.25	
					円仁が会昌2年のことを回想	『行記』会昌5.7.5	
		845	-	日→唐	訳語劉槇言の書信	『行記』会昌6.1.9	日本客とともに帰唐
	陶中	841	-	日→唐	円仁と新羅訳語劉槇言をつなげる人物として描写	『行記』会昌2.5.25・10.13	入唐僧のために物品を運送
		846	-	在唐	訳語劉槇言の書信	『行記』会昌6.1.9	
	金文習	862	唐人	日→唐	眞如親王入唐船の乗船員	『五家伝』頭陀親王入唐略記	

注記

1）「*」印は、商人個人に対してではなく、その船舶全体を指す。

2）区分Aは「新羅人―唐人」、Bは「渤海人―唐人」の国籍標記混在。Cは国籍表記は見えないが、新羅人として見なされる場合である。

3）区分A・Bは、渡邊誠「承和・貞観期の貿易政策と大宰府」（『平安時代貿易管理制度史の研究』同朋舎、2012年〔初出2003年〕）28～29頁の［海商国籍対照表］を修正・補完して作成。Cの「李隣德」を新羅商人と見る理由については、亀井明徳「鴻臚館貿易」（『新版古代の日本③九州・沖縄』角川書店、1991年）および田中史生「江南の新羅人交易者と日本」（『前近代の日本列島と朝鮮半島』山川出版社、2007年）を、「陶中」と「金文習」を新羅商人と見る理由については、李炳魯「古代日本列島の『新羅商人』についての考察――張保皐死後を中心に――」（『日本学』15、1996年）〔原文韓国語〕を参照。

まず、朝鮮王朝の申叔舟が編纂した『海東諸国紀』（一四七一年成立）所収「海東諸国総図」の地理認識についてであるが、この地図では壱岐と対馬が詳細に描かれているのに対し、五島は一つの小さな島として描写されており、朝鮮半島側が壱岐・対馬経由ルートを重要視したことが推測できる。一方、明末期に鄭若曾が編纂した『籌海図纂』（一五六一年成立）所収「日本国図」には、壱岐・対馬が簡素に描かれているのに対し、五島は九州の半分くらいの大きさで描かれて、五島が中国側から重要視されていたことが窺える。(55)

以上の内容は十五〜十六世紀の段階でも、朝鮮半島・日本間の交通においては壱岐・対馬経由ルート、中国・日本間の交通においては五島経由ルートの図式が当てはまることを示すものと考えられる。これは逆に（史料二）で五島列島を経由して来日したとある「貞観十一年新羅海賊」が朝鮮半島でなく、中国大陸の一地点からやって来た可能性を裏付けるものとも言えよう。

おわりに

従来は、貞観十一年（八六九）、博多に現れて豊前国の年貢絹綿を奪取した後、逃げ出した「新羅海賊」を「新羅から来た海賊」と捉えることが当然視されてきた。しかし、そのような理解は、九世紀以後、急激に拡大する新羅人の海上活動範囲を見逃し、日本列島と朝鮮半島というごく限られた領域のなかで想定された歴史像であるため、認め難い側面がある。

よって、本章では「貞観十一年新羅海賊」が五島列島を経由し来日したとする事実に注目し、それを日唐交通の脈絡からみるべきであると指摘した。実際に五島経由ルートは朝鮮半島と日本列島を繋ぐ交通路としては上手く機能を果たしていなかった反面、日本と唐との間では遣唐使、求法僧、商人らの往来を助ける海路の役割を担っていたことが明らかとなった。
一方、日本列島の対外交易管理システムが変化したことに対して唐商人との協業体制で対応した在唐新羅商人の動向は「貞観十一年新羅海賊」の性格を究明するにあたって一つの糸口になると考えられ、詳細な検討については、今後の課題としたい。

注

（1）「貞観十一年新羅海賊」という用語は、寛平年間（八八九～八九八）における新羅海賊と区別するための表現である。寛平年間の新羅海賊については、本書第二部第八章を参照。本章でいう「新羅海賊」は特に説明がない限り、すべて「貞観十一年新羅海賊」を指す。
（2）濱田耕策「王権と海上勢力――特に張保皐の清海鎮と海賊に関連して――」（『新羅国史の研究』吉川弘文館、二〇〇二年〈初出一九九九年〉）、権悳永「新羅下代における西・南海の海賊と張保皐の海上活動」（『対外文物交流研究』創刊号、二〇〇二年）〈原文韓国語〉、権悳永「新羅下代における西・南海域の海賊と豪族」（『韓国古代史研究』四一、二〇〇六年）〈原文韓国語〉など。
（3）佐伯有清「九世紀の日本と朝鮮――來日新羅人の動向をめぐって――」（『日本古代の政治と社会』吉川弘文館、一九七〇年〈初出一九六四年〉）、石上英一「日本古代一〇世紀の外交」（『東アジアにおける日本古代史講座（七）東アジアの変貌と日本律令国家』学生社、一九八二年）、石上英一「古代国家と対外関係」（『講座 日本歴史』古代二、東京大学出版会、一九八四年）など。
（4）戸田芳実「平安初期の五島列島と東アジア」（『初期中世社会史の研究』、東京大学出版会、一九九一年〈初出一九八〇年〉）
（5）戸田芳実前掲注4論文、三二一頁。

（6）戸田芳実前掲注4論文、三二三頁。
（7）注6と同じ。
（8）東野治之「ありねよし　対馬の渡り――古代の対外交流における五島列島――」（『続日本紀の時代』塙書房、一九九四年）。
（9）東野治之前掲注8論文、一七五～一七八頁。
（10）東野治之前掲注8論文、一七八頁。
（11）山内晋次「九世紀東アジアにおける民衆の移動と交流――寇賊・反乱をおもな素材として――」（『奈良平安期の日本とアジア』吉川弘文館、二〇〇三年〔初出一九九六年〕）。
（12）山内晋次前掲注11論文、一二〇頁。
（13）関周一「壱岐・五島と朝鮮の交流」（『中世日朝海域史の研究』吉川弘文館、二〇〇二年）一九一～一九二頁。
（14）李炳魯「日本列島の『東アジア世界』に関する一考察――主に九世紀の九州地方を中心に――」（『日本学誌』一七、一九九七年）〔原文韓国語〕。
（15）李炳魯前掲注14論文、一七頁。
（16）新川登亀男「東アジアのなかの古代統一国家」（『長崎県の歴史』山川出版社、一九九八年）。
（17）新川登亀男前掲注16論文、四八～五〇頁。
（18）村上史郎氏は、多様な形態の新羅人来航者を在唐新羅人、新羅本国から来た帰化希望者（＝流民）、漂流民などに区分せず、一括して「新羅国人」として捉えていた、大宰府官吏・藤原衛の認識について「実態から乖離したもの」と指摘している（村上史郎「九世紀における日本律令国家の対外意識と対外交通――新羅人来航者への対応をめぐって――」『史学』八九―一、一九九九年、三一頁）。
（19）東野治之前掲注8論文。
（20）東野治之前掲注8論文、一七七頁。
（21）山中耕作「肥前風土記値嘉郷の考察――南路管理資料の成立――」（『国学院雑誌』五九、一九六七年）四一～四四頁。
（22）『類聚三代格』巻五・弘仁四年（八一三）九月二九日太政官符には、「新羅之船来着件嶋、言語不通、來由難審。

彼此相疑、濫加殺害。望請減史生一人置件訳語者」とある。新羅船が対馬に来着したのにも関わらず、言語がうまく通じなくて、その事由を把握することが難しく、そのような状況が疑いや殺害にまで至っているため、史生一人に代わって新羅訳語一人を置くことにするとの法的措置である。ここでも「言語不通」の状況が確認される。但し、これは対馬と朝鮮半島との間に人の往来がなかったからではなく、むしろ新羅人の来着回数が急激に増加するにつれて発生している状況であるとの側面で〔史料六〕のそれとは差異がある。新羅・日本間の交流において対馬経由ルートが使用された例は、田島公「日本、中国・朝鮮対外交流史年表（稿）――大宝元年〜文治元年――」（『貿易陶磁：奈良・平安の中国陶磁』臨川書店、一九九三年）を参照。

(23) 新川登亀男前掲注16論文、五七〜六二頁。

(24) 遣唐使の入唐路については、石井正敏「外交関係――遣唐使を中心に――」（『古代を考える　唐と日本』吉川弘文館、一九九二年）八一〜八二頁を参照。

(25) 『肥前国風土記』の成立時期については、様々な見解が存在するが、ここでは「八世紀初頭」説に従う。これについては、東野治之前掲注8論文、一七六頁。

(26) 『入唐五家伝』「恵運伝」（『続群書類従』巻二一二／東寺観智院本〔影印写本〕／大日本仏教全書）にも同文が見える。なお、『安祥寺資財帳』（京都大学文学部日本史研究室編『〈京都大学史料叢書・一七〉安祥寺資財帳』〔思文閣出版〕）もあわせて参照。

(27) 『入唐五家伝』「智証大師伝」（『続群書類従』巻二一二／東寺観智院本〔影印写本〕／大日本仏教全書）にも同文が見える。

(28) 『続群書類従』巻一九三（『入唐五家伝』東寺観智院本〔影印写本〕／大日本仏教全書）からも確認できる。

(29) ここでは「欽良暉」が「大唐国商人」とあるが、『入唐求法巡禮行記』大中元年六月九日条には、「新羅人」となっているため、一般的には「在唐新羅商人」として理解されている。これについては、坂上早魚「九世紀の日唐交通と新羅人――円仁の『入唐求法巡礼行記』を中心に――」（『Museum Kyushu』二八、一九八八年）、亀井明徳「鴻臚館貿易」（『新版 古代の日本③ 九州・沖縄』角川書店、一九九一年）、榎本渉「新羅海商と唐海商」（『前近代の日本列島と朝鮮半島』山川出版社、二〇〇七年）などを参照。

(30) 「唐通事張支信」は〔史料八〕にみえる「張友信」と同日人物であろうと思われる。これについては、森公章

「大唐通事張友信をめぐって――九世紀、在日外国人の存在形態と大宰府機構の問題として――」（『古代日本の対外認識と通交』吉川弘文館、一九九八年）、村上史郎「九世紀における日本律令国家の対外交通の諸様相――大唐通事・漂流民送還・「入唐交易使」をめぐって――」（『千葉史学』三三、一九九八年）などを参照。

(31) 唐商人と新羅商人の協業関係については、榎本渉前掲注29論文を参照。

(32) 五島列島の諸地名に対する考察は、山中耕作前掲注21論文を参照。

(33) いずれも「みみらくのさき」と読める。一方、『万葉集』巻一六「筑前国志賀白水郎歌十首」には「美禰良久埼」と見える。

(34) 山中耕作前掲注21論文、四四頁では、五島列島経由航路を「裏通り」に過ぎないとしており、新川登亀男前掲注16論文、六〇頁では、それを「裏ルート」と表現している。

(35) 茂在寅男「遣唐使船と日中間の航海」（『遣唐使時代の日本と中国』小学館、一九八二年）。

(36) 榎本渉「明州市舶司と東シナ海海域」（『東アジア海域と日中交流――九～一四世紀――』吉川弘文館、二〇〇七年）、橋本雄「中世の国際交易と博多――〝大洋路〟対〝南島路〟――」（『前近代の日本列島と朝鮮半島』山川出版社、二〇〇七年）。

(37) ①「雙溪寺眞鑑禪師大空塔碑」（八八七年）の「有唐新羅國、故知異山雙谿寺、教諡眞鑑禪師、碑銘幷序」、②「聖住寺郎慧和尚白月葆光塔碑」（八九〇年以後）の「有唐新羅國、故兩朝國師、教諡大朗慧和尚、白月葆光之塔碑銘幷序」、③「深源寺秀澈和尚楞伽寶月塔碑」（八九三年・一七一四年重建）の「有唐新羅國、良州深源寺、故國師、秀澈和尚、楞伽寶月靈塔碑銘幷序」、④「崇福寺碑」（八九六年）の「有唐新羅國、初月山、大崇福寺碑銘幷序」、⑤「鳳巖寺智證大師寂照塔碑」（八九三年撰述・九二四年建立）の「大唐新羅國、故鳳巖山寺、教諡智證大師、寂照之塔碑銘幷序」、⑥「寧越興寧寺澄曉大師塔碑」（九二四年撰述・九四四年建立）の「有唐新羅國、師子山、□□□□□、教諡澄曉大師、寶印之塔碑銘幷序」、⑦「鳳林寺眞鏡大師寶月凌空塔碑」（九二四年）の「有唐新羅國、故國師、諡眞鏡大師、寶月凌空之塔碑銘幷序」、⑧「太子寺郎空大師碑」（九五四年）の「新羅國、石南山、故國師、碑銘後記（中略）白之所記者、□以、大師於唐新羅國景明王之天祐年中、化緣畢已、明王諡號銘塔、仍勅崔仁滾侍郎、使撰碑文（後略）」、以上の八例が確認される。①～⑤・⑦は、韓国古代社会研究所編『訳注 韓国古代金石文』Ⅲ（駕洛国史跡開発研究院、一九九二年）〔原文韓国語〕を参考し、⑥・⑧は、韓国歴史研究会編『訳注 羅末麗初金石文』上・下（慧眼、一九九六年）〔原文韓国語〕を参考した。
(38) 韓国古代社会研究所編前掲注37書および韓国歴史研究会編前掲注37書では、それを単に「新羅国」と解釈している。
(39) 藤堂明保編『漢字源（改訂第四版）』（学研、二〇〇九年）七三三頁。
(40) 権悳永「八、九世紀における新羅人の『西学』活動」（『（専修大学社会知性開発研究センター）東アジア世界史研究センター年報』二、二〇〇九年）一〇九頁。
(41) 『続日本紀』宝亀十年（七七九）十月乙巳（九日）条。
(42) 『続日本紀』宝亀十年（七七九）十月癸丑（十七）条。
(43) 『続日本紀』宝亀十一年（七八〇）正月己巳（二日）条。
(44) 〔史料八〕〔史料九〕〔史料十〕など。
(45) 〔史料七〕など。
(46) 田島公前掲注22論文。
(47) 〔史料三〕〔史料四〕〔史料五〕〔史料六〕など。
(48) 小野勝年『入唐求法巡礼行記の研究』全四巻（法蔵館、一九六四年）など。
(49) 権悳永『在唐新羅人社会研究』（一潮閣、二〇〇五年）〔原文韓国語〕、田中史生「江南の新羅人交易者と日本」（『前近代の日本列島と朝鮮半島』山川出版社、二〇〇七年）、朴現圭「台州地区の羅麗遺跡と地名に関する考察」（『新羅文化』三一、二〇〇八年）〔原文韓国語〕、田中史生『越境の古代史：倭と日本をめぐるアジアンネットワーク』（ちくま新書、二〇〇九年）など。
(50) 田中史生前掲注49論文および書。
(51) 榎本渉前掲注29論文。
(52) 榎本渉前掲注29論文、八六〜八七頁。
(53) 森克己「日宋交通と海洋の自然的制約」（『続日宋貿易の研究』国書刊行会、一九七五年）。
(54) 田中健夫「海外刊行の日本の古地図」（『対外関係と文化交流』思文閣出版、一九八二年）。
(55) 田中健夫前掲注54論文、三五六〜三五七頁の地図を参照。

第七章　新羅海賊事件と大宰府管内居住新羅人の動向

はじめに

これまで見てきたとおり、九世紀頃から対日本交流の担い手として登場する新羅人に対する研究は、古くよりなされてきた。朝鮮半島に拠点を置いて活動した海上勢力についてはもちろん、唐の沿海地方に居留しつつ日本を往来した新羅商人に対する研究の蓄積は膨大であり、当該期の時代像を理解するにあたって良い参考になっている。[(1)]

その反面、同時期の日本列島内に居住していたと見られる新羅人に注目した研究は、さほど多くないように見える。九世紀以後を分析範囲とする研究では、殆ど「移動する人々」「来着外国人」という素材が強調され過ぎる状況の中で、「定着した人々」「日本に長期居住した人々」の存在については見過ごした側面もあったものと思われる。しかし、最近博多津に「新羅坊」と言うべき居留社会が形成されていたという主張が提起され、関心を集めている。[(2)]

興味深いのは、新羅人集団居留地の存在が、ほかでもなく新羅海賊事件が処理される過程で確認されている点である。先行研究では、一般的に新羅海賊事件について、日本が対外方針を転換することになった要因として取り扱ってきた。つまり、それ以前までは開放的であった対外交流を閉鎖的・消極的な方向に導いた契機が、新羅末期の混乱相を示す「新羅海賊」の出現にあったという分析である。新羅海賊事件とは、当該期における日本の排外意識、特に新羅に対する敵視・賊視観をよく示す素材として機能してきたのである。

しかし、発想を転換してみれば、必ずしもそのような側面のみが見られるわけでもないことがわかる。むしろ、新羅海賊事件を通じて当時の東アジア海域に構築されていた交流ネットワークの一側面を読み取ることができることは、前章で述べた通りである。従来の研究では、日本列島と朝鮮半島という限られた領域範囲のなかでこの問題を考えてきた点を指摘し、今後は日唐間の交流という文脈上で「新羅海賊」の性格を見直す必要があると論じたのである。(3) そのような成果をふまえ、本章では新羅海賊事件の処理過程で問題視された大宰府管内の新羅人の動向に焦点を当てて、そこから読み取れる側面を纏めていきたい。

一　新羅海賊事件と大宰府の新羅人居留地

一　海賊事件の処理と新羅人社会の顕在化

「新羅海賊」の出現については、以下の史料に見られる。前章でも紹介したが、再度見てみよう。

〔史料一〕『日本三代実録』貞観十一年（八六九）六月十五日辛丑条

大宰府言、去月廿二日夜、新羅海賊、乗艦二艘、来博多津、掠奪豊前国年貢絹綿、即時逃竄、発兵追、遂不獲賊。

ここには、貞観十一年（八六九）五月二十二日の夜、「新羅海賊」が二艘の船に乗って日本の博多湾に現われ、豊前国の年貢絹綿を奪取・逃走し、それに対して、日本側が兵士を出動させて追いかけたが、捕まえることができなかったことが記されている。

事件発生以後の初期対応については『日本三代実録』貞観十一年（八六九）七月二日条に詳細に見られる。(4) その記事によると、日本の朝廷は、勅を下し、大宰府の対応姿勢を叱責している。西海道諸国の貢調使は博多津より同時に出航することを例としていたにも関わらず、豊前国の貢船が勝手に出発したために海賊の襲撃をゆるしたことを指摘した上で、さらに、この度の失態は官物の亡失に止まらず、国威の損辱でもあるというのが、その理由であった。つまり、豊前国の使のみならず、大宰府にも責任があることを明確にしているわけである。また、記事（＝勅）の後段からは、事件の際に海賊と応戦した海浜の百姓の功を大宰府が上申していなかったことや、海賊事件の被嫌疑者として何人の人々が拘束されていたこと、そして彼らを放却するように命じたことが確認される。

〔史料一〕には、兵士に追わせたが、その海賊を捕えることはできなかったとあるものの、同年七月二日の勅には拘禁されている人たちの話が出てきていることが、注目される。実は、海賊の捕獲が失敗に終わったことに関しては、『日本三代実録』貞観十一年十二月五日条からも見て取れる。ここにも、〔史料一〕の内容と同じく、事件が発生した日、統領・選士などを遣わして「新羅海賊」を追討することを命じたが、その兵力が懦弱で任務を遂行することができなかったと見られるわけである。ところが、先に紹介した『日本三代実録』貞観十一年七月二日戊午条には、「又或人言、盗賊逃去之日、海邊百姓五六人、冒死追戦、射傷二人。事若有実、寧非忠敬。而府司不申、何近掩善。又所禁之人、雖有嫌疑、縁是異邦最思仁恕。宜停拷法、深加廉問早従放却」とあり、海浜の百姓が死を冒して、逃亡する海賊を追い、相戦った結果、海賊行為の「嫌疑」がある人々を拘禁することになったように記されている。関連史料の記述のみでは、その「海邊百姓五六人」が海賊の逮捕まで関与したかどうかまでは明らかにし難いと思われるが、統領・選士ですら逃した海賊を、一般の百姓が追いかけ、彼らに打撃を加えた事実は非常に面白く感じられる。

〔史料二〕『日本三代実録』貞観十二年（八七〇）二月二十日壬寅条

①勅大宰府、令新羅人潤清宣堅等卅人及元来居止管内之輩、水陸兩道給食馬入京。先是彼府言、新羅凶賊掠奪貢綿、以潤清等処之嫌疑、禁其身奏之。②太政官処分、殊加仁恩、給粮放還。潤清等不得順風、无由帰発其国。対馬嶋司進新羅消息日記、并彼国流来七人、府須依例給粮放却。但蕞爾新羅、凶毒狼戻。亦廼者対馬嶋人卜部乙屎麿、被禁彼国、脱獄遁帰、説彼練習兵士之状。若彼疑洩語、為伺気色差遣七人、詐称流来歟。凡垂仁放還、尋常之事、挟奸往来。当加誅僇。③加之、潤清等久事交関、僑寄此地。能候物色、知我无備。令放帰於彼、示弱於敵。既乖安不忘危之意。④又従来居住管内者、亦復有数。此皆外似帰化、内懐逆謀。若有来侵、必為内応。請准天長元年八月廿日格旨、不論新旧、併遷陸奥之空地、絶其覬覦之心。従之。（番号・下線は筆者、以下も同一）

貞観十一年七月二日条で、最初に言及された海賊事件の被嫌疑者の正体が、〔史料二〕の段階で明らかにされる。〔史料二〕によると、日本の朝廷は大宰府に勅を下し、潤清など三十人及び以前から管内に居住していた新羅人らを上京させる。ところが、潤清らは「新羅海賊」の貢綿略奪に関わった嫌疑で、大宰府に拘束された人々であった。これに対して、朝廷は潤清らに粮料を支給して帰国させることにする。しかし、順風に遭えず帰国できずにいたところ、対馬島司が新羅消息日記を進めると同時に新羅人七人の漂着を報告する。大宰府としては前例により粮料を支給して帰国させるべきであるが、近頃、新羅から逃れ帰った対馬人の卜部乙屎麻呂が、新羅では兵士を調練している、と伝えたこともあり、漂着新羅人は、日本の消息を窺うために派遣されたものかも知れないという恐れも増幅された。一方、潤清らが、「交関」のために久しく大宰府に居住し、日本の事情をよく承知しているのも心配の原因となっていた。彼らを帰国させることは、敵に弱点をしらせることになるし、さらに以前から管内に居住する新羅人は数多いということで、仮に新羅が来襲する場合、内応の恐れもあったからである。そのような諸事情を考え合わせた結果、天長元年（八二四）八月二十日の格に准じて、新旧を論ぜず、新羅人を陸奥国の空地に遷しおくことになったようである。

〔史料二〕の①及び②は、先に取り上げた『日本三代実録』貞観十一年七月二日戊午条の「又所禁之人、雖有嫌疑、縁是異邦最思仁恕。宜停拷法、深加廉問早従放却」とあるところと同じ内容を伝えているように思われる。つまり、朝廷（＝太政官）が海賊事件の被嫌疑者に見せた「仁恕」の姿勢や「放却」の措置は、〔史料二〕の②に見られる「仁恩」や「放還」とそれぞれ対句を成しているのである。このことから読み取れる重要な事実は、貞観十一年七月の勅の段階では、明確ではなかった被嫌疑者の正体が、貞観十二年二月、即ち〔史料二〕の段階では明らかにされたという点である。具体的には①に見える「新羅人潤清宣堅等卅人」であると言えよう。

〔史料二〕の①によると、朝廷は、「新羅人潤清宣堅等卅人」のみならず、「元来居止管内之輩」も入京させている。それに対して大宰府は、「新羅凶賊掠奪貢綿、以潤清等処之嫌疑、禁其身奏之」と告げている。問題は貢綿を掠奪した嫌疑を受けている者が、「潤清等」となっているところである。よって、ここでは「潤清等」が、「新羅人潤清宣堅等卅人」を指しているのか、それとも「新羅人潤清宣堅等卅人」はもちろん「元来居止管内之輩」までを含めているのかが争点になるのである。この問題については次の史料が参考になるかと思われる。

〔史料三〕『日本三代実録』貞観十二年六月十三日甲午条

是日。勅令筑前・肥前・壱岐・対馬等国嶋、戒慎不虞。又言、所禁新羅人潤清等卅人、其中七人逃竄。

〔史料三〕では、拘禁されていた新羅人潤清ら三十名の中、七名が逃亡したことが確認される。ここでの「所禁新羅人」は前に出た『日本三代実録』貞観十一年七月二日戊午条の「所禁之人」を思わせる表現で海賊事件の嫌疑を受け、拘束されている新羅人を指すものと考えられる。〔史料三〕では、そのような立場であった「所禁新羅人」を「潤清等卅人」と指摘しているために、〔史料二〕の①に見られる「新羅凶賊掠奪貢綿、以潤清等処之嫌疑、禁其身奏之」という文言での「潤清等」も「元来居止管内之輩」を除いた「新羅人潤清宣堅等卅人」を指していると見てよいだろう。つまり、潤清・宣堅ら三十名の新羅人のみが「海賊」の嫌疑を受けていたのである。

但し、先行研究も指摘しているように、潤清らを〔史料一〕に出て来る「新羅海賊」そのものと完全に同一視するのは、注意すべきである。(5) いわゆる「新羅海賊」という存在は、日本列島ではない他の地域から船に乗って来日したと知られている反面、(6) 潤清などの新羅人三十名は、〔史料二〕の③で見られるように、「交関」に従事して久しい者たちで、日本列島に居住していた人々であるからだ。両者は性格が異なる集団であるため、区別して考えなければならないのである。潤清らが海賊事件の被嫌疑者として扱われているのにも、何らかの理由があったという観点から検討していく必要があると言えよう（次の章で詳論する）。

〔史料二〕で最も注目されるのは、大宰府管内に新羅人が数多く居住していた事実である。〔史料二〕の①及び③によると、潤清・宣堅などの三十名をはじめとして、以前からずっと大宰府管内に居住した新羅人らが確認される。しかも④で伝えられているように、そのような新羅人の数が少なくなかったことが分かる。以前までは、中央権力である朝廷から把握されていなかった新羅人社会の存在が、貞観十一年の新羅海賊事件を処理する過程で顕在化するようになったという点は、非常に興味を引く部分である。それが唐の山東半島等地に形成されていた「新羅坊」に比肩できるほどなのかについては、(7) 未だ検討の余地がないわけでもないが、大宰府を中心とした地域に少なくない規模の新羅人居留地が形成されていたのは明らかと思われる。

二　大宰府居住の新羅人の存在形態

ここでは、大宰府管内に居住していた新羅人らは、いつ頃からそこに定着することになったのか、そして、彼らはどのような性格を持つ人々であったのかという問題について、一つずつ検討していきたい。

まず、新羅人が大宰府地域に定着することになった時期についてである。〔史料二〕には「元来居止管内之輩」「潤清等久事交関、僑寄此地」「又従来居住管内者、亦復有数」と記され、まるで数多い新羅人が大宰府地域に古くから居住していたように解釈される。九世紀における新羅人の来日状況については、少なくない研究がなされており、来航者の人数も相当な水準に至るということはよく知られているが、[8] 来航した新羅人の全てが日本列島に定着したわけではない。特に、承和九年（八四二）を起点とし、日本側が新羅人の入境に対する政策を転換することによって、列島内の新羅人社会の状況も大きく変わってきたことに注目する必要がある。

〔史料四〕『続日本後紀』承和九年（八四二）八月丙子（十五日）条

大宰大弐従四位上藤原朝臣衛上奏四条起請。一曰。新羅朝貢、其来尚矣。而起自聖武皇帝之代、迄于聖朝、不用旧例。常懐姦心、苞茅不貢。寄事商賈、窺国消息。方今民窮食乏。若有不虞、何用防夭。望請、新羅国人、一切禁断、不入境内。報曰、徳沢洎遠、外蕃帰化。専禁入境、事似不仁。宜比于流来、充粮放還。商賈之輩、飛帆来着、所齎之物、任聴民間令得廻々、了速放却。二曰、…（後略）

〔史料四〕は大宰大弐藤原衛の四か条起請の中、第一項目に当る内容である。この起請によって、朝廷は「帰化」を目的とする新羅人の入境を禁止する。[9] 但し、「流来」の場合は、例に准じて粮料を支給して放還することと、「商賈之輩」（＝商人）の場合は、民間交易を許し、それが終わった後、速やかに帰国させることを命じていることが確認される。[10] もちろん、そのような措置がうまく守られていたのかについては再び詳細に検討する必要があるとしても、〔史料四〕とほぼ同文の格が出された事実もあり、[11]〔史料二〕でも対馬嶋司の「新羅消息日記」に「流来」した新羅人七人に「粮」を支給し、「放却」したと記され、承和九年の方針が、ある程度守られていたことが確認されることから、この時期を起点として「入境」新羅人が「放還」された可能性は極めて高いと考えられる。従って、〔史料二〕の段階で大宰府管内に居住することが明らかにされた新羅人らは、遅くても承和九年（八四二）以前から定住し始めたと見てよいだろう。

次には、大宰府居住の新羅人はいかなる性格を持っていた人々であったのかについて考察してみたい。帰化人ないし渡来人とも呼ばれるいわゆる在日外国人の存在形態については、彼らに対する処遇事例や関連法規などを中心に整理されている先行研究が少なくない状況である。(12) ここでは、それらの成果をふまえ、大宰府管内の新羅人を類型別に纏めると以下の如くである。

最初にあげられるのは、「交関」（＝交易）に従事する人々である。潤清らの新羅人は大宰府をベースとして、そこを往来する外国商人集団と取引を行った可能性が想定されるわけである。しかし、彼らは単なる交易従事者ではない、という事実が後掲〔史料五〕に見られ、興味を引く。

後掲の〔史料五〕には、「清倍・鳥昌・南巻・安長・全連」の五名、「僧香嵩・沙弥伝僧・関解・元昌・巻才」の五名、「潤清・果才・甘参・長焉・才長・真平・長清・大存・倍陳・連哀」の十名、合わせて二十名の人名が見えている。しかも、面白いのはその名前に身分を表す用語が付いている点である。「香嵩」や「伝僧」という人名とともに登場する「僧」「沙弥」というのが、まさに彼らの性格を語ってくれる用語である。「僧香嵩・沙弥伝僧・関解・元昌・巻才」とあるので、「沙弥」が後ろの「関解・元昌・巻才」の三人にもかかるかどうか、つまり、「伝僧」をはじめとして、「関解・元昌・巻才」までの四人とも「沙弥」であるのかどうかは不明ではあるものの、大宰府管内に居住する新羅人グループの中に「僧」「沙弥」などの僧侶が含まれていたのは注目すべきである。

さらに、特殊な技術を持つ者も見られる。〔史料五〕の「潤清・長焉・真平等、才長於造瓦。預陸奥国修理府造瓦事、令長其道者相従伝習」から、「潤清・長焉・真平」以上の三人が瓦を造る技術を持っている人々であることが見て取れる。彼らが陸奥国修理府の造瓦業務を預かる一方、その技術に優れている者にして、互いに伝習するよう命じていることは、彼らの持っていた技術のレベルを間接的に示すものと考えてよいだろう。

一方、交易者でも僧侶でも技術者でもない一般定住者の存在も見られる。〔史料二〕の①・④にそれぞれ出て来る「元来居止管内之輩」と「従来居住管内者」とが、まさに一般定住者に該当する新羅人であると言えよう。〔史料二〕の④の「亦復有数」という表現からは、新羅人の数がかなり多かった事実を知ることができる。史料的な状況からは、彼ら一般定住者が何を生業としたのか不明であるが、大宰府という地理的・立地的条件を考えてみれば、潤清らのように、日本を往来する外国商人との交易業務やそれと関わる職業に従事した可能性が高いと思われる。定住者の一部である潤清らが、「新羅海賊」との関わりで疑われた理由も、彼らが海外を往来する人々と頻繁に接触していたからであるだろう。

以上で取り上げた新羅人らは、その存在形態を異にしていたが、大宰府に長期居住するために法的に「帰化」という方法を選んだことは、共通する。〔史料二〕に「此皆外似帰化、内懐逆謀」とあることから、実際に「帰化」した者として、法規という枠組みのなかで暮らしたのかは分かり難い。但し、安定的な居住権を確保する法的手段として「帰化」を選択し、一定の地域範囲に定着できたことと、そのなかで、「新羅人」という民族的なアイデンティティーをも守りながら生きていくことができたのは明確な事実と見てよいだろう。

二　大宰府管内居住新羅人の移配とその背景

一　東北・東国地方への配置

前掲〔史料二〕では、新羅人潤清ら三十名及び元来大宰府管内に居住していた新羅人多数を入京させるように命じている。新羅人は出発後、水路や陸路を経由して平安京に押送されたことも同史料から知られる。しかし、〔史料三〕から、途中で潤清ら三十名の中、七名が逃亡したことが確認される。以下の〔史料五〕によると、朝廷が処分を下すのは、最終的に新羅人二十名に対するものと考えられる。〔史料二〕の段階でその正体を現し、海賊事件にも関わったと疑われた大宰府管内の新羅人のうち、〔史料五〕で確認される二十名を除いた残りの行方は明らかではないのである。それで、本項では、行跡が比較的に明確である二十名の動向について考えてみたい。

〔史料五〕『日本三代実録』貞観十二年（八七〇）九月十五日甲子条

遣新羅人廿人、配置諸国。清倍・鳥昌・南巻・安長・全連五人於武蔵国。僧香嵩・沙弥伝僧・関解・元昌・巻才五人於上総国。潤清・果才・甘參・長焉・才長・真平・長清・大存・倍陳・連哀十人於陸奥国。勅、潤清等処於彼国人掠取貢綿之嫌疑、須加重譴以粛後来。然肆□宥過、先王之義典。宜特加優恤、安置彼国沃壌之地、令得穏便。給口分田営種、幷須其等事一依先例。至于種蒔秋獲、並給公粮。僧沙弥等安置有供定額寺、令其供給。路次諸国、並給食馬随身雑物、充人夫運送。勤存仁恕、莫致窘苦。…（中略）…潤清・長焉・真平等、才長於造瓦。預陸奥国修理府造瓦事。令長其道者相従伝習。

まず、潤清ら二十名がそれぞれ武蔵国・上総国・陸奥国に配置されたことが注目される。「清倍・鳥昌・南巻・安長・全連」以上の五人は武蔵国に、「僧香嵩・沙弥伝僧・関解・元昌・巻才」以上の五人は上総国に、「潤清・果才・甘參・長焉・才長・真平・長清・大存・倍陳・連哀」以上の十人は陸奥国に安置された。彼らが海賊事件の被嫌疑者にもかかわらず、各国の「沃壌之地」に安置し、口分田及び営種料を支給するのはもちろん、秋の収穫期までは「公粮」を提供するように命じている。なお、「僧」「沙弥」などは定額寺に安置し、彼らにも供給している。そして、二十名の新羅人が大宰府より諸国に移動する際にも、「食馬」「雑物」「人夫」を提供するなど、非常に破格的な待遇を示す朝廷の決定は興味深い。潤清ら二十名に対する移配については、海賊事件に巻き込まれた大宰府居住の新羅人を徹底に弾圧した結果、と見ている先行研究もあるが[13]、処分の内容を見る限り必ずしもそのような措置とは見られない。

史料の末端には、陸奥国に配置された新羅人のうち、「潤清・長焉・真平」は瓦を造る才能を持っており、彼らをその国の修理府へ配属させ、そこで技術を伝授するようにしていることが確認される。

大宰府居住の新羅人らが、東国地方及び東北地方に分散配置される名目的な理由は、彼らが豊前国の貢綿船を奪取したとする海賊事件に関与した嫌疑を受けていたからである。つまり、移配というのは、海賊事件の被嫌疑者に対する処罰の手段だったのである。しかし、以上の検討によると、移配された新羅人は好待遇を受けていたと見られる。だとすると、日本の朝廷が大宰府管内に居住する新羅人らを武蔵国・上総国・陸奥国に配置したのには、他の背景ないし論理が作用したからではないだろうか。

二　新羅人移配の事情

①　新羅人と縁海地域の官吏らとの結合

大宰府居住の新羅人を東国及び東北地方に移配した背景を明らかにするためには、まず、西海道で現われ始めた新たな動きに注目する必要があると思われる。

〔史料六〕『類聚三代格』巻十八・天長八年（八三一）九月七日官符

太政官符

応検領新羅人交関物事

右被大納言正三位兼行左近衛大将民部卿清原真人夏野宣偁、奉勅、如聞、愚闇人民傾覆櫃、踊貴競買、物是非可韜弊則家資殆罄。耽外土之声聞、蔑境内之貴物。是実不加捉搦所致之弊。宜下知大宰府厳施禁制、勿令輙市。商人来着、船上雑物色已上、簡定適用之物、附駅進上。不適之色、府官検察、遍令交易。其直貴賤、一依估價。若有違犯者、殊処重科、莫従寛典。

天長八年九月七日

〔史料六〕の太政官符では、まず、日本列島の人民らが、新羅商人から不当な高価で品物を購入する現状を指摘した上で、それが大宰府司の怠慢によるものであるとしている。そこで、大宰府にこの官符を下し、今後、もし新羅商人が来着したら、船内の品物をすべて検査し、朝廷が必要とするものを優先的に確保し、駅を利用して進上することや、それ以外のものは、大宰府司の管理下で、適正な価格で交易すべきことを命じている。

〔史料七〕『続日本後紀』承和二年（八三五）三月己未（十四日）条

大宰府言。壱岐島遥居海中、地勢隘狭、人数寡少、難支機急。頃年新羅商人来窺不絶、非置防人、何備非常。請令島徭人三百卅人、帯兵仗、戍十四処要害之崎。許之。

〔史料六〕の天長年間の対策がうまくいかなかったのか、〔史料七〕の承和初期には、新羅商人に対する警戒態勢は益々強化される。大宰府は新羅商人の往来が絶えないという判断のもと、壱岐島民三三〇名に兵仗を持たせて要害の地点に配置することを請うなど、新羅人の来着を強く意識する海上防衛対策を立てる。しかし、そのような措置があったにもかかわらず、新羅人と日本人との商業的な接触は相次いで行われたように見られる。前章で取り上げた〔史料四〕で、新羅商人が来着する場合、すぐ帰すのではなく、民間交易を行ってから帰すように命じたのも、現実をよく反映していると考えられる。

なお、前筑前国守の文室宮田麻呂と新羅人張宝高との取引が発覚した事件(14)も、その一面を示していると言えよう。

〔史料八〕『続日本後紀』承和九年（八四二）正月乙巳（十日）条

（前略）…是日、前筑前国守文室朝臣宮田麻呂、取李忠等所賷雑物。其詞云、宝高存日、為買唐国貨物、以絁付贈、可報獲物、其数不尠。正今宝高死、不由得物実。因取宝高使所賷物者。縦境外之人、為愛土毛、到来我境、須欣彼情令得其所。而奪廻易之便、絶商賈之権。府司不加勘発、肆令並兼。非失賈客之資、深表無王憲之制。仍命府吏、所取雑物、細砕勘録。且給且言、兼又支給糧食、放帰本郷。

以前、張宝高に絁《あしぎぬ》を渡し、唐物を受け取ることと約束した文室宮田麻呂は、新羅人李忠らの貨物を差し押さえるに至る。張宝高の死去を聞いた宮田麻呂は、宝高と約束した取引が成り立たなくなるのを心配し、宝高の部下である李忠らが保有していた貨物を差し押さえたのである。朝廷は、宮田麻呂の行為に対して、商人の活動を阻害することと判断し、大宰府司に命じて、貨物を宮田麻呂から取り返して、李忠らに返し、また食料などを支給して帰国させたとある。

〔史料八〕は、筑前国守という比較的高い官職を歴任した人物による新羅人との密貿易を伝えている記事という側面で、日本側の一般百姓と新羅商人との間で行われた交易とは違う意味を持つ事例として評価できる。西海道地域で多様なレベルの人々が、多様な形態で、来日する新羅人（特に、新羅商人）に内応していた様子が、以上の事例から窺えるのである。

九世紀前半から問題視された西海道の人々と新羅人との商業的な結合は、九世紀後半の段階に至ると、共謀事件の形態で転化していく。

〔史料九〕『日本三代実録』貞観八年（八六六）七月十五日丁巳条

大宰府馳駅奏言、肥前国基肆郡人川邊豊穂告、同郡擬大領山春永語豊穂云、与新羅人珎賓長、共渡入新羅国、教造兵弩器械之術。還来将撃取対馬嶋。藤津郡領葛津貞津、高来郡擬大領大刀主、彼杵郡人永岡藤津等、是同謀者也。仍副射手卌五人名簿進之。

〔史料十〕『日本三代実録』貞観十一年（八六九）十月二十六日庚戌条

太政官論奏曰、刑部省断罪文云、貞観八年隠岐国浪人安曇福雄密告。前守正六位上越智宿祢貞厚、与新羅人同謀反造。遣使推之、福雄所告事是誣也。至是法官覆奏、福雄応反坐斬。但貞厚知部内有殺人者不挙。仍応官当者。詔、斬罪宜減一等処之遠流。自余論之如法。

〔史料十一―①〕『日本三代実録』貞観十二年（八七〇）十一月十三日辛酉条

筑後権史生正七位上佐伯宿祢真継奉進新羅国牒。即告大宰少弐従五位下藤原朝臣元利万侶与新羅国王通謀欲害国家。禁真継身付検非違使。

〔史料十一―②〕『日本三代実録』貞観十二年十一月十七日乙丑条

勅大宰府、追禁少弐藤原朝臣元利万侶、前主工上家人、浪人清原宗継、中臣年麿、興世有年等五人。以従五位下行大内記安倍朝臣興行、為遣大宰府推問密告使、判官一人、主典一人。

〔史料九〕は、大宰府が馳駅して、肥前国人らが新羅人珍賓長と共に新羅に渡って武器を製造し、対馬の奪取を企てている由を報告し、通謀の証拠として射手四十五人の名簿を進めたことを伝えている。通謀に関与した者のうち、具体的に名前まで知ることができる人物は合わせて三人で、それぞれ「藤津郡領」「高来郡擬大領」「彼杵郡人」として登場する。このことから新羅人と共謀した日本人らは、肥前国の郡領層であったことが判明する。

次の〔史料十〕は、貞観八年、隠岐国の浪人安曇福雄が、前隠岐守越智貞厚と新羅人との反逆計画を密告した内容となっている。結局、その密告は虚偽であったのが明らかにされ、刑部省は誣告した福雄を斬刑に処すべきと上申した。

ここに見られる越智貞厚という人物については、遣唐使史生として入唐した祭に、揚州の市場で交易を行ったことが知られるほか、[15]仁寿三年（八五三）の円珍入唐に際して発給された大宰府の公験に「大典 越貞厚」の署名が見える。[16]承和の遣唐使の航海が、新羅人の助力に頼るところが大きかった点を考えると、遣唐使の一員であった貞厚と新羅人とのつながりは或る意味では必然的でもある。貞厚はそのような経験を基にして、帰国後にも大宰府官人として新羅人との交易に関与した可能性が高く、隠岐国でも新羅人との貿易に深く関わっていたと十分考えられる。おそらく福雄の密告があったのも、隠岐地域で交易をめぐるトラブルが発生したからではないか、と思われる。[17]

〔史料十二〕に見られる大宰少弐藤原元利万侶と新羅人との通謀事件は、筑後権史生佐伯真継が、「新羅国牒」を証拠にして、元利万侶が新羅国王と共謀して国家を害せんとすることを告発したものである。朝廷は元利万侶及び共謀者として上家人、清原宗継、中臣年麿、興世有年ら五名の身柄を拘束し、大宰府に推問密告使を派遣したが、その後の処分については史料に見られないため、通謀の真偽は不明である。特に、新羅国王が大宰少弐と通謀したという設定に対しては疑問が残る。但し、当時、新羅から齎された牒状は、大宰府のみならず、[18]場合によっては筑前国[19]や肥後国[20]などで受付する事例もあったことから、筑後権史生である佐伯真継が「新羅国牒」を入手したというのは、十分あり得る話と言えよう。

以上の検討から、密かに行われた交易活動や通謀事件など、西海道等地の在地勢力と来着新羅人との私的な結合は、国家支配の不安を招くような現状であったことが明らかになった。大宰府管内に居住する新羅人らは、まさに日本列島の人々と来着新羅人とを結び付ける存在でもあったため、朝廷は彼らを東国・東北地方へ移配することによって、そのような結合を遮断しようとしたのである。

②　移配地の状況

大宰府居住の新羅人を分散配置したもう一つの目的は、東国地方及び東北地方の事情から見つけることができる。論議の便宜のために、改めて新羅人二十名の移配状況を整理すれば、以下の如くである。

清倍・鳥昌・南巻・安長・全連（五人）⇒武蔵国
僧香嵩・沙弥伝僧・関解・元昌・巻才（五人）⇒上総国
潤清・果才・甘参・長焉・才長・真平・長清・大存・倍陳・連哀（十人）⇒陸奥国

前掲〔史料五〕には、移配された新羅人のうち、僧・沙弥などは「定額寺」に安置し、彼らに粮料を公給したとある。このことから僧・沙弥などの僧侶らは、配置された地域の「定額寺」で何らかの役割を務めたと思われる。〔史料五〕で僧・沙弥の身分を持つ人物としては、「僧香嵩」と「沙弥伝僧」があげられる。ところが、二人とも上総国に配置された。総合的に考えてみれば、香嵩と伝僧とは上総国の定額寺に送られた可能性が極めて高いと言える。それでは、彼らはそこで何の役割を果たしていたのであろうか。ヒントになるのが以下の〔史料十二〕である。

〔史料十二〕『日本三代実録』貞観元年（八五九）七月十三日丙寅条
（前略）…又詔。諸国定額寺、堂塔破壊、仏経曝露、三綱檀越、無心修理。頃年水旱不時、疫癘間発。静言其由、恐縁彼咎。宜下知五畿内七道諸国、修理部内諸寺堂塔、其料充寺家田園地利、若無田園者、勘録支度帳言上。…（後略）

〔史料十二〕には、諸国定額寺の堂・塔は破壊され、仏経は露に濡れたにもかかわらず、三綱や檀越は、それを修理するに関心を持たない状況が続いた事実が伝えられる。水旱および疫病などの自然災害がしばしば発生する原因も、そのような怠慢にあるとし、諸国に修理を命じているのである。大宰府に住んでいた香嵩・伝僧らを上総国の定額寺へ移配させたのも、おそらく貞観年間における寺院政策の一環として行われた措置であるかも知れない(21)。

次には、陸奥国に移配された潤清ら十名について考えてみたい。〔史料五〕の末端には「潤清・長焉・真平等、才長於造瓦。預陸奥国修理府造瓦事。令長其道者相従伝習」とあり、陸奥国に配置された十名のうち、潤清・長焉・真平などの三名は、瓦を造るに優れた技術を保有していたことがわかる。それでは、潤清らが持っていた技術は、どのように使用されたのであろうか。これに関してはまず以下の〔史料十三〕が注目される。

〔史料十三〕『日本三代実録』貞観十一年（八六九）五月二十六日癸未条

陸奥国地大震動、流光如晝隠映。頃之、人民叫呼、伏不能起。或屋仆壓死、或地裂埋殪。馬牛駭奔、或相昇踏。城郭倉庫、門櫓墻壁、頽落顛覆、不知其数。海嘯哮吼、聲似雷霆、驚濤涌潮、泝徊漲長、忽至城下。去海数千百里、浩々不辨其涯俟矣。原野道路、惣為滄溟。乗船不遑、登山難及。溺死者千許、資産苗稼、殆無子遺焉。

以上の史料によると、貞観十一年の大地震により陸奥国の施設が甚大な被害を受けたことが知られる。「城郭倉庫、門櫓墻壁、頽落顛覆」という文言から、陸奥国所在の或る城柵が破壊されたことが分かる。しかし、その城柵が具体的にどこを指しているのかは不明である。但し、〔史料十三〕に「忽至城下。去海数千百里」とあることから、当該城柵は、縁海ではないとしても、地震による津波が押し寄せることが可能な程度の位置に建てられていたと考えられる。つまり、海岸線からはるか遠くはない所に位置していた建物である可能性が高いのである。陸奥国内にある城柵のうち、徳丹城や胆沢城は海岸線からかなり距離を置いた地域に位置しているため、上記の条件を満たすのは多賀城しかないと見てよいであろう。(22)

一方、多賀城跡に対する発掘調査によって、各種建物の配置、出土遺物などが確認されている。(23) そのうち、政庁跡の発掘調査からは、政庁がⅠ期からⅣまで大きく四時期の変遷段階を持つことが明らかにされ、(24) 貞観年間に新羅人が陸奥国に移配された理由を考えるにあたって助けになっている。調査報告書によると、Ⅰ期政庁は神亀元年（七二四）～八世紀半ば頃、Ⅱ期政庁は八世紀半ば頃～宝亀十一年（七八〇）、Ⅲ期政庁は宝亀十一年～貞観十一年（八六九）、Ⅳ期政庁は貞観十一年～十世紀半ば頃を、その存立時期としているという。(25)

ここで、注目されるのは、Ⅲ期とⅣ期との画期となるのが、貞観十一年となっている事実である。貞観十一年は、陸奥国の大規模自然災害による破壊の時期でもあったが、多賀城が新たに生まれる復興の時期でもあった。その時期から始まるⅣ期には、従来に比べて一番大きな規模を持つ政庁が建てられたと確認されるのである。

なお、政庁遺跡から出土した遺物のなかで、最も多いのが瓦や土器であるのは、興味を引く所である。さらに、類型面でも数的な面でも一番大きい割合を占めているもの、そしてⅣ期の出土遺物のうち、一番多量に発掘されたものが、瓦であるという事実は、(26) 非常に重要な意味を持つと言えよう。それは、大宰府管内に居住していた新羅人潤清ら十名が、なぜ陸奥国に配されたのかを示しているからである。

以上の検討から、自然災害などで困難な状態に直面している諸国に、その地域が必要とする才能や技術を持っている新羅人を配置したことが見て取れた。(27) つまり、新羅人は、東国や東北地方の建物保守ないし修理に求められる人的資源として充当されたと見られるのである。

〔史料十四―①〕『日本三代実録』貞観十五年（八七三）六月二十一日甲寅条
武蔵国司言。新羅人金連・安長・清信等三人逃隠、不知在所。令京畿七道諸国捜捕金連等。貞観十二年自大宰府所遷配也。
〔史料十四―②〕『日本三代実録』貞観十五年九月八日庚午条
甲斐国言。新羅沙門伝僧・巻才二人、来寄山梨郡。伝僧等、貞観十三年徙配上総国者也。仍令還着本処焉。
〔史料十四―③〕『日本三代実録』元慶三年（八七九）四月二日辛酉条
貞観十二年九月十五日、配置新羅人五人於武蔵国、至是。国司言。其中二人逃去、不知在所。仍太政官下符左右京五畿七道諸国捜索。

〔史料十四〕で確認される新羅人は、貞観十二年（八七〇）に配置された者である。①・②・③でそれぞれ武蔵国から逃亡、上総国から逃亡、さらに武蔵国から逃亡の事例が見えているものの、この場合も、移配新羅人に求められた役割が単純でも簡単でもなかったことを意味するのであると見てよいだろう。特に〔史料十四―②〕で、上総国を離れ、甲斐国山梨郡に逃亡した沙門伝僧・巻才二人を、本来通り上総国に戻したのも、彼らが甲斐国ではなく、上総国で果たすべき特定の役割があったからであると推測できる。

おわりに

基礎史料の検討に終始したが、本文の考察から得られた結論は以下の如くである。

・新羅海賊事件を処理する過程で大宰府管内の新羅人社会が顕在化した。それが、先行研究で指摘されるように「新羅坊」と呼ばれるほどの規模を持つ集団居留地であったかどうかは判断し難いが、日本に来着した数多くの新羅人が、大宰府管内の特定地域に集まり、生業に従事していたのは明らかである。
・多数の新羅人は承和九年（八四二）以前の或る時点で日本に「帰化」し、そのような法的方法をとって長期居住の権利を得た。
・そのような新羅人集団は、交易従事者をはじめとして僧侶・技術者及び一般定住者らによって構成されていた。
・大宰府管内居住の新羅人のうち、潤清ら二十人が武蔵国・上総国・陸奥国に移配された。
・新羅人の移配は、単に海賊事件に対する処罰次元ではなく、多様なレベルの在地勢力と来着新羅人との密やかな結合を遮断することに第一目的があった。
・移配された新羅人が持っている技術を当該地方で使用することももう一つの目的であった。

航海術の発達を原動力とする国際的移動の時代になると、国家はヒトやモノの流通を強く統制することができなくなる。一方、対外交通路を容易に使用することができる境界地域の人々は、中央権力との緊張関係の中でも移動を通じた利益を得るようになる。

従来の研究では、貞観十一年（八六九）の新羅海賊事件を、日本・新羅関係における「葛藤」「対立」の象徴として理解して来た。しかしながら、そのような評価は、国境を跨ぐ地域で発生する諸現状を統制・管理しようとした中央権力の観点より眺めたことに過ぎない。むしろ、当該事件を通して、多様なレベルの多様な構成員が活発に「交流」を行い、場合によっては集団居留地を形成したりするなど、「共存」したことが読み取れるのではないだろうか。

注

(1) 石上英一「古代国家と対外関係」(『講座日本歴史』古代・二、東京大学出版会、一九八四年)、村井章介「王土王民思想と九世紀の転換」(『思想』八四七、一九九五年)、権悳永『在唐新羅人社会研究』(一潮閣、二〇〇五年)など。

(2) 石井正敏「大宰府の鴻臚館と張宝高時代を中心とした日本・新羅関係」(『七～一〇世紀における東アジア文物交流の諸像(日本編)』海上王張保皐記念事業会、二〇〇八年)〔原文韓国語〕。

(3) 本書第二部第六章。

(4) 新羅海賊事件への対応については、山崎雅稔「貞観十一年新羅海賊来寇事件の諸相」(『國学院大學大学院紀要——文学研究科——』三二、二〇〇一年)を参照。

(5) 佐伯有清「九世紀の日本と朝鮮」(『日本古代の政治と社会』吉川弘文館、一九七〇年〔初出一九六四年〕)。

(6) 『三代実録』貞観十八年(八七六)三月九日条及び〔史料一〕。

(7) 石井正敏前掲注2論文。

(8) 佐伯有清前掲注5論文など。

(9) しかし、朝廷と大宰府の間には、新羅人入境禁止をめぐる意見の差が存在していたという点を見逃してはいけないだろう。この問題については、渡邊誠「承和・貞観期の貿易政策と大宰府」(『ヒストリア』一八四、二〇〇三年)が参照になる。

(10) この問題については、山崎雅稔「承和の変と大宰大弐藤原衛四条起請」(『歴史学研究』七五一、二〇〇一年)、渡邊誠前掲注9論文などが参考になる。

(11) 『類聚三代格』巻十八・承和九年八月十五日の太政官符。

(12) 森公章「古代日本における在日外国人観小考」(『古代日本の対外認識と通交』吉川弘文館、一九九八年)など。

(13) 李炳魯「九世紀後半に発生した新羅人謀反事件の再検討」(『日本学報』三七、一九九六年)〔原文韓国語〕、佐伯有清前掲注5論文など。
(14) この事件については、李成市『東アジアの王権と交易』(青木書店、一九九七年)で詳細に言及されている。
(15) 『入唐求法巡礼行記』開成四年(八三九)二月二十二日条。
(16) 『平安遺文』一〇二号・仁寿三年(八五三)二月一日大宰府牒。
(17) この問題については、山崎雅稔前掲注4論文が参考になる。
(18) 八世紀の事例としては、『続日本紀』天平宝字八年(七六四)七月十九日条に見える「執事牒」、九世紀以後のものとしては、『続日本後紀』承和三年(八三六)十二月三日条の「新羅執事省牒」、『続日本後紀』承和十二年(八四五)十二月五日条の「康州牒二通」がある(本書第一部第三章を参照すること)。
(19) 『続日本後紀』承和九年(八四二)正月十日条の「閻丈が筑前国に上げた牒状」(本書第一部第三章)。
(20) 『三代実録』仁和元年(八八五)六月二十日条の「執事省牒」(本書第一部第三章)。
(21) 平安初期の定額寺については、西口順子『平安時代の寺院と民衆』(法蔵館、二〇〇四年)、大江篤「神の怒りと信濃国定額寺」(『日本古代の神と霊』臨川書店、二〇〇七年)などを参照。
(22) 早くは、宮城県教育委員会編『宮城県多賀城跡調査研究所年報・一九六九』(宮城県教育委員会、一九六九年)がこのような見解をとっている。
(23) 宮城県多賀城跡調査研究所『(多賀城市史別巻三)多賀城跡　政庁跡本文編』(多賀城市多賀城市史編纂委員会、一九八二年)。
(24) 高倉敏明「多賀城跡の発掘調査成果」(『多賀城跡』同成社、二〇〇八年)。
(25) 注24と同じ。
(26) 注24と同じ。
(27) 従来は八世紀までの渡来人の技術及び技能移転に対する論議が主に成されてきたことについては、鈴木靖民の最近論文、「古代日本の渡来人と技術・技能移転――製鉄・学芸を中心に――」(『國學院雑誌』一〇九―一一、二〇〇八年)で上手く纏められているが、今後は、これまで注目されることのなかった九世紀以後における渡来人の役割について検討していくべきではないだろうか。

第八章　寛平新羅海賊考

はじめに

　これまでの考察からもわかるとおり、新羅海賊は、平安時代初期の国際交流がもつ特質を理解するにあたって非常に重要な存在である。そのため新羅海賊に注目した研究は少なくはない。[1] ところで、先行研究を分析してみる限り、そのほとんどは九世紀の各時期に出現した新羅海賊を同質的・連続的な存在として把握しているようにみられる。こうした立場においては、たとえ史料上には「新羅海賊」と明記されていなくても、[2] 海上活動中に葛藤やトラブルを起したようになっている新羅人ならば、すべて新羅海賊とみなされてしまうのである。[3] もちろん、似たような事例を結び合わせて捉えようとする研究姿勢も肝心であるが、そうなった場合、複雑多岐に絡み合っている国際交通の諸相や、各事柄が有する個別性・特殊性が見逃されてしまうのではないだろうか。

　なお、出没背景、勢力規模、活動範囲、使用航路、行動様式、組織化程度などの諸要素からみて九世紀における新羅海賊を一つの固まりとして論じることは難しいと判断される。これまでの研究とは違って今後は時期的な変化様相に留意しつつその実体に迫らないといけない理由もここにある。

筆者は平安時代初期において明瞭に新羅海賊と呼ばれるべき存在を、大きく二段階に分けて考えており、その一つである貞観十一年新羅海賊についてはすでに前章でも詳論した。(4)残りの一つは本章の検討対象でもある寛平新羅海賊である。(5)詳しくは後述するが、ここで言う寛平新羅海賊とは、寛平年間（八八九～八九八）において日本列島の所々を襲った新羅人海上勢力いっさいを指す総称である。

この寛平新羅海賊については、関連記録が体系的でなく、得られる情報量においても限界があるということで、これまで専論的に取り扱われたことがなかった。とはいえ、当時の時代像を把握するにあたってすこぶる重要な論点が語られる場合には、むしろ常に言及されるほど主な関心の対象となってきた。寛平遣唐使の停止問題からの接近や、(6)軍事史・軍制史の立場からのアプローチは、(7)その代表的な事例である。また、東アジア海域における民衆交流の事例として論じられたこともあり、(8)それ以外にも平安貴族の国際意識の変容という立場から、(9)そして新羅末期の政治的混乱及び国家財政問題との関連性のなかで取り上げられたことがある。(10)このように多様な観点からの考察が行なわれてきたが、残念なことに新羅海賊そのものに対しては十分に検討されたことがないようにみられる。特に①寛平新羅海賊がなぜ特定の時期に、特定の地域を狙ったのか、②寛平新羅海賊とは朝鮮半島のどういった勢力が海賊化したものであり、また海賊化した理由は何なのか、というような行為論的・実体論的主題をめぐっては依然として論議の余地があると言えるだろう。そこで本章では従来詳論されたことのない①・②のような問いに対して積極的に答えつつ寛平新羅海賊の実体に迫りたい。

一　寛平新羅海賊の動向

まずは、寛平新羅海賊の登場前夜の状況について見てみよう。九世紀後半の始まりにあたる貞観年間（八五九～八七七）において日本側が来着新羅人に対して強い警戒意識を示したためか、[11] 後に続く元慶年間（八七七～八八五）には新羅人の来航事例が見当たらない。史料上から再び新羅人の来日が確認されるのは仁和元年（八八五）の段階である。

関連記録によると、仁和元年四月十二日、新羅国使と称する徐善行らが執事省牒を持参して肥後国天草郡に来着したとする。[12] 大宰府が行なったようにみられる尋問の結果、徐善行らには国王の啓（新羅国王名義の外交文書）がなく、所持している執事省牒の形式も従来の例とは異なるという理由で、同年六月二十日に放還が決定される事件が起こったのである。日本側はこの事件を不吉な予兆と認識したのか、その後、八月一日には北陸道諸国や長門国、大宰府等に警固を勤めさせている。[13] 表面的にはこうした措置が、「北境西垂」で兵賊が発生するかもしれないと言った陰陽寮の報告によるものとみられるが、[14] 実質的にはちょうどその頃問題視されていた唐商人の大宰府来着に強く影響を受けたものと考えられる。日本の朝廷は十月二十日、大宰府に下知して、王臣家の使者および大宰府管内の吏民が唐商人の将来品を競買することを禁止しているが、その原因を唐商人の来着状況から探っていたのである。[15] 実際にこうした私的な交易行為そのものは、兵賊と呼ばれるべき軍事的な挑発とは言い難く、むしろそれとは関係がないようにみえる。だが、対外交易において先買権の行使を維持したがる中央政府の立場からみると、私貿易ないし密貿易の根本的な原因となる外国商人の来航自体が——国家秩序を攪乱する災異の一種とも言える——兵賊として受け止められた可能性は十分にあり得る。[16] おそらく新羅人徐善行らが、偽使のように認識されたのも、唐商人のような外部集団の来着やそれに伴う無秩序な交易の横行が敏感な問題として作用していたためなのかも知れない。

寛平二年（八九〇）十月三日には新羅人三十五人が隠岐国に漂着したとする記事があって注目される。こうした事実は翌年（八九一）二月二十六日付の隠岐国の言上から明らかになるが、言上によると、漂着新羅人らに対して米・塩・魚・藻等が支給される様子が確認される。(17) また、寛平五年（八九三）には新羅僧神彦ら三人が長門国へ漂着したと伝えられる。表向きは漂着を称しているが、本当は何らかの目的をもって来航したとみていたためか、日本側の担当官司は新羅僧侶に対して「詰問」を行なったという。厳しい尋問の結果、無実が判明したのか、神彦らに粮を支給し帰国させている。(18)

この二例からは、漂流した新羅人らに対して路糧にあたるモノを支給しているという共通点も見出されるが、両者間にはある程度の温度差も感知される。(19) まずは隠岐国に漂着した新羅人らへの処遇とは違って長門国に漂着した新羅僧らに対してはより厳重な調査を実施したという点である。さらに、史料の欠落によるものなのかもしれないが、前者に対しては約四ヶ月の滞在を許した反面、後者の場合はほぼ即時放却という厳しい措置がとられたのも相違する点と言えよう。これはおそらく寛平二年の段階とは大きく異なる寛平五年頃の対外的な事情変化があったからではないだろうか。

案の定、寛平五年の五月になると、新羅海賊が肥前国の松浦郡を襲う事件が発生する。大宰府の飛駅使によって知られたこの事件に対して、中央政府は大宰帥是忠親王や大宰大弐安倍興行らに勅符を発し追討を命じている。(20) 約二ヶ月前にあった新羅僧侶の漂着と新羅海賊の出没とがいかに関係するのかは不明であるが、もしかしたら当時の西日本諸国では、海を渡って来る新羅人らの動きからすでに異変を感じており、それに備える次元で警戒強

化という内部的な方針を取っていたのかも知れない。(21)

今度は新羅海賊が肥後国の飽田郡を襲ったと報告される。その地で人宅を焼いたとの内容が閏五月三日、朝廷に伝えられたのである。(22)この海賊らは飽田郡より肥前国の松浦郡へ移動しその姿を現わしたようである。松浦郡ではいかなる行為を見せたのかわからないが、その地から逃亡する姿を見たとの報告に基づき、新羅海賊を追討せよとの勅符が出されたのである。(23)

続く六月二十日にも新羅海賊のことを上奏する飛駅使に勅符を授かる場面が確認される。(24)今回はどの地域を狙って来たか明確ではないが、松浦郡に登場した新羅海賊が逃げた直後の閏五月七日や六月六日には大宰府飛駅使が京に来ていることから、(25)閏五月三日に報告された勢力が相次いで出没していたものと考えられる。

少し落ち着いたように思われた新羅海賊の出没が再び報告されたのは、翌年である寛平六年（八九四）の二月二十二日であった。(26)今回も西海道の一地域を襲った新羅海賊を追討せよとの命令を出しているが、さほど効果がなかったのか、同年三月十三日頃にはある島（史料には「辺島」とある）が彼らのターゲットとなってしまったようである。(27)

行動範囲を少しずつ広げていく新羅海賊にどれほど悩んでいたのかは、四月十日、大宰府管内の諸神に奉幣させる場面から見て取れる。(28)しかし神々の霊験はあらたかでなかったらしい。その直後である四月十四日に重ねて新羅海賊の出没が報告されたわけである。今度は対馬島への来着であった。(29)ついに大宰府は「凶賊」討平のために中央からの将軍派遣を要請した。恐らくは従来の海上防備体制では体系的で効果的な防御作戦が不可能であろうとの判断があったらしい。朝廷は大宰府の要求に迅速に応じた。飛駅使からの上奏があった四月十六日当日、参議藤原国経を大宰府権帥に任命し、新羅海賊の追討を命じたのである。(30)北陸・山陰・山陽道諸国に下知して、武具を整備し精兵を選び警固に努めさせたことや、東山・東海道に勇士を召集させたこともちょうどこの頃であるが、[31] こうした措置が新羅海賊の追討と直接に関わるのかは不明である。明らかな事実は新羅海賊追討のために主要な神社に幣帛を奉る儀礼が続いたことであり、実例として伊勢神宮への奉幣が確認されるという点である。[32] この時期、陸奥・出羽両国に警固を命じたこと、幣帛使らを諸神社に派遣したこと、山陵使を遣わしたこと等も対新羅海賊防御戦略と連動していたのかもしれない。[33]

新羅海賊が逃去したとの連絡が中央政府に届いたのは、五月七日、大宰府飛駅使が上京した時であった。しかし飛駅使が「逃去不獲」の事由を上奏したことからもわかるように、新羅海賊が完全に鎮圧されたわけではなかった。海賊の出没がまたいつあるのか全くわからない状況のなかで警戒態勢を維持することは必然的責務でもあった。[34] 実際に西海道では防衛体制が整備される。寛平六年八月九日、貞観十八年（八七六）に停止された対馬島への防人差遣を復活させる太政官符が出されたのはわかりやすい事例と言えるだろう。[35]

戦列を整えたためなのか、寛平六年九月にはいよいよ勝戦の消息が届く。この時期の新羅海賊については二系統の史料が伝わるが、まず『扶桑略記』によると、九月五日、対馬島司は新羅賊徒の船、四十五艘が到着したことを言上する。その四日後である九月九日には大宰府が飛駅使を進上する。実際に新羅海賊との戦いが何日に始まったのか不明であるが、九月十七日付の「日記」には、対馬守の文室善友が郡司・士卒等を率いて戦場で赫々たる手柄を立てたとの話が伝えられる。善友の部隊は新羅海賊三〇二人を射殺し、船十一艘のほか、敵軍が所持していた武器・武具等をも奪取する大きな戦果を挙げたという。[36] 一方、『日本紀略』によると、九月十九日に新羅賊二百余人を打殺し諸国に軍士警固の停止を命じたとする。[37] これら二系統の記録は日付や戦果の具体的な内容の面で相違するが、対馬島駐屯の官軍が新羅海賊に大いに勝ったというナラティブの構造は変わらないので、同じ事柄を伝えているとみなして良いだろうと思われる。

西海道近海においての新羅海賊の活動がようやく落ち着いたと思いきや、九月三十日には再び新羅海賊の出没し、二十人の海賊を退治したことが伝えられた。大宰府は、まだ新羅人による海賊行為が鎮定には至らなかったと判断したのか、改めて管内諸国に警固を命じている。同じ日、対馬島の和多都美神等に対して神位をそれぞれ一階級ずつ上げているが、それは今回こそ新羅海賊が鎮圧できればという熱い念願がこもったものと言えるだろう(38)。

さて、こうして終わらなさそうにみえる日本側と新羅海賊との熾烈な攻防は、結局、新羅海賊の退去を知らせる十月六日付の上奏を終わりに一段落つく(39)。その後も新羅海賊に備えるための兵力の増置や弩師の配置等が行なわれるが(40)、実質的に海賊が出没した事例は見当たらない。

以上、寛平新羅海賊の動きを時系列的に検討してみたが、そこからは幾つかの特徴が指摘できると思われる。まず新羅海賊の出没は大きくみて、寛平五年五月末~六月末、寛平六年二月末~五月初、寛平六年九月の三段階に分けられるという点である。次に日本側がとっていた軍事的防備体制が時間の流れに従い徐々に強化された点、そして最初は大宰府官人が指揮体系の中心であったのに対し、後には中央からの指揮官派遣を要求するようになった点である。さらに、新羅海賊が特定の時期に特定の地域を意図的に狙ったという点である。彼らは寛平五・六年両年にわたって、他の地でなく肥前国松浦郡、肥後国飽田郡、対馬島のような特定の地域を中心に出没したのである。

二　対馬の防人制と物資調達方式

新羅海賊はなぜ寛平五・六年という時期に特定の地域を集中的に攻略したのだろうか。この問いに対しては時間的側面と空間的側面からのアプローチが可能であるが、まずは空間・地理的な観点から考えてみよう。

最初は対馬島についてである。そもそも対馬島は耕地に乏しく農業生産力も著しく低いところとしてよく知られている。[41]それにもかかわらず新羅海賊がこの島を狙った理由はどこにあるのか。これに関しては、防人制の変遷過程と対馬島への経費調達方式が注目される。

防人制とは、白村江の戦い以後、対馬島・壱岐島・筑紫国に防人や烽を設けることから始まる。この時の防人は基本的に三年交替で東国から派遣されて来た兵士を指す（以上『日本書紀』天智三年〔六六四〕是歳条）。ところが天平九年（七三七）には東国防人（二千余人）の西海道派遣を中止することになる。その代わりに西海道現地の筑紫人を以て防人として壱岐・対馬に派遣することになったのである（以上『続日本紀』同年九月癸巳〔二十二日〕条）。天平勝宝七歳（七五五）以前のある時点には東国防人制が一時復活されたようであるが、天平宝字元年（七五七）にそれをまた停止、西海道七国（筑前・筑後・肥前・肥後・豊前・豊後・日向）の兵士一〇〇〇人を以てこれに代える。その後、東国防人制は認められない。しかし現実的には東国防人が西海道北部に多く残留していたようである（以上『続日本紀』天平宝字元年閏八月壬申条〔二十七日〕条および天平神護二年四月壬辰〔七日〕条）。延暦十一年（七九二）には軍団兵士制が撤廃される大きな軍制改革が行なわれるが、大宰府管内などの「辺要」は例外地域であった（以上『類聚三代格』巻十八・同年六月七日官符）。同じ脈絡なのか、延暦十四年（七九五）にも広く防人制を廃止する方針が定められ、必要なところは当地（「辺要」）の軍団兵士制を以て適宜に補うことにしたが、壱岐・対馬では防人が維持された。その理由は、辺防上のことに加えて、西海道六国（六国は前の七国から日向を除く）の軍団兵士を遠い二島に往還させること（十日ごとの交替が原則）は困難であるから、中長期的な防人制（三年が原則であり、この場合は東国からではない）を残すというところにあったとする（以上『類聚三代格』巻十八・同年十一月二十二日官符）。また、延暦二十三年（八〇四）には、これまで西海道六国から壱岐に派遣されていた防人二十人を停止し、壱岐島内の兵士三〇〇人を以て交替させることにする。壱岐島の防人粮が筑前国の粮から支給されており、その海漕に困難が極まったからであった（以上『日本後紀』同年六月甲子〔二十一日〕条）。一方、大同元年（八〇六）には近江国にいる夷俘六百人以上（六四〇人か）を大宰府に移し防人に充てたとする記録も見出される（以上『類聚国史』巻百九十・風俗・俘囚・同年十月壬戌〔三日〕条）。

以上、九世紀初頭までの防人制の変遷について概観してみたが、(42) ここから見て取れるのは、財政的かつ交通運輸上の困難と危険に遭遇しつつも、また日本列島全体の傾向にも関わらず、壱岐・対馬や西海道北部の防人制を何とか継続しようとする強い意思である。さらに、運営方法的な側面での変化は多少あったとしても、特に対馬島・壱岐島に限っては防御兵力としての防人をどうしても維持し続けようとした姿勢が窺える。一方、西海道においての防人制運用が単に兵力運用という人事的側面のみならず、物流・交通・財政負担等の側面、即ち在地兵力をいかに支えるのかという物資調達方式の諸問題とも密接に関わっていたことも注目される。

では、寛平年間における対馬島の防人運用の実態はどうなっており、防人運用に必要とする経費はどのように充当したのだろうか。この問題を解決するために、まずは寛平年間に至るまでの事情、変化について検討してみよう。

九世紀初頭から半ばまでの実態を詳細に伝えている『日本三代実録』貞観十八年（八七六）三月九日丁亥条は

良い参考になる。

九日丁亥、参議大宰権帥従三位在原朝臣行平起請二事、其一事、請営壱伎嶋水田一百町使充対馬嶋年粮曰、検文簿、六国一年所漕運対馬嶋年粮穀二千斛、運賃并雑用析穀穎三万四千五十束、就中筑前、筑後、肥前、豊前、豊後等国各三百廿斛、肥後国四百斛、運賃穀一万七十四束、并綱丁挟杪水手百六十五人、徭丁稲三千二百八十束、凡厥所費、大略如件、而往古以来、全到者寡、年中漂五六之三四、以故、運輸之国、人物徒尽、検領之嶋、粮儲常空、壱伎嶋司并習俗人民等皆申云、壱伎嶋者、肥前国昧旦発程、入夜着岸、対馬嶋与壱伎嶋、又亦如之、其潮落潮来、不似他処、而陸地人民、不詳波程、故蕩没連踵、溺死不絶者、今謹検故実、延暦以往、件年粮籾、従六ケ国、逓送於壱岐嶋、壱岐嶋受領、転送於対馬嶋、而大同以来已停廃、伏以、古人遠図、深達物理、但令六国漕運、猶未由救弊、因検文簿、壱伎嶋課丁二千余人、並是半輸者也、千人貢御油、千人進府儲油并雑穀等、又同嶋水田六百十六町、而没八十六歩、就中除百姓口分田并雑田等之外、死者口分并疫死口分、国造田等一百余町也、今商量、役千人丁、営百町田、其勢易於反掌、停進府之雑物、運対馬嶋年粮事、又便於人民、仮令停壱岐嶋所進雑油并雑穀等、令進六国、停六国所運年粮、令営壱伎嶋田、相折利害、所返納稲二万九千六百卌余束、即其支度用途載在別紙、但反経之可否、利害難明、因召彼嶋守賀茂直峯并練事書生等、令陳利害、勘署已訖、(中略)今行平所請上件二条、漸欲省風浪運漕之費、存封疆任土之規、有以詳矣、臣等伏以商量、営水田充年粮事、頗乖仍旧謀、合権宜、請試許二年、先明息耗、(下略)

この史料は冒頭に記されているように、大宰権帥の在原行平が上申した起請文である。行平の起請では大きく二つの事柄が語られているが、本章で分析しようとするものは、そのうち一つ目の内容である(43)。そこから対馬島をめぐる論議の一端が窺えるのである。

行平の上奏によると、九世紀においての対馬島も以前と同様に西海道諸国に支えられていたようである。筑前・筑後・肥前・肥後・豊前・豊後の西海道六国は毎年にわたり対馬島の年粮を分担していた。年粮は基本的に穀二〇〇〇石の規模であり、筑前・筑後・肥前・豊前・豊後の五国が各三二〇石を、肥後はそれより多い四〇〇石を負担したという。これら諸国は運賃などの諸費用も負担しなければならなかったので、実質的な責任はより重かったものと考えられる。しかし六国から集まった物資の半分以上は、運送途中に漂没したらしい。だからなのか、対馬島まで無事に届いたものはいつも足りなかったようであり、もちろん年粮の備蓄量も多くはなかったという。

ところで、西海道六国が対馬島への漕運直行を担当したのは大同年間（八〇六〜八一〇）に入ってからであり、それ以前の延暦年間（七八二〜八〇六）までは壱岐島がその業務を担当仲介した模様である。以前には九州本土の肥前国⇒壱岐島⇒対馬島と繋がる漕運ルートが用いられたのであるが、大同年間以降にはそのルートが九州本土の肥前国⇒対馬島へ変わったわけである。潮の干満や波の事情に詳しくなかった陸地の人民にとっては、多くの物資を積載して出航するのは確かに命懸けの問題であった。

六国からの不満が極まったためか、それとも在原行平自らの判断なのかはよくわからないが、こうした中で上申されたのがまさに右の起請文なのである。ところで、貞観十八年（八七六）三月の時点で大宰権帥の行平が求めているのは、再び漕運方式を変えることであった。今回の提案は壱岐島⇒対馬島への変更であり、これは海上運送に詳しく対馬島までの接近にも地理的に有利であった壱岐島に再び漕運を委ねようとする動きでもあった。

しかしそうなると、逆に壱岐島の財政的な負担がかなり大きくなってしまうので、その代わりに西海道六国に壱岐が負担してきた大宰府進納を課するという調整案も同時に出された。つまり、壱岐島に対しては、大宰府進納を免除する代わりに対馬島の年粮やその運送を負担させる反面、西海道六国に対しては、対馬島の年粮や漕運を免除する代わりに壱岐島の大宰府進納分を負担させる方式が試みられたのである。文字通り、お互いの利害を相殺する方法であった。前に上げた『日本三代実録』記事の末尾内容によると、在原行平の提案は、公卿大臣による審査の上――二年間の試しとしてではあったが――一応裁可されたという。

以上で貞観年間に至るまでの状況を検討してみた。ここでわかるのは、まず、過去は「西海道六国⇓壱岐島⇓対馬島」となっていた漕運ルートが、大同年間より「西海道六国⇓対馬島」と変わり、貞観十八年の段階ではむしろ「壱岐島⇓対馬島」へと要請されていた点である。このことは漕運負担の主体は時期によって変化してきたとしても、対馬島に年粮が供給されること自体は一度も変わらなかったのを意味する。対馬島への物資調達は持続されていたのである。ついで二番目は、西海道六国が漕運負担を負うことを前提とする話であるが、諸国の物資は一応肥前国に集まり、そこから海上運送が始まっている点である。三番目は西海道六国のうち肥後国の財政負担が他の五国より多かった点である。

対馬島への転漕システムが、貞観年間以降いかに運用されていたのかについては、元慶三年（八七九）十月の政策変更から見て取れる(44)。対馬島の年粮を壱岐島が単独で負担していたパターンが西海道六国による「分力運送」へと変わったわけである。『延喜式』編纂の段階まで依然として筑前・筑後・肥前・肥後・豊前・豊後の六国が毎年穀二〇〇〇石を対馬島に漕運していることからみると(45)、その「分力運送」方式は新羅海賊の出没頻度が絶頂に達した寛平五・六年まで続いていたとみて良いだろう。

長い間問題視されてきた対馬島の年粮はその基本的な用途は島司および防人らの年粮であった(46)。では、今までの理解をふまえ、もう一度寛平新羅海賊の話に戻り、寛平年間における防人運用の実態について見てみよう。防人制と物資調達方式との関連性、また、それらと新羅海賊の出没との関わりを集約的に示している『類聚三代格』巻十八・寛平六年（八九四）八月九日官符は次のように伝えている(47)。

太政官符
　応依旧差遣対馬嶋防人事
右得大宰府解偁、太政官去貞観十八年三月十三日下府符偁、参議権師従三位在原朝臣行平起請偁、防人九十四人、是六国所点配也、配遣年久、漂亡者多、仍問嶋司等、申云、往年配遣之人、或因嫁娶為居、或習漁釣為業、留住不帰、往往而有、今新点之民、或蕩没或逃亡、徒失課役之人、還非扞城之士、望請、停止配遣、令輸役料、便以其物雇留住人者、右大臣（基経）宣、奉勅、依請者、自爾以降、停件防人只送功物、而今新羅寇賊屡窺彼嶋、焼亡官舎、殺傷人民、加以弊亡有漸、民氓衰耗、況便弓矢者、百分一二、因茲討賊使少弐従五位上清原真人令望更留府兵五十人、権宛援兵備其不虞、今尋差遣防人之興、元為辺戍、而停彼兵士令輸役料、是兵革不用之時権議也、謹案物意、安不忘危、存不忘亡、豈不慎非常之謂乎、若不置件戍何以備守、望請、簡択精勇、復旧差遣、謹請官裁者、大納言正三位兼行左近衛大将皇太子傅陸奥出羽按察使源朝臣能有宣、奉勅、依請、
　　寛平六年八月九日

この官符によると、去る貞観十八年(八七六)、大宰権帥在原行平は、対馬の防人を六国より差遣することをやめて、役料のみを輸し、その物を以て、同島の留住人を雇わせることを要請、以後それが裁可されたという。行平がそのような起請をあげた理由としては、既存に差遣された防人の場合、結婚や転業などで現地化してしまい、結局帰らずに留住しており、新たに派遣されてきた防人の場合、蕩没したり逃亡したりして実際に防人として任務遂行ができなくなった状況があげられている。しかし貞観年間以来、防人の派遣が停止され、功物のみを送ることにしたということで、寛平期に至っては新羅海賊の出現頻度が増加し被害規模も大きくなったようである。そこで賊討使として東北地方で蝦夷との実戦経験をもっている清原令望を任命する一方、(48)非常時に備えるために堅実な防人の充員(防人の差遣)を要請したのである。大宰府管内諸国から強健者を選び対馬防人に差遣するという方針が、『延喜式』編纂段階においても見えていることから、(49)この時期に定められた防人規定は少なくとも暫くは続いたとみられる。

前述したとおり、寛平年間における新羅海賊の出没は寛平五・六年に集中しており、寛平六年五月七日の退去消息を終わりに暫く小康状態を迎える。(50)新羅海賊が再びその姿を現わす時点は、寛平六年九月頃であるが、まさに五月と九月との間に、対馬島においての防人制の運用が整備されたわけである。

一方、精勇で強健な防人の供給がうまくなされていなかった時期にも、穀二〇〇〇石などの年粮は対馬島へ次々と調達されていたことは先に確認した通りである。防人制が緩んでいたなかで、毎年多量の兵力維持用物資が集まる対馬島の状況こそ、新羅海賊にとって最も魅力的に感じられたのではないだろうか。

三　肥前国松浦郡と肥後国飽田郡

寛平六年には対馬島を主な攻撃のターゲットとした新羅海賊であるが、それより前の寛平五年五月頃には、肥前国松浦郡や肥後国飽田郡を襲ったという。(51)では、なぜ松浦郡と飽田郡であったのか。

まずは松浦郡について見てみよう。松浦郡は、肥前国の北部および西部、日本列島の最西端に位置する郡である。北松浦半島および平戸島・生月島・大島・鷹島、五島列島の島嶼からなり、南部は彼杵郡、東部は杵島郡・小城郡と接する。郡域は現在の長崎県域の北松浦郡・南松浦郡と佐世保市・松浦市・平戸市および福江市にわたるが、また佐賀県西部の東松浦郡・唐津市・西松浦郡・伊万里市にも及ぶ極めて広い範囲であった。(52)寛平五年(八九三)五月十一日や同年閏五月三日、肥前国松浦郡への新羅海賊の来襲が言上された事実がわかっても、具体的にどういった地点を狙ったのか特定し難い理由も実はそこにあると言えよう。

ところが、対馬島の事例と同様に、寛平新羅海賊が物資の集積地をターゲットとしたと仮定すると、松浦郡の場合もある程度出没地点を推定することは可能である。その時、前節でみた『日本三代実録』貞観十八年三月丁亥(九日)条は良い参考になる。ここには肥前国が果していた漕運上の役割が記されているからである。この内容によると、対馬島の年粮として送られる物資が九州本土を離れる際には肥前国が出発点となっていたことがわかる。延暦年間以前は「西海道六国⇒壱岐島⇒対馬島」という漕運経路が用いられていたのであるが、西海道六国の物資はまず肥前国に集まり、そこから壱岐島に移ったようである。大同年間以降においては、壱岐島の負担を軽減するために「西海道六国⇒対馬島」のダイレクト方式が採用されたというが、その時も、対馬島行きの物資運送船は以前と同様に肥前国から出航したとみて良いだろう。

周知のように、肥前国から始まる海路の出発点は松浦郡であった。そのうち窓口港として十全に機能していたところは、東松浦半島沿岸地の登望駅、逢鹿駅である。南東季節風が卓越する夏季は登望駅を、北西季節風が吹く冬季には逢鹿駅を利用したのである。さらに古代交通路と官衙に関して非常に重要な遺跡として評価される千々賀古園遺跡や中原遺跡も両駅の延長線上に立地する。両方とも現在の佐賀県唐津市域にあたる。『肥前国風土記』松浦郡条には、壱岐を経て対馬、さらに大陸へと旅立っていく時、その起点となる「鏡の渡り」があったと書かれているが、千々賀古園遺跡と中原遺跡との間がまさに「鏡の渡り」と想定される地域である。なお、現在の唐津市付近遺跡からみて、当該地域は壱岐、対馬、朝鮮半島へ繋がる海上交通の中核であったのみならず、肥前国府や大宰府方面へとも繋がる陸上交通の中心地でもあった事実に留意すべきであろう[53]。

一方、近年、中原遺跡から古代防人制の一端を示す木簡が出土し、学界の注目を集めている。中原遺跡五区から発掘された八号木簡（八世紀後半のものと推定）には「甲斐国□戍人」という表記がみえ、これが甲斐国（現在の山梨県）出身の兵士、即ち東国防人と関わる文書であることが判明したわけである[54]。最近の研究によると、この甲斐国の防人は、三年の任期満了後も故郷に帰らず北部九州に留まっていた者、つまり旧防人であるという[55]。「戍人」と呼ばれたような八号木簡の中の防人をめぐっては歴史学だけではなく、考古学、語文学等の隣接学問分野の立場からも今後さらなる検討を必要とするだろう。但し本章では海に面して対外的にも重要な意味をもつ「鏡の渡り」付近の中原遺跡から防人の駐屯を連想させる木簡が出土したこと、そしてその地が松浦郡域であることだけをまず確認しておきたい。

以上の検討に基づくと、次のような点を指摘することができるかと思われる。第一、対馬島へ向かう西海道六国の物資は肥前国松浦郡に一時集積された。第二、肥前国松浦郡のうち、登望駅・逢鹿駅のような港町が対馬島へ向かう物資運送船の出航地として機能した。第三、その両駅からさほど離れていない場所である現在の唐津市一帯は古くから対外的にも国内的にも重要な交通路としての役割を果していた。第四、当地は防人を配置する必要があるほど地政学的に重要な場所であった。こうみていくと、寛平新羅海賊が他の地域ではなく、特に松浦郡を狙ってきたのも納得できないわけでもないものと考えられる。

ついで肥後国飽田郡について見てみよう。まずは肥後国の地域的特質を検討し、その後、飽田郡への新羅海賊の来襲を考えることにしよう。肥後国は『延喜式』民部省上によれば、十四郡を管轄する大国で、全域が現在の熊本県となっている。(56) 特に注目されるのは、この国の生産力である。九世紀段階の状況を『延喜式』（『和名抄』も同様）でみると次の如くである。

『延喜式』主税上・諸国本稲条には「正税・公廨各四十万束、国分寺料四万七千八百八十七束、文殊会料二千束、府官公廨三十五万束、衛卒料三万五千七百九十五束、修理府官舎料一万束、池溝料四万束、救急料十二万束、俘囚料十七万三千四百三十五束」とあり、その他の西海道五カ国に比べてもその量は二倍以上となっている。(57) また、同主計上にみえる調・庸・中男作物も他国に比べて質・量ともに遥かにまさっている。特に当国のみ調に絹二五九三疋が含まれている点は新羅海賊の出没とも密接に関係があるようにみられるので留意しておきたい。こうした肥後国の生産力は古くから認められていたようであり、それは安閑天皇皇妃による私部や、軍事関係の健部に関わる屯倉の痕跡からも窺がえる。(58)

なお、八～九世紀においては外国から肥後国へ漂着ないしは来着する事例が少なくなかったらしい。まず宝亀八年（七七七）に派遣された第十次の遣唐使が、翌年（七七八）の帰途に難破して、六日間ただよい、十一月十三日に四十一人が天草郡に漂着した例があげられる。(59) ついで貞観十五年（八七三）には、渤海人崔宗佐らが大宰府から船で唐へ向かう途中、天草郡に漂着した事例も指摘できる。(60)また、前節でもみたように、仁和元年（八八五）四月十二日には、新羅国使を自称する徐善行ら四十八人が、同じく肥後国天草郡に来着したとなっている。(61)こうした来着事例は、寛平期における新羅海賊の飽田郡上陸とは性格を異にするに違いないが、そこから肥後国が対外的にも開かれていた地域であることは見て取れる。(62)

飽田郡はこの肥後国の中核であったようである。新羅海賊の出没が問題視された寛平期の段階では飽田郡に肥後国の国府があった可能性が非常に高いのである。実は、かつて平安時代前期に国府が詫麻郡から飽田郡へ移ったという説が、疑われたことのない定説となっていたが、最近では決してそうでもないという反論が提起され、少し検討する必要がある。

論議の核心は国府がどこからどこへ移ったのか、またその時期はいつなのかという二点であり、時代的要請により国府が移転したことについてはむしろ意見が合致している。諸説は大きく二つに分けられるが、簡単に紹介すると、第一は、初期国府は益城郡にあったが、国分寺創建期（八世紀中頃）に詫麻郡に移り、九世紀半ば頃には飽田郡に移転したという松本雅明説である。(63)残りの一つは、水陸交通の利便性をもつ詫麻郡に建設された国府が、その後、九世紀中頃には洪水に破壊されてしまい益城郡に移り、さらに十一世紀初頭には飽田郡へ移転したという木下良説である。(64)現在は後者の木下説が説得力を得て通説的位置を占めているようにみられる。つまり九世紀後半、寛平年間における肥後国の国府所在地は益城郡であったという話になる。しかし、たとえ木下説が正しいとしても寛平年間においての飽田郡がもつ地政学的位置の重要性は依然として認められる。飽田郡は有明海に面しており、益城郡国府をターゲットにして上陸する場合には、その前に飽田郡を通らなくては益城郡にも至れない位置関係となっていたからである。(65)

以上の検討から、新羅海賊が肥後国飽田郡を襲った理由として次のような点があげられるかと思われる。第一、当時圧倒的な水準であった肥後国生産力とそれに伴う豊富な産物の集積。第二、肥後国府ないしは主要郡衙の所在地であったとみられる飽田郡へ豊富な物資が集中していた可能性。第三、海外からもアプローチできる臨海の立地条件。第四、肥後国の調としてあげられる絹（『延喜式』主計上、これは肥後国が唯一）は寛平新羅海賊が求めていた物資の一つで、[66]さらに飽田郡域にはそれとの関わりを連想させる蚕養駅（『延喜式』兵部省・駅伝条の記載）が置かれていた点である。

今までは、寛平新羅海賊の出没地域が有する地域的特性を防人制の運用実態、物資の移動経路や調達方法、交通路としての役割、生産力等の側面から検討してきたが、新羅海賊自らがこうした濃密な情報を入手したとは考え難く、恐らくは彼らに内応ないしは協力する現地勢力が存在していた可能性も十分にあり得ると思われる。[67]

四　『扶桑略記』新羅海賊記事をめぐって

それでは、ここからは時間的側面に留意しつつ新羅海賊の実体に迫りたい。まずは、寛平五・六年に肥前国松浦郡、肥後国飽田郡、対馬島を襲った新羅海賊の主体勢力を明らかにしたい。前節では、両年にわたる海賊の出没は大きく三段階に分けられることを指摘した。筆者は、短い期間に似たような行動様式をみせた彼らを同質的な勢力とみている。従って彼らが来日した理由や背景も同様であるものと考えられる。それでは、寛平新羅海賊の来日背景を解き明かすために、関連記事のうち、最も詳細な情報を伝えている『扶桑略記』寛平六年（八九四）九月五日条を検討してみよう。史料の全文をあげておくと次のようになる。

九月五日、対馬島司言新羅賊徒船四十五艘到着之由、太宰府同九日、進上飛駅使。同十七日記曰、同日卯時、守文室善友召集郡司・士卒等、仰云、汝等若箭立背者、以軍法将科罪、立額者、可被賞之由言上者、仰訖、即率列郡司・士卒、以前守田村高良令反問、即島分寺上座僧面均・上県郡副大領下今主為押領使、百人軍各結廿番、遣絶賊移要害道、豊円《（国）》春竹《（行か）》卒弱軍四十人、度賊前、凶賊見之、各鋭兵而来向守善友前、善友立楯令調弩、亦令乱声、時凶賊随亦乱声、即射戦、其箭如雨、見賊等被射弃逃帰、将軍追射、賊人迷惑、或入海中、或登山上、合計射殺三百二人、就中大将軍三人・副将軍十一人、所取雑物、大将軍縫物・甲冑・貫革袴・銀作太刀・纏弓革・胡簶・宛夾・保呂各一具、已上附脚力多米常継進上、又奪取船十一艘・太刀五十柄・桙千基・弓百十張・胡簶百十房・楯三百十二枚、僅生獲賊一人、其名賢春、即申云、彼国年穀不登、人民飢苦、倉庫悉空、王城不安、然王仰為取穀絹、飛帆参来、但所在大小船百艘、乗人二千五百人、被射殺賊其数甚多、但遺賊中、有最敏将軍三人、就中有大唐一人、〈已上日記〉（括弧内は割注、傍線は筆者）

まずはこの史料から確認できる内容を事項別に整理してみよう。

その一は、新羅海賊来襲時期および戦闘勃発の経緯である。寛平六年（八九四）九月五日、対馬島司は新羅「賊徒」の到着を大宰府に報告する。同九日、大宰府は飛駅使を上京させ、このことを中央に報告する。詳細な経緯は明らかではないが、同十七日の記によると、「同日」（これが具体的に何日を指すのかは不明）の卯時頃、対馬島守文室善友が率いる郡司・士卒らと「賊徒」との戦いが始まり、その結果、日本側の官軍は大勝したという[68]。

その二は、新羅海賊の規模および組織体系である。まず実質的に対馬島に現われた船は四十五艘であったらしい。日本側との戦闘で三〇二人が射殺されたことからみて、少なくない人員が乗船していたとみられる。捕まえられた新羅人捕虜の話によれば、彼らの本拠地には大小船百艘があり、乗員は二五〇〇人もいるという。[69] こうした規模からみて彼らは新羅本土でも有力な海上勢力として活動したのだろうと推測される。また、日本側があげた戦果を参照すれば、新羅海賊は大将軍・副将軍といった体系的な組織や、平凡ではない武器・武具を備えていたこともわかる。単なる武装商人団とは考え難いのである。[70]

その三は、新羅海賊の戦闘能力である。前節でも検討したように、寛平六年九月における海賊の活動は約一ヶ月間続く（海賊活動の鎮静は九月三十日か）。というのは、彼らが日本の正規軍を相手にして長期間にわたり対抗できる戦闘力を保持していたことを意味する。特に日本軍を率いた文室善友は、それより十一年前の元慶七年（八八三）に起こった俘囚の反乱に対しても勝戦を経験した有能な軍事的官僚であった事実と結び合わせて考えると、[71] 寛平新羅海賊がどれだけ戦いに堪能だったのか予測できよう。しかし、この時、大きな被害や衝撃を受けたためか、海賊活動は徐々に小康状態の局面に入る。

以上、『扶桑略記』より得られる情報をふまえ、三つの側面から寛平新羅海賊の特質について検討してみた。これによれば、寛平新羅海賊は、寛平五～六年（八九三～八九四）頃には、すでに数十艘ないしは百艘位の船および二千人以上の大規模な組織を運用することができる海上勢力、また、優れた戦闘能力をも備えている武装勢力であったことがわかる。

一方、史料末尾（傍線部）にみえる捕虜賢春の陳述からは、同時期における新羅の国内状況が窺がわれる。特に「然王仰為取穀絹、飛帆参来」という部分は、一見、そうした新羅の情勢と新羅海賊の来日とが連動していたような情況を感じさせるため、注目される。これについての解釈は、新羅海賊がどういった政治環境から生まれたのかという問題とも繋がっており、そのことは寛平新羅海賊の実体とは何なのかという論題とも深く関わっているので、綿密に検討する必要があるかと思われる。

それでは、まず、この文言に関する先行研究の諸見解を簡単にまとめてみよう。内藤雋輔は「この陳述がどこまで真実であるかは疑わしいが、この賊船が国内の飢乏を国外の掠奪によるべく国王の命により組織的に行なわれたというのは賊徒の構言であろう」と推論している。ついで濱田耕策は「新羅王の命令による海賊行為であったという賢春の告白は、捕虜の命乞いのために発した虚言ではないように思われる」と延べており、生田滋は「あきらかに新羅の朝廷によって組織され、派遣された、いわば「水軍」であったにちがいない」と断言している。これに対して、石井正敏は問題の文言を「然るに、王、仰せて穀絹を取るがため」と読み、それを「(人々が飢えに苦しんでいるにもかかわらず)それでも新羅王は穀物・絹などの徴収を命じたため、(やむを得ず我々は)日本にやってきた(襲った)のである」と解釈している。つまり「新羅王が命じたのは、日本を攻めることではなく、飢えに苦しむ新羅の人民からさらに穀物・絹などを徴収させることであった」とみているわけである。一方、山内晋次は、問題の文言を「然して、王の仰せもて、穀絹を取らんがため」と訓読し、先ほどのような石井の読み方に疑問を呈しながらも、新羅王権を海賊の主体とみる濱田・生田説にも賛同していない。「この時の新羅王の命令が、かなりゆがめられたかたちで対馬島を襲った新羅人たちに伝わっていた」と主張しつつ「どこかの地方豪族がこの新羅王の命令を利用して、それをゆがめたかたちで配下に伝え、問題の新羅人たちに対馬島を襲わせた可能性のほうが高い」と推測しているのである。[72] これらの諸見解は、それぞれ新羅国王の掠奪命令=賢春の作り話説(以下、内藤説)、新羅海賊の対馬侵攻=新羅国王の命令説(以下、濱田説)、新羅海賊=新羅王権の水軍説(以下、生田説)、新羅海賊の来日―新羅王権の命令無関係説(以下、石井説)、新羅海賊=新羅地方豪族説(以下、山内説)と命名できるかと思われる。

ところが、綿密にみると、先行研究において、新羅王権と新羅海賊との関わりというのが非常に重要な論点となっていることがわかる。濱田説や生田説は、新羅海賊が新羅王権と密接に関係があるとみている立場であり、この反面、内藤説・石井説・山内説は、両者の直接的な関連性を否定する立場であるようにみられる。

では、どのように考えればいいのだろうか。まず、濱田説・生田説に代表される新羅海賊—新羅王権主導論について考えてみよう。この論理は、新羅王権が配下勢力に対馬島への攻撃を働きかけていたこと、そして、新羅王権が相当な規模の水軍を運用する能力を保持していたことを大前提とする。しかし、新羅中央政府の統治権力は、九世紀初頭の段階ですでに弱体化してしまい、さらに、寛平新羅海賊が問題視される九世紀末に至ると、中央による地方統制がほぼ不可能な状態となってしまうので、新羅王権が水軍を動員して日本の物資を取ろうとした、あるいは新羅海賊が新羅国王の命令を受けて日本を襲ったというような解釈には同意し難い。(73)

そうなると、残る一つは、新羅海賊—新羅王権無関係論である。但し、新羅王権が新羅海賊の主体でなければ、いかなる勢力が新羅海賊の背後にあったのだろうか。これに関しては、山内説が注目される。山内の研究によれば、八八〇年代末から始まる新羅国内における反乱の中心は、地方の農民・豪族となり、特に各地の豪族たちは、自己の居住地を根拠地として武力をもって勢力を拡大し、「城主」「将軍」などを自称して独自の小権力機構をつくりあげたという。各地に台頭したこのような豪族たちは、互いに対立・抗争をくりひろげ、そのなかからより強大な勢力を生み出していったと説明し、その代表的な例としては、高句麗の故地を根拠地とした弓裔の勢力と、百済の故地を根拠地とした甄萱の勢力をあげている。特定はしていないが、弓裔と甄萱のような地方豪族が、寛平新羅海賊の背後であっただろうと推測しているわけである。(74)確かに、新羅が一地方政権に転落してしまった状況のなかで、『扶桑略記』に描写されている新羅海賊のような海上勢力が保有できる人物としては、その二人が最も相応しいように感じられる。

五　甄萱勢力と新羅海賊

留意すべきは、新羅海賊が寛平五・六年の段階においては、弓裔の勢力と甄萱の勢力とを除けば、数十艘ないしは百艘位の船および二千人以上の兵力が保有できる豪族勢力であると想定することが、難しいということである。そう考えると、両勢力のうち、いずれかは新羅海賊との関わりをもっていた可能性が想定される。

まずは、弓裔とその勢力についてみてみよう。弓裔は、かつて北原（現在の江原道原州市）の「賊帥」と呼ばれる梁吉の部下であったが、八九七年（新羅孝恭王元＝寛平九）頃、梁吉から自立し、九〇一年（孝恭王五＝延喜元）には王を自称した人物としてよく知られている。高句麗の故地を根拠地としていたので、主な活動舞台は新羅の京（現在の慶尚北道慶州市）を基準にすれば、北側にあたる地域であった。内陸地方を中心に勢力を拡張したことからみて、海戦よりは陸戦を通じて成長していったと推定される。[75]こうした弓裔勢力の性格は、寛平新羅海賊がもっていた特質とは若干距離があるように思われる。

ついで甄萱とその勢力について検討してみよう。『三国史記』および『三国遺事』によると、甄萱は、国家紀綱の紊乱・飢饉・流亡百姓の増加・群盗蜂起等を名分として自立したという。[76]自立した時点は、八八九年（新羅真聖王三＝寛平元）頃であった。[77]さらに、勢力の独自化を図る前には、新羅の正規軍に入って「西南海防戍」を務めたこともある。その時の業績が高く評価され、「裨将」の座まで昇る等、[78]海戦・陸戦両方とも堪能になれる立場であった。

甄萱は、百済の故地でもある新羅の西南地域を掌握していった。自らの正規軍活動の経験は、新羅王権に対抗していくなかで、大きな力となったらしい。政治的自立を宣言して一ヶ月ぶりに勢力規模を五千人に増加させており、さらに独立化初期であるにもかかわらず、「京（現在の慶尚北道慶州市）の西南州県」にありながら「武州（現在の光州広域市、または全羅南道全域にあたる地域）の東南郡県」である主要地域を確保することもできた。(79)甄萱勢力が占領した地域は、現在の全羅南道と慶尚南道との境界地域のうち、海に近いところであり、具体的には全羅南道の麗水市、順天市、光陽市一帯や慶尚南道の河東郡、南海郡、泗川市一帯と推定される。(80)この地域は、当時の康州管轄であったとみられるが、甄萱は新羅の中心部への接近性が良く、対外交通においても重要な役割――特に対日本交渉の窓口としての機能――を果していた当該地域を確保することによって、新羅の対外接触ルートを遮断すると同時に新羅を圧迫する効果を狙ったものと考えられる。(81)

第一、「西南海防戍」や「裨将」を経験した者として海上勢力との連携が可能であり、海上勢力運用の能力を保有していた点。第二、日本側の史料から寛平新羅海賊の出没が確認される八九三年以前に独立化に成功した点。第三、自立初期の段階で五千人以上を糾合し、大規模な勢力を率いていた点。第四、八九三年頃にはすでに日本への接近が容易な港町（康州管轄）を確保していた点。以上の四つから見る限り、前節で確認できた寛平新羅海賊の特性、つまり、寛平五～六年（八九三～八九四）頃には、すでに数十艘ないしは百艘位の船および二千人以上の大規模な組織を運用することができる海上勢力、また、優れた戦闘能力をも備えている武装勢力という点とうまく合致しているようにみられる。ここから甄萱勢力と寛平新羅海賊との相関性が想定できるわけである。

一方、『三国史記』巻十一・新羅本紀十一・真聖王三年（八八九）条には、「国内諸州郡不輸貢賦、府庫虚竭、国用窮乏、王発使督促、由是所在盗賊蜂起」とある。諸州郡から租税が運ばれてこない状況が続き、国家財政が窮乏しているので、国王が納付を督促させたところ、各地で盗賊が蜂起した、という新羅末期の社会像を伝えているのである。実はこの史料は前節で検討した新羅人捕虜、賢春が供述した話の事実性を裏付ける証拠としてよく引用されてきた。(82) ところが、この内容は、前述したように、甄萱が自立する時、その自立の名分として立てた論理（国家紀綱の紊乱・飢饉・流亡百姓の増加・群盗蜂起など）とも一脈通じているものと考えられる。(83) 窮乏な生活が続くなか、納税まで催促する新羅王権の苛斂誅求に抗戦を宣言した「盗賊」の蜂起論理と甄萱の自立論理とが、かなり似ているとみられるのである。また、その時期も八八九年として一致している。(84)

興味深いのは、『扶桑略記』にみえている賢春の陳述（前節『扶桑略記』史料の傍線部）からも凶作（「年穀不登」）・飢饉の漫然（「人民飢苦」）・備蓄財政の枯渇（「倉庫悉空」）・政治の不安定（「王城不安」）などがあげられている点である。こうした状況にもかかわらず、国王が穀・絹などの租税を徴収しようとしたので、対馬島まで来るようになったと自分たちの来日経緯を説明しているのである。これは甄萱をはじめとした各地の地方勢力が立てた政治的独自化の名分とも合致する。新羅の地方勢力を背後においていた寛平新羅海賊、その一員であった賢春が、来日背景を供述する場において新羅国王の苛斂誅求を強調したのは、恐らく「海賊」行為を正当化するための一方便として、自国内においての政治的な名分を利用しようとした結果なのかも知れない。さらに、そのような趣旨の供述は、対馬島攻撃の責任を新羅王権に転嫁する効果もある一方で、賢春自らの命を救う手段とも作用した可能性も考えられる。

もし寛平新羅海賊が甄萱勢力に関わる存在であるなら、賢春が言及した「穀絹」や「大唐一人」についてはどう解釈すればいいのだろうか。まず、「穀絹」を考えてみよう。新羅国王の命令との関連性はさておいても、新羅海賊が穀・絹を取りに来たと述べたのは、ある程度信用していいと思われる。新羅海賊が集中的に攻略した地域は、穀物の集積地であったり、絹の産地であったりした点からも真実性が高い。問題はむしろその用途にあるだろう。筆者は、甄萱勢力との関わりが予測される新羅海賊が、穀・絹を狙っていたのは、兵糧米などの軍需物資を調達するためであったとみている。軍需物資としての有用性があったからだと考えている。穀は言うまでもなく、九世紀においては絹も、衣服製作に用いられる事例が見出される等[85]、軍需物資としての有用性が想定されるのである。凶作・飢饉・財政的窮乏に苦しんでいるなかで戦闘をやり続けるしかなかった新羅の国内勢力としては、こうした物資確保のために目を外に向けた可能性が十分にあり得るわけである。

ついで、先に取り上げた賢春の陳述には、海賊グループに唐人将軍一人（「大唐一人」）が含まれているとの話があったことに気が付く。その理由を明確に説明することは難しいと思われるが、すでに指摘されているように、唐末期における地方勢力の反乱やそれに伴う遺民・流民の発生からみて唐人が新羅人グループ、特に九世紀末頃から政治的な自立を宣言した地方勢力の一員として入るケースは十分にあり得ることとみられる[86]。当時の情況を伝える金石文の記載からも新羅・唐間の海上往来は頻繁であったことが見て取れるが、ここで興味深いのは、金石文に登場する港町すべてが、甄萱の影響下にある地域だったという点である[87]。それだけ甄萱勢力と唐人との接触頻度や接触可能性が高かったといえるだろう。

おわりに

本章では、九世紀における新羅海賊問題を考えるにあたって、時期的な変化に留意しつつその真相や実体に迫る必要があると指摘し、寛平年間において大きな問題とされた新羅海賊を寛平新羅海賊と命名した上で、考察を行なってきた。まず、寛平新羅海賊の全般的な動向を分析し、寛平五〜六年（八九三〜八九四）の二年間、大きく三回にわたって、肥後国飽田郡・肥前国松浦郡・対馬島のような特定の地域を狙ったことを明らかにした。新羅海賊が当該地域を中心に活動を展開したことについては、西海道においての防人制運用や物資調達方式との関連性からみて、新羅海賊が物資の集積地と判断される地域をターゲットとした可能性を指摘した。

一方、寛平新羅海賊の主体については、自立時期、保有兵力の規模、海上勢力の運用能力、日本への接近性などからみて、甄萱勢力との相関性が想定されることを述べた。独立化を宣言した甄萱は、勢力拡張のために新羅王権をはじめとした諸地方勢力と戦いをやり続ける必要があったが、朝鮮半島内において凶作・飢饉などの災異が相次いで発生していたため、目を海外に向けるしかなかったと推論し、西海道の主要地域を狙ったのも軍需物資の補給と密接に関係があるだろうと論じた。

しかし、憶測に終始している本章の考察のみでは、新羅の一地方勢力に過ぎない甄萱が、どのような国際ネットワークに基づき、どのような経緯で来日することまで可能になったのか、という部分については依然として疑問が残る。今後、甄萱勢力の動向をより多角的で立体的に分析しなければいけない理由もここにある。

寛平年間より後のことではあるが、甄萱勢力がとっていた対外姿勢は有効な視点を提供すると思われる。九〇〇年（新羅孝恭王四＝昌泰三）に後百済王を自称した甄萱は、国家体制を整備するが、注目すべきは、その直後、呉越への使者派遣（九〇〇年）から始まる対外交渉の歩みである。正式に政権を樹立した後、九一八年は高麗および呉越へ、九二四年は高麗へ、九二五年は後唐へ外交使節を派遣しており、さらに、九二七年には契丹とも交渉しているのである。(88) 興味深いのは、甄萱の外交が日本にまで及んでいたという事実である。九二二年（延喜二十二）・九二九年（延長七）の二回にわたる使節の訪問であったが、二回とも対馬島が外交窓口として重要な役割を果したという。[89]ところで、この時には「朝貢」の形式を帯びている。その背景には恐らく新羅・高麗の両方からの攻撃に対応せざるを得ない現実的状況があったと思われる。[90]但し、難局を打開するために日本へ目を向けた点は、寛平年間においての状況と同様であった。しかし、切迫さの差異によるものなのか――あくまで本章の推論ではあるが――「勢力」としての甄萱が松浦・飽田・対馬に進出するなど、強硬路線を取ったのに対し、「政権」としての甄萱は使者の派遣という宥和姿勢を選択するようになった事実が非常に興味深い。

注

（1）遠藤元男「貞観期の日羅関係について」（『駿台史学』一九、一九六六年）、平野邦雄「新羅来寇の幻影」（『日本の古代（三）九州』一九七〇年）、佐伯有清「九世紀の日本と朝鮮――来日新羅人の動向をめぐって――」（『日本古代の政治と社会』吉川弘文館、一九七〇年（初出一九六四年））、石上英一「日本古代一〇世紀の外交」（『東アジアにおける日本古代史講座（七）東アジアの変貌と日本律令国家』学生社、一九八二年）、石上英一「古代国家と対外関係」（『講座日本歴史・古代二』東京大学出版会、一九八四年）、生田滋「新羅の海賊」（『海と列島文化（二）日本海と出雲世界』小学館、一九九一年）、山崎雅稔「貞観八年応天門失火事件と新羅賊兵」（『人民の歴史学』一四六、二〇〇〇年）、山崎雅稔「貞観十一年新羅来寇事件の諸相」（『國學院大学大学院紀要（文学研究科）』三二、二〇〇一年）等多くの研究がある。

（2）「新羅海賊」は「新羅賊」「新羅賊兵」「新羅凶賊」「新羅賊盗」「新羅寇賊」「新羅賊徒」等で表記される場合もある。本章では便宜上「新羅海賊」と統一する。

（3）例えば、生田滋前掲注1論文、濱田耕策「王権と海上勢力――特に張保皐の清海鎮と海賊に関連して――」（『新羅国史の研究』吉川弘文館、二〇〇二年（初出一九九九年））等があげられる。

（4）貞観十一年新羅海賊とは、貞観十一年（八六九）五月二十二日の夜、二艘の船に乗って博多津に現われ、豊前国の年貢絹綿を掠奪した後、逃亡した新羅人を指す用語であると同時に、本章の分析対象である寛平新羅海賊に対比される言葉でもある。これについての自説は、本書第二部第五章・第六章・第七章を参照してもらいたい。

(5) 本章においての新羅海賊とは、特に区分ないし説明がない場合、すべて寛平新羅海賊を指す。

(6) 佐藤宗諄「寛平遣唐使派遣計画をめぐる二、三の問題――とくにその前史について――」(『平安前期政治史序説』東京大学出版会、一九七七年)、鈴木靖民「遣唐使の停止に関する基礎的研究」(『古代対外関係史の研究』吉川弘文館、一九八五年)、李炳魯「寛平期(八九〇年代)日本の対外関係に関する一考察」(『日本学誌』一六、一九九六年)〔原文韓国語〕、石井正敏「寛平六年の遣唐使計画と新羅の海賊」(『アジア遊学』二六、二〇〇一年)など。

(7) 関幸彦「平安期、二つの海防問題――寛平期新羅戦と寛仁期刀伊戦の検討――」(『古代文化』四一―一〇、一九八九年)、戸田芳実「国衙軍制の形成過程」(『初期中世社会史の研究』東京大学出版会、一九九一年)、森公章「古代日麗関係の形成と展開」(『海南史学』四六、二〇〇六年)など。

(8) 山内晋次「九世紀東アジアにおける民衆の移動と交流――寇賊・反乱をおもな素材として――」(『奈良平安期の日本とアジア』吉川弘文館、二〇〇三年〔初出一九九六年〕)があげられる。

(9) 森公章前掲注7論文。

(10) 生田滋前掲注1論文、石井正敏前掲注6論文、李炳魯前掲注6論文、濱田耕策前掲注3論文等。

(11) 貞観年間における日本側の対外姿勢については本書第二部第五章を参照。

(12)『日本三代実録』仁和元年(八八五)六月二十日癸酉条。

(13)『日本紀略』仁和元年八月癸丑朔(一日)条。

(14) 注13と同じ。

(15)『日本三代実録』仁和元年十月二十日辛未条。

(16) 翌年の仁和二年(八八六)にも、石清水八幡宮に怪異があったという理由で陸奥・出羽の両国と、大宰府とに下知して警固を慎ませたとあるが(『日本三代実録』仁和二年六月七日乙卯条)、以前の状況が続いたためか。

(17)『日本紀略』寛平三年(八九一)二月二十六日丙午条。

(18)『日本紀略』寛平五年(八九三)三月三日壬寅条。

(19) 漂流民に対する処遇については、山内晋次「朝鮮半島漂流民の送還をめぐって」(前掲注8書〔初出一九九〇年』）が参考になる。

(20)『日本紀略』寛平五年五月二十二日庚申条。この記事には「新羅賊」とあるが、本章では便宜上「新羅海賊」と統一する。以後の関連記事についても同様である。

(21) 同年十月二十五日、長門国阿武郡に漂着した新羅人に対してその流来の理由を詰問して迅速に言上する場面が見当たる（『日本紀略』寛平五年十月二十五日己未条）。詰問した結果を早く中央に報告しなければならない程の急迫な事情があったものと考えられる。その前後に出没した新羅海賊の存在がそれと関係するだろう。

(22)『日本紀略』寛平五年閏五月三日庚午条。

(23) 注22と同じ。

(24)『日本紀略』寛平五年六月二十日丙辰条。

(25)『日本紀略』寛平五年閏五月七日甲戌条、同六月六日壬寅条。

(26)『日本紀略』寛平六年（八九四）二月二十二日乙酉条。

(27)『日本紀略』寛平六年三月十三日丙子条。

(28)『日本紀略』寛平六年四月十日壬寅条。

(29)『日本紀略』寛平六年四月十四日丙午条。

(30)『日本紀略』寛平六年四月十六日戊申条、同十七日乙酉条。

(31)『日本紀略』寛平六年四月十七日乙酉条、同十八日庚戌条。

(32)『日本紀略』寛平六年四月十九日条。

(33)『日本紀略』寛平六年四月二十日条、同二十二日条。

(34)『日本紀略』寛平六年五月七日条。

(35)『類聚三代格』巻十八・寛平六年八月九日官符。この史料については後に詳論する。

(36)『扶桑略記』寛平六年九月五日条。

(37)『日本紀略』寛平六年九月十九日戊寅条。

(38)『日本紀略』寛平六年九月三十日乙丑条。

(39)『日本紀略』寛平六年十月六日乙未条。

(40)『類聚三代格』巻十八・寛平七年（八九五）三月十三日官符、同巻五・昌泰二年（八九九）四月五日官符。
(41) 新川登亀男「東アジアのなかの古代統一国家」（『長崎県の歴史』山川出版社、一九九八年）を参照。
(42) 防人制の変遷については、新川前掲注41論文を参照。また、軍事史の立場から防人制を整理した代表的研究としては、長洋一「古代西辺の防衛と防人」（『古代文化』四七―一一、一九九五年）があげられる。
(43) 残りの一つについては、本書第二部第六章および新川前掲注41論文を参照してもらいたい。
(44)『日本三代実録』元慶三年（八七九）十月庚申（四日）条。
(45)『延喜式』主税上・対馬粮条。
(46) 注44および注45と同じ。
(47) 長洋一前掲注42論文、四五頁にも、この史料についての簡略な説明がある。
(48) 戸田芳実前掲注7論文、一一八頁。
(49)『延喜式』兵部省・壱岐防人条。
(50) 注34と同じ。
(51) 注20および注22と同じ。
(52) 肥前国松浦郡の位置関係や領域については、古代交通研究会編『日本古代道路事典』（八木書店、二〇〇四年）の第八章・西海道肥前国項目（小松譲執筆分）、小松譲「肥前国松浦郡の交通路と官衙」（『条里制・古代都市研究』二三、二〇〇八年）のほか、角川日本地名大辞典編集委員会編『角川日本地名大辞典（四一）佐賀県』（角川書店、一九八二年）六四五頁の松浦郡項目、『日本歴史地名大系（四三）長崎県の地名』（平凡社、二〇〇一年）九二頁の松浦郡項目も参考になる。
(53) 小松譲前掲注52論文、佐伯弘次「壱岐・対馬・松浦を歩く」（『(街道の日本史・四九）壱岐・対馬と松浦半島』吉川弘文館、二〇〇六年）、木下良『(事典）日本古代の道と駅』（吉川弘文館、二〇〇九年）三二七頁。なお、唐津市の東にある鏡山には、大伴狭手彦と松浦作用姫の悲恋伝説が残っているが、これは神功皇后によるいわゆる新羅征伐談と関わるものであり、説話上には「鏡の渡り」が出兵の起点となる（『肥前国風土記』松浦郡条）。当地が朝鮮半島との往来に有利な立地条件を備えていることが間接的に見て取れる。
(54) 佐賀県教育委員会文化課編『古代の中原遺跡――解き明かされる鏡の渡し――』（国土交通省九州地方整備局

佐賀県国道事務所・佐賀県教育委員会、二〇〇五年）。八号木簡については平川南、田中史生両氏が執筆担当。

（55）平川南「見えてきた古代の「列島」——地方に生きた人びと——」（『木簡から古代がみえる』岩波新書、二〇一〇年）八七～九〇頁、佐賀県教育委員会文化課編前掲注54書、八頁。

（56）古代肥後国の一般事項については、『日本歴史地名大系（四四）熊本県の地名』（平凡社、一九八五年）三一～三二頁、古代交通研究会編『日本古代道路事典』（八木書店、二〇〇四年）の第八章・西海道肥後国項目（鶴嶋俊彦執筆分）が参考になる。

（57）名古屋市博物館編集『名古屋市博物館資料叢書（二）和名類聚抄』（名古屋市博物館、一九九二年）の解説編二五二～二五七頁には、『延喜式』主税上の諸国本稲と『和名抄』（名博本・東急本）の官稲とを対照できるように作成した官稲対照表が掲載されているが、それによれば、列島全体においても肥後国の官稲は圧倒的に多い。

（58）花岡興輝編『飽田町誌』（飽田町、一九七二年）六〇頁。

（59）『続日本紀』宝亀九年（七七八）十月乙未（二十三日）条、同十一月乙卯（十三日）条。

（60）『日本三代実録』貞観十五年（八七三）七月八日庚午条。

（61）注12と同じ。

（62）『類聚三代格』巻五・昌泰二年（八九九）四月五日官符には、肥後国の史生一員を停めて弩師を置いたとなっているが、その論理として「此国地接海崖、隣賊防備」があげられる。そこからは少なくとも九世紀末期まで対外的要素が強く意識された様子が窺われる。

（63）松本雅明『城南町史』（熊本県城南町、一九六五年）、松本雅明「肥後の国府——詫麻国府址発掘調査報告——」（『古代文化』一七—三、一九六六年）等。

（64）木下良「肥後国府の変遷について」（『古代文化』二七—九、一九七五年）、木下良「古辞書類に見る国府所在郡について」（『国立歴史民俗博物館研究報告』一〇、一九八六年）等。

（65）さらに飽田郡域と判断される二本木遺跡群からは国府推定地に相応しい九世紀頃の遺構が発見されており、九世紀段階での隆盛さが推測される（古代交通研究会編前掲注56書、三六九頁）。

（66）注36と同じ。この史料によれば新羅海賊は「穀」「絹」を取りに来たとする。

（67）例えば『日本三代実録』貞観八年（八六六）七月十五日丁巳条にみえる肥前国の郡領層や、同貞観十二年十一月十三日辛酉条にみえている筑後国の官吏らのような存在が注目される。これについては本書第五章・第七章を参照されたい。

(68) 石井正敏前掲注6論文四五頁は、冒頭の日付の部分にはやや誤脱・混乱があるようであると指摘している。

(69) 濱田耕策前掲注3論文は、来日した海賊の規模を一〇〇艘・二五〇〇人とみているが、石井正敏前掲注6論文が指摘したように、それは彼らの本拠地の様子であり、来日したのは船四十五艘の規模であったものと考えられる。

(70) 権悳永「古代東アジアの黄海と黄海貿易——八、九世紀の新羅を中心に——」(『対外文物交流』七、二〇〇七年)〔原文韓国語〕では、寛平新羅海賊について、韓半島西・南海域に在地的基盤をおいていた海上勢力出身豪族の軍隊であった可能性を指摘しつつも、彼らを海上貿易に従事する海商と規定している。掠奪者であると同時に掠奪物を取引する商人であるとみているらしい。

(71) 戸田芳実前掲注7論文、一一七～一一八頁。なお、寛平年間に賊討使として実線経験をもつ清原令望が任命されたことからも日本側が取った防衛態勢の充実ぶりが窺がわれる(関前掲注7論文、四～五頁)。

(72) 内藤雋輔「新羅人の海上活動について」(『朝鮮史研究』東洋史研究会、一九六一年〔初出一九二八年〕)、濱田耕策前掲注3論文の二九四頁、生田前掲注1論文の三三六頁、石井正敏前掲注6論文の四六頁、山内晋次前掲注8論文の一一二頁および一二五～一二六頁。一方、濱田耕策の見解は最近の論考まで続く(「朝鮮古代史からみた鞠智城——白村江の敗戦から隼人・南島と新羅海賊の対策へ——」『古代山城・鞠智城を考える』山川出版社、二〇一〇年、一〇二頁)。

(73) 李炳魯前掲注6論文、三四頁。

(74) 山内晋次前掲注8論文、一一一～一一二頁。

(75) 『三国史記』巻十一・新羅本紀十一・真聖王六年(八九二)条、同巻十二・新羅本紀十二孝恭王三年(八九九)条、同孝恭王五年(九〇一)条、および同巻五十・列伝十・弓裔条参照。

(76) 『三国史記』巻五十・列伝十・甄萱条、『三国遺事』巻二・紀異二・後百済甄萱条。

(77) 自立時期をめぐっては、八八九年説と八九二年説が両立するが、最近では八八九年に自立したとみる見解が優勢である。申虎澈『後百済甄萱政権研究』(一潮閣、一九九三年)〔原文韓国語〕四七頁、李允未「九世紀後半におけ

る武州地域の政治的動向と甄萱の自立」（『歴史教育論集』四四、二〇一〇年）〔原文韓国語〕一八九～一九一頁。
(78) 注76と同じ。
(79) 注76と同じ、『三国史記』巻十一・新羅本紀十一・真聖王六年（八九二）条。「武州」は都市の名称でありながら、その都市が管轄する広域行政区域の名称でもある。
(80) 当該地域の比定をめぐる論争については、李道学「新羅末における甄萱の勢力形成と交易」（『新羅文化』二八、二〇〇六年）〔原文韓国語〕九～一〇頁参照。
(81) 本書第一部第三章。
(82) 濱田耕策前掲注3論文、二九四頁。一方、山内晋次は、『扶桑略記』の賢春の言葉が、当該史料と関係することは認められるが、新羅王自身が賢春らに対馬島襲撃を命じたことは疑わしいとする（山内晋次前掲注8論文、一一二頁）。
(83) 注76と同じ。
(84) 「五臺山寺吉祥塔詞」（八九五年成立）、「海印寺護国三宝戦亡緇素玉字」（八九五年成立）、「海印寺妙吉祥塔記」（八九五年成立）などの金石文に描かれている八九〇年代前後における戦乱の状況は深刻であったらしい（金石文の本文については、韓国古代社会研究所編『訳注韓国古代金石文』Ⅲ、駕洛国史跡開発研究院、一九九二年を参照）。ところが、「五臺山寺吉祥塔詞」（八九五年成立）には、戦乱の時期を「己酉年（八八九）より乙卯年（八九五）までの七年間」と記している。その起点が同じく「八八九年」となっている点が注目される。
(85) 『入唐求法巡礼行記』巻四・大中元年（八四六）十月六日条。
(86) 山内晋次前掲注8論文、一一三～一一七頁。
(87) 李道学前掲注80論文。
(88) 『三国史記』巻五十・列伝十・甄萱条。
(89) 第一回目については、『扶桑略記』巻二十四・延喜二十二年（九二二）六月五日条、『本朝文粋』巻十二「大宰答新羅返牒」、第二回目については、『扶桑略記』巻二十四・延長七年（九二九）五月十七日、同二十一日条。
(90) 代表的な研究としては、日野開三郎「羅末三国の争闘と海上交通貿易」（『日野開三郎東洋史学論集・第九巻・北東アジア国際交流史の研究』上、三一書房、一九八四年〔初出一九六一年〕）、山崎雅稔「甄萱政権と日本の交渉」（『韓国古代史研究』三五、二〇〇四年）〔原文韓国語〕、石井正敏「『日本書紀』金春秋来日記事について」（『前近代の日本列島と朝鮮半島』山川出版社、二〇〇七年）等があげられる。

補論　唐代金氏関連墓誌の問題点

一　問題の所在

歴史学は、基本的に過去の人々が残した文字記録を分析することによって、各時代の政治・経済・社会・文化を総合的に把握する学問である。分析対象となる文字記録の類型によって多様な分析方法が存在すると言えよう。本稿で取り上げようとする墓誌も過去の人々が残した文字資料の一類型であるが、多少後代の人々が分類・再整理した「編纂史料」とはちがって、過去の一時点を生きていた人たちの物語を当時の人たちの認識に基づいて「刻み込んでおいた」資料という側面で重要な意味をもつ。他の時代に比べて文字記録の残存件数が極めて少ない古代を研究する場合には、墓誌に刻まれた文字一つ一つの意味がより大きく感じられる。

韓国の古代史学界では、最近、朝鮮半島の各処からの木簡出土が活発化するにつれ、木簡を中心とする文字資料の検討も活気を帯びている。(1) このような現象は既存資料の新解釈、既存見解の補足ないし修正を促し、歴史学研究の新たな場を開いていっている。一方、墓誌をはじめとした金石文に関する研究は海外資料にまで視野を拡大し、資料的劣勢から来る研究状況の沈滞を克服させているようにみられる。実際に、高句麗・渤海・百済と関わっているものはもちろん、最近では新羅と関係がある、海外所在金石文についての関心が高まっている。(2) そのなかでも、唐代の金石文を本格的に取り扱ってきた権悳永氏の一連の研究は注目される。氏は、最近の論文で新羅に関する金石文を調査し、墓誌十八件、記念碑六件を含む計三十九件の資料が存在することを明らかにした。(3)

表８　来日「金氏」商人の国籍表記（九世紀）

商人名	移動時期	国籍表記	移動	記事の性格
金珍	847	新羅人	唐→日	
		唐人・唐客		太政官符
		*唐人		
		*新羅商船		
		*本国船		円仁卒伝
金子白	847	新羅人	唐→日	
		*唐人		
金文習	862	唐人	日→唐	真如親王の入唐船の乗船員

注記　国籍表記の「*」印は、商人個人に対する表記でなく、その船全体をさす。

在唐新羅人らが唐に長期間居住しつつ様々な形態で暮らしの痕跡を残した場合と、唐人が新羅を往来しつつ自分自身の経験を金石文として作成した場合の、大きく二つの類型を指摘した点が研究のポイントである。「新しい資料の発見」⇓「目録化」⇓「内容分析」というように段階的な手続きを踏んでおり、方法論的によいモデルとなっている。(4) しかし、内容細部の分析においては検討の余地を残しているのも事実である。例えば、数多くの唐代の金石文の中から新羅に関わるものを選び出す基準が曖昧である点があげられる。論文の表現をそのまま引いて次に掲げておく。

《大唐故亡宮三品△金氏墓銘》に登場する宮人金氏も新羅出身と思われる。墓誌銘にも金氏を「不知何△氏」としているが、唐代において金氏姓を使用する国は新羅がほぼ唯一であったためである。

……（中略）……

《唐湖州△△△△△△故夫人墓誌銘》の主人公である金氏夫人淑△も、姓が金氏である点で在唐新羅人とみられる。

……（中略）……

これ以外に〈大唐故宣威将軍右驍衛翊府左郎将上柱國李府君墓誌銘〉を撰し、字を書いた將仕郎試太常寺奉禮郎金瑜も姓が金氏である点で在唐新羅人と思われる。(5)（傍線は筆者。以下同じ）

以上の叙述によると、墓主ないし墓誌の撰者が在唐新羅人と判定される理由は、彼らの姓が「金氏」であることに基づく。当時、「金氏」を使用していた国は新羅しかなかったため、唐に居住しつつ「金氏」を称している人々は在唐新羅人とみてよい、という論理である。実は、このような見解は、権悳永氏の他の研究においても認められる。

金珍と金子白も新羅出身であった。周知のように、金氏は唐や日本等地では使用されておらず、専ら新羅でのみ使用された姓氏であった。金珍と金子白が金氏という姓をもっていたとの点で彼らが新羅出身であったことが容易にわかるのである。(6)

……（中略）……

一方、金文習は、金氏を使用していることからみて、新羅出身であることが明らかである。(7)

ここに登場する金珍・金子白・金文習は、表8からも分かるように、九世紀半ば頃、唐と日本との間を往来していた国際商人である。彼らの国籍表記は、ある史料には「新羅人」とあり、ある史料には「唐人」として出ていて、その解釈をめぐる議論が最近まで続いている。(8) しかし、權悳永氏は、ここでも金珍・金子白・金文習らが金氏を称していることを根拠にして新羅人と結論づけているのである。

以下では、このような権氏の見解を仮に「唐代金氏＝在唐新羅人説」として「唐代金氏＝在唐新羅人説」が充分な史料的根拠および論理的妥当性を有しているかどうかを検討していくが、その際、唐代金氏関連墓誌に注目する。

二　唐代金氏関連墓誌の現況

一　調査対象資料

中国の歴史上においても、唐代は墓誌類が盛んに作成された時代であり、拓本写真や判読文（釈文）が公表されたもののみでも六〇〇〇点以上を数える。(9) 中国各地の研究所、博物館、寺院等に所蔵されている未公開の墓誌を追加すれば、その数字を遥かに上回るだろうと予測される。(10) その数字からすれば、中国現地の唐代墓誌を分析するのは不可能なことのようにもみられる。しかし、公式的に刊行された拓本写真、判読文、そして索引・目録類を活用すると、ある程度把握することは可能である。幸い、現在まで公表された拓本写真のなかには、状態が良好なものが多く、版本の種類も多様であるため、墓誌に刻まれた原文を復元するにあたって大きな助けになる。さらに、墓誌の文字を判読した書物も数種類にわたっているため、写真判読がもつ限界を補ってくれる。

表9　唐代金氏関連墓誌一覧（1）

連番	墓誌名	刻文年月	拓本写真	判読文（釈文）
〔1〕	金行挙墓誌（372）	永徽1年(650)3月	北圖12-2，附考2-158，輯繩141，隋唐五代/洛陽3-1	墓誌彙編/永徽002，新編20-13869，補遺5-102
〔2〕	金魏及妻王氏墓誌（522）	永徽5年(654)11月	北圖12-138，附考3-259，輯繩181，隋唐五代/洛陽3-105	墓誌彙編/永徽117，新編20-13943，補遺4-342
〔3〕	金義墓誌（1661）	文明1年(684)7月	北圖17-7，附考10-965，千唐346，隋唐五代/洛陽6-101	墓誌彙編/文明007，新編21-14463，補遺2-287
〔4〕	亡宮三品婕妤金氏墓誌（1791）	永昌1年(689)1月	隋唐五代/陝西1-68，隋唐五代/陝西3-104，新中國/陝西1-93，昭陵78	墓誌彙編/續/永昌001，新中國/陝西1-93，新編21-14530，補遺2-304，昭陵78

※表10につづく

以下の①～⑲は、本稿の作成において参考にした刊行物である。(11)

①楊殿珣『石刻題跋索引』（上海：商務印書館、一九五七年）
②河南省文物研究所・河南省洛陽地区文管處『千唐誌齋藏誌』（北京：文物出版社・新華書店北京發行所發行、一九八四年）
③毛漢光『唐代墓誌彙編附考』（台湾：中央研究院歴史言語研究所、一九八四～一九九四年）
④北京図書館金石組編『北京図書館蔵中国歴代石刻拓本彙編』（北京：中州古籍出版社、一九八九～一九九一年）
⑤徐自強主編『北京圖書館藏墓誌拓片目録』（北京：中華書局・新華書店北京發行所發行、一九九〇年）
⑥洛陽市文物工作隊『洛陽出土歴代墓志輯繩』（北京：中国社会科学出版社、一九九一年）
⑦洛陽古代藝術館編・陳長安主編『隋唐五代墓誌滙編』（天津：天津古籍出版社、一九九一年）
⑧周紹良・趙超主編『唐代墓誌彙編』（上海：上海古籍出版社、一九九二年）

⑨周紹良・趙超主編『唐代墓誌彙編續集』（上海：上海古籍出版社、二〇〇一年）
⑩陝西省古籍整理弁公室編・呉鋼主編『全唐文補遺』（西安市：三秦出版社、一九九四～二〇〇五年）
⑪洛陽市第二文物工作隊李獻奇・郭引彊編著『洛陽新獲墓誌』（北京：文物出版社：經銷新華書店、一九九六年）
⑫高峽主編『西安碑林全集』（広州：廣東經濟出版社、一九九九年）
⑬周紹良主編『全唐文新編』（長春：吉林文史出版社、二〇〇〇年）
⑭中國文物研究所・陝西省古籍整理弁公室編『新中國出土墓誌』陝西（北京：文物出版社、二〇〇〇年）
⑮周紹良・趙超主編『唐代墓誌彙編續集』（上海：上海古籍出版社、二〇〇一年）
⑯氣賀澤保規編『（明治大学東洋史資料叢刊・三）新版 唐代墓誌所在総合目録』（汲古書院、二〇〇四年）
⑰陳忠凱編著『西安碑林博物館藏碑刻總目提要』（北京：線装書局、二〇〇六年）
⑱西安碑林博物館編・趙力光主編『西安碑林博物館：新藏墓誌彙編』（北京：綫装書局、二〇〇七年）
⑲洛陽市第二文物工隊・喬棟・李獻奇・史家珍編著『洛陽新獲墓誌續編』（北京：科学出版社、二〇〇八年）

これらの書物を調査対象にして、唐代に生きていた金氏集団（あるいは個人）の存在様態を検討してみた。ここに特記しておきたいのは、⑯に出ている氣賀澤保規氏の研究である。

氣賀澤氏の編著となっているこの『新版 唐代墓誌所在総合目録』は、唐代（六一八～九〇七）に中国で作成された墓誌銘を、二〇〇三年まで刊行された主要墓誌・石刻関係図書から集めて、年号別・年代別に分類・配列し、その石刻関係書籍に紹介されている墓誌の所在を分かりやすい形で纏めたものである。なお、当該目録は一九九七年に刊行された『唐代墓誌所在総合目録』の体裁を修正し、その後に集められた情報を追加した上で、「新版」

として刊行したものである。

二　金氏関連墓誌の判定とその基準

本稿で言う「金氏関連墓誌」とは、何を指すのかについて簡単に説明しておきたい。「金氏関連墓誌」という表現は、先行研究とは異なり金氏といっても新羅系でないこともあり得るとの可能性のなかから考えた言葉である。ここには、唐代の金氏を在唐新羅人といえる第二、第三の根拠が明確に提示されていない、現在の研究状況のなかで唐に居住していた金氏集団（あるいは個人）を相対化して分析するという意味を含めた。(12)

本稿では議論の便宜のため、次の三つの基準をあげ、「金氏関連墓誌」かどうかを判定する。まず、墓主本人が金氏の場合である。次に、墓主の血縁および家族関係のある登場人物が金氏の場合である。三つ目は、墓誌の撰者が金氏の場合である。

三　金氏関連墓誌の現況

この三つの基準に基づいて、約六八〇〇余点に至る墓誌を分析した結果、計九点の金氏関連墓誌が存在する事実がわかった。表9・表10からも分かるように、金行挙墓誌（六五〇年三月）、金魏及妻王氏墓誌（六五四年十一月）、金義墓誌（六八四年七月）、亡宮三品婕妤金氏墓誌（六八九年一月）、賈楚及妻金氏墓誌（七〇三年二月）、金大娘壙誌（七六二年七月）、李叔夏墓誌（八三五年十一月）、馮湍妻金氏墓誌（八五八年十二月）、李璆妻金氏墓誌（八六四年十二月）がそれである。

墓誌が作成された時期をみていくと、七世紀半ばから九世紀半ばまでに至る。七世紀半ばが二点、七世紀末〜八

表10　唐代金氏関連墓誌一覧（2）

〔5〕	賈楚及妻金氏墓誌（2267）	長安3年（703）2月	北圖19-59，附考14-1333，千唐495，隋唐五代/洛陽8-8	墓誌彙編/長安025，新編21-14761，補遺2-377
〔6〕	金大娘壙誌（3925）	寶應1年（762）7月		題跋192左下[13]
〔7〕	李叔夏墓誌（5269）	大和9年（835）11月	隋唐五代/陝西2-63，新中國/陝西2-233，碑林87-3697	墓誌彙編/續/大和054，新編13-8798，補遺3-202
〔8〕	馮湍妻金氏墓誌（5757）	大中12年（858）12月		題跋211右下[14]，墓誌彙編/大中147，新編11-7213，新編14-9590
〔9〕	李璆妻金氏墓誌（5865）	咸通5年（864）12月	隋唐五代/陝西2-106，新中國/陝西2-286，碑林91-4235	墓誌彙編/續/咸通023，新編14-9795，補遺3-254

注記　墓誌名項目の括弧のなかの番号は、氣賀澤保規編『（明治大学東洋史資料叢刊・三）新版 唐代墓誌所在総合目録』（汲古書院、2004年）の一連番号を意味する。
書籍の略称についての説明　（書誌事項は前の①～⑲を参照すること）
題跋：『石刻題跋索引』頁ー項目の位置／北圖：『北京図書館蔵中国歴代石刻拓本彙編』冊数ー頁／附考：『唐代墓誌彙編附考』冊数ー頁／千唐：『千唐誌齋藏誌』整理番号／輯繩：『洛陽出土歴代墓志輯繩』整理番号／隋唐五代：『隋唐五代墓誌滙編』/省巻＋冊数ー頁／墓誌彙編：『唐代墓誌彙編』（『續集』を含む）/正續與否/唐 元号＋整理番号／新中國：『新中國出土墓誌』/省巻＋冊数ー整理番号／新編：『全唐文新編』冊数ー頁／補遺：『全唐文補遺』冊数ー頁／碑林：『西安碑林全集』冊数ー頁

世紀初めが三点、八世紀半ばが一点、九世紀前半が一点、九世紀中後半に二点であり、たとえその数が多くなくても、約二世紀にわたり、比較的に均等に分布していることが一つの特徴であると言える。

以上に提示した金氏関連墓誌の判定基準に従い、再分類してみると次の如くである。

（あ）墓主本人が金氏：〔1〕、〔2〕、〔3〕、〔4〕、〔5〕、〔6〕、〔8〕、〔9〕

（い）墓主と血縁および家族関係がある登場人物の金氏：〔1〕、〔2〕、〔3〕、〔9〕

（う）墓誌の撰者が金氏：〔7〕

（番号は表9・表10唐代金氏関連墓誌一覧の番号）

（あ）のように墓主本人が金氏の場合はほとんど墓誌の家族関係についても少しずつ言及しているため、分類項目上、（い）と重なる側面がある。

三　墓誌内容の基礎的検討

一　各墓誌の拓本写真と判読文

以下に九点の拓本写真と判読文を掲げる。

共通凡例
・判読文に記されている行の番号は筆者が付けたもの。
・「□」は墓誌の損傷、あるいは拓本の状態により、判読できない文字。
・「字」は拓本写真上では判読し難いが、既存に刊行された書物においては判読できている文字。但し、版本によって見解が異なる場合は説明を付け加える。

〔1〕金行挙墓誌

1 大唐随故車騎将軍金公墓誌銘幷序
2 公諱行舉字義起隴西伏羌人也夫篤慎忠貞
3 日磾見稱於強漢經明行著欽賞播美於元成
4 年代悠然寂寥無紀其能繼玆哥詠惟在君乎
5 父達周芳州刺史雄才蓋世英略佐時君擢幹
6 鳳林含芳桂嶺隨屬周鼎未定秦鹿走嶮待降
7 絲綸授承御上士尋遷車騎將軍住近鉤陳奇
8 深侍衛夙恭恪謹情禮彌隆乃息宦情散志丘
9 壑奄以永徽元年二月十三日薨于私第春秋
10 六十有九嗚呼哀哉夫人郭氏太原人也父楚
11 先以貞觀十六年五月八日卒今以三月三日
12 合葬於邙山禮也惆悵蘭室臨祖奠而罇清飈
13 颸長原望佳城而馬白嗣子弘則等孝行深厚
14 喪毀過制恐陵谷遷移敬鐫貞石其詞曰
15 長源洪族遂古金天休屠特挺乃誕貞賢滅親
16 存乎大義拜泣發乎天然盛德不泯嗣後光前

17 如玉之潤如松之貞方期仙術遽掩佳城霧昏
18 隴暗山空月明唯餘萬古永播嘉聲

（横×縦＝三九×三九㎝）／蓋石：紛失

〔2〕金魏及妻王氏墓誌

1 唐故處士金君墓誌銘幷序
2 君諱魏字才仁河南洛陽人也其先七葉侍中炤
3 秺侯之忠孝稽山上祭著高族於龍城所以北里
4 吹竽南宮畫象朱輪咽於流水紫紱爛於桃源祖
5 勣齋猗氏令父文隋鄭縣尉並早瑩青丹夙標芝
6 菌扇仁風於百里未謝前良贊廉謹於一同可模
7 當代君長自華宗少而沖寂故鄉黨稱其有人宗
8 族許之無二方欲齋黴高鳳追跡梁鴻畢志丘園
9 逍遙文酒何圖英落桂林飄長風而不反沈淪巨
10 浪淙大壑而滑瀾以永徽五年歳在攝提十一月
11 癸酉朔九日辛巳終於景行里春秋七十夫人王
12 氏自嘉偶良人箕箒無怠好同琴瑟韻合琳琅去

13 三年暮春以光朝露卽以其月廿四日景申合葬
14 於邙山禮也庶德音遙裔固磐石而長存陵谷洿
15 隆仰斯銘而無泯其詞曰
16 族茂炎漢條分葉布渉晉居隋福延彌固卓哉[斯]
17 人實光前度能仁洽宗均義行路立性沖寂好□
18 不迴禍延慶閟与代長乖生平交映玉樹同摧□
19 □月冷野外風哀　哀子思古等

（横×縦＝四六・五×三九㎝）／蓋石：紛失

・2行：「炤」⑮を「啟」⑯と読んだ版本あり。
・4行：「畫」は拓本での「畫」を改めたもの。⑰
・16行：「斯」⑱を「若」⑲と読んだ版本あり。

〔3〕金義墓誌

1 惟大唐文明元年歲次甲申七月庚戌朔廿
2 四日癸酉金
3 君諱義字玄天水人也祖師随任[三]鄉府校
4 尉運籌[勇付]撫習三軍狀戟挾輈橫鋒六陣

5 輔上以道恤下成酵父傑先任洛汭府校尉
6 奕葉連榮重暉處官輔鷹揚於府内縦賞憂
7 人灑溫語於兵中人俱挾纊以仁以義其可
8 悦乎惟君器宇寬平敦交益敬微芳名於里
9 閭列藻質於朝端任左驍衛翊衛坐甲裏糧
10 待詔金馬執松筠之性行恕己之心懸榻招
11 賢虚襟接士年卌八七月十四日因遘纏痾
12 卒於本弟葬於北邙山禮也可謂紅顔与白
13 髪俱摧淑質与凡礫咸碎珠沈漢□璧棄趙
14 朔茋葛連傾親交再逝旒旐飛而歸右轜車
15 發而悲傷嗚呼哀哉痛切心矣□其詞曰
16 飛旐送去悲哀丘墓松檀縈墳棄新歸故
17 文明元年七月廿四日銘

(横×縦＝三八×三八・五㎝)／蓋石：紛失

・3行：「三」[20]を「平」[21]と読んだ版本あり。
・4行：「勇」[22]を判読できない字とした版本あり。[23]
・8行：「里」は原文では「門＋里」の字。

・14行：「而」と「右」[24]を判読できない字とした版本あり。[25]
・16行：「送」[26]を判読できない字とした版本あり。[27]

〔4〕亡宮三品婕妤金氏墓誌

1 亡宮三品婕妤十一月廿六日亡十
2 二月廿一日斬草一月十三日葬託
3 □婕妤位三品年六十四不知何姓
4 氏淑資嫖妍預良家之選令德柔婉
5 視列鄉之秩恩寵斯洽仁□克配當
6 攀檻而節明對辭輦而誠顯規虹渥
7 彩將晦魄而俱消寶□融暉隨落星
8 而永逝以垂拱四年歲次某乙某月
9 日卒以永昌元年歲次某乙正月某
10 □朔某日葬於某所其銘曰
11 侍寢昭陽步曳曳兮生光歸骸窀穸
12 松森森兮已行

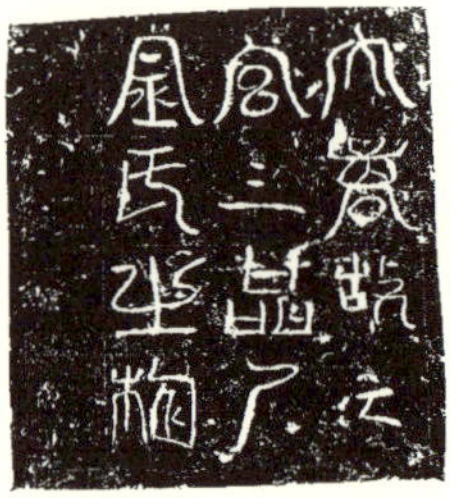

13

14

（横×縦＝四四・四×四四・四㎝）／蓋石：「大唐故亡宮三品尼金氏之柩」

・拓本で「△」の形態で記されている字は「某」に入れ替えておいた。

〔5〕賈楚及妻金氏墓誌

1 大周賈府君墓誌銘一首幷序

2 君諱楚字玄德河南洛陽人也周康王之苗裔漢□□□□

3 文學重於東京衣冠盛於西晉備乎國史可略言焉祖鳳隋□

4 相州安陽縣令屈臨小縣有歎牛刀風化大行人知蠶績父君

5 相唐任寧州羅川縣尉安達人於卑位忝跡南昌勞丈夫於縣

6 職栖名左尉君生而岐嶷幼而聰敏爲子不闕於晨昏事親每

7 怡於顔色不謂輔仁虛膺尋丁外艱纏遠思於風枝結長悲於

8 露草加人一等俯及三年不以冠蓋爲榮唯將孝養爲務庭中

9 弄鳥冰下求魚板輿之樂未終扇匣之悲遄及君貞不絶俗隱
10 不違親鄉里稱爲善人交遊謂之長者西山妙藥悲羽翼之無
11 期北海靈言痛辰巳之俄及粤以聖曆元年六月廿三日終于
12 洛陽脩義里之私第春秋七十有七至二年十月四日遷窆於
13 邙山先塋嗚呼哀哉夫人京兆金氏龍光耀北鵬影圖南金人
14 祭於上天劍履榮於中國芳年待雁歸偶射翬俄隨半夜之山
15 倏奄明朝之露享年七十有七以大足元年三月廿一日終于
16 私第維長安三年仲春二月十七日己酉歸祔於君禮也滕公
17 之室終見同居季子之階時聽合葬長子鶴臺府長史元恭次
18 子左臺錄事元敬等生盡其養悲感劉殷之堇死盡其哀淚染
19 王褒之栢卜其宅兆青鳥白鶴之占而安厝之朱雀玄龜之地
20 將恐鯷波三變式鐫無媿之詞鶴返千年知有猶生之氣乃爲
21 銘曰
22 代襲射翬門承似虎奕葉軒冕陸離珪組孝惟天惟學稱稽古
23 鼎沒汾河劍沉江滸墳開宿草階穿合杜有想容聲無復恃怙
24 親賓會葬鄉人贈土鶴隊掩而雲愁牛崗昏而霧苦

（横×縦＝四二×四二㎝）／蓋石：紛失

〔6〕金大娘壙誌

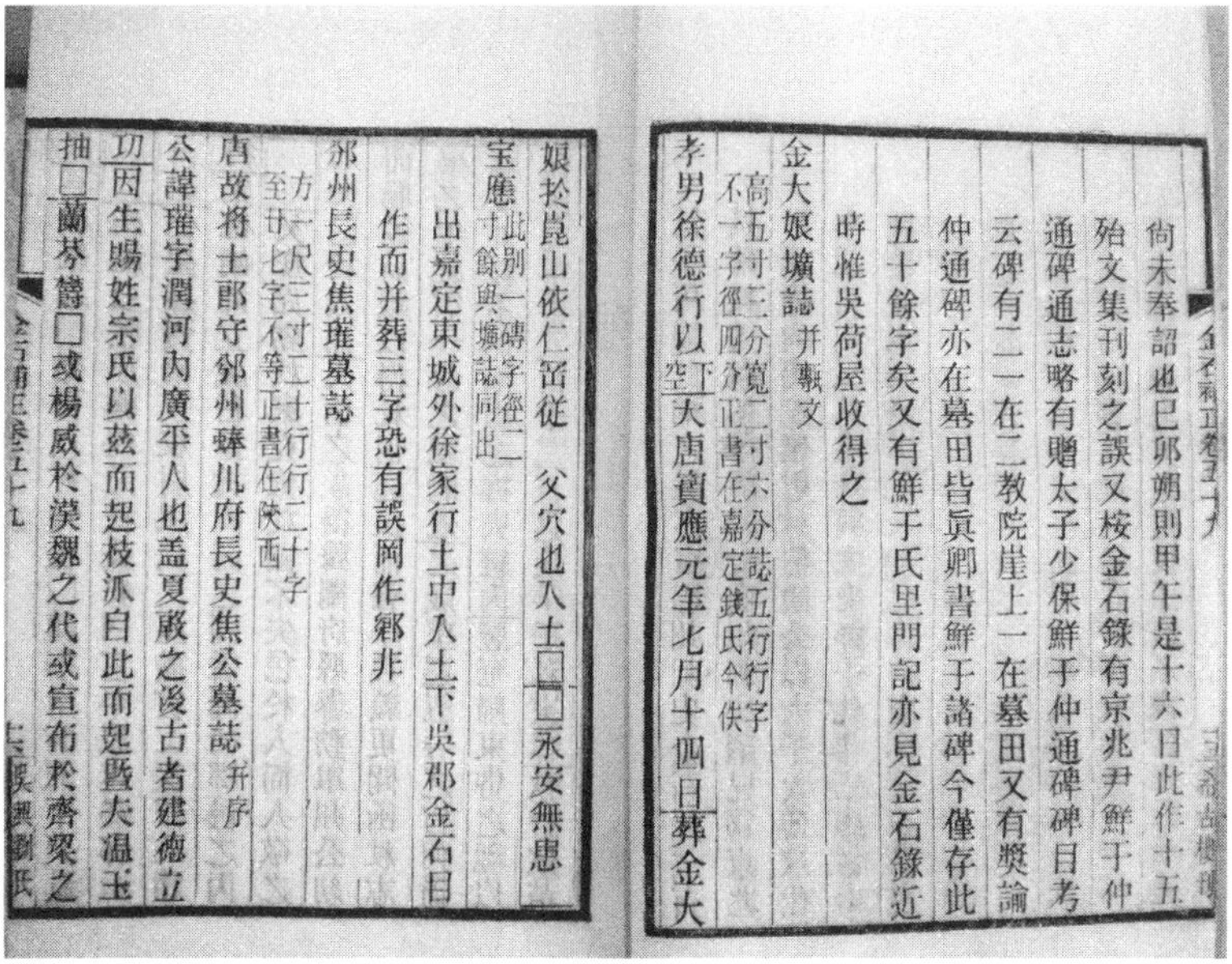
尙未奉詔也巳卯朔則甲午是十六日此作十五
殆文集刊刻之誤又校金石錄有京兆尹鮮于仲
通碑通志略有贈太子少保鮮于仲通碑碑目考
云碑有二一在二教院崖上一在墓田又有奬論
仲通碑亦在墓田皆眞卿書鮮于諸碑今僅存此
五十餘字矣又有鮮于氏里門記亦見金石錄近
時惟吳荷屋收得之
金大娘壙誌幷甎文
高五寸三分寛二寸六分誌五行行字不一字徑四分正書在嘉定錢氏今佚
孝男徐德行以空下大唐寶應元年七月十四日葬金大
娘於崑山依仁岡従　父穴也入土□□永安無患
宝應此別一甎字徑二寸餘與壙誌同出
出嘉定東城外徐家行土中入土下吳郡金石目
作而并葬三字恐有誤岡作鄉非
邠州長史焦璀墓誌
方一尺三寸二十行行二十字至廿七字不等正書在陝西
唐故將士郎守邠州長史焦公墓誌幷序
公諱璀字潤河內廣平人也盖夏啟之後古者建德立
功因生賜姓宗氏以茲而起枝泒自此而起暨夫温玉
抽□蘭芬儔□或楊威於漢魏之代或宣布於齊梁之

金大娘壙誌幷甎文
高五寸三分寛二寸六分誌五行行字不一字徑四分正在嘉定錢氏今佚
孝男徐德行以空下大唐寶應元年七月十四日葬金大
娘於崑山依仁岡従　父穴也入土□□永安無患
宝應此別一甎字徑二寸餘與壙誌同出
出嘉定東城外徐家行土中入土下吳郡金石目
作而幷葬三字恐有誤岡作鄉非

・拓本は現在に伝わらない。
・判読文は、拓本写真でなく、墓誌内容を記した文献に基づいて作成。

〔7〕李叔夏墓誌

1 大唐故宣威將軍石驍衛翊府左郎將上柱國李府君墓誌銘幷序
2 將仕郎試太常寺奉禮郎京兆金瑜撰幷書
3 公諱叔夏字周士隴西狄道人也其先即　皇室諸李之後曾祖
4 於昭穆之緒既襲雲孫逮公之身爲疎同姓洎曾王父林祖王父俊先
5 考文清皆不降其志不辱其身素衣麃裘逍遙城墅積善餘慶福鍾于
6 公公幼稟惠方長服忠訓年初弱冠氣懷輔國之才志慕戎風每展韜
7 鈐之略自元和三年龍集戊子遂解褐授左金吾衛司戈至十年復轉
8 右驍衛司階禁暴之體謀猷必陳十五年遷和王府左帳內副典軍寶
9 曆二年遷澶王府左親事典軍公之懿德諷于倫彙
10 帝稱闕望之令輟參盤石之朝再列王庭始終無玷大和六年乃遷宣
11 威將軍右驍衛翊府左郎將此即光表公之前績矣公前後歴官四任
12 衣朱紱而列班行可謂榮耀當時功成名遂之美矣公之孝也嘗割股
13 以奉尊公之仁也處昆元而字幼可謂慈孝芳惠矣公素以戎略韜鈐
14 聞于四表有成德軍節度使檢校司徒兼御史大夫王公曰庭湊遠享
15 公之風義愿趨洸赳之交大和五年二月遂乃飛章上陳請公之次子
16 權知趙州參軍
17 帝曰俞此即公之懿行垂及後昆者哉無何忽瘿小疹漸致膏盲去留
18 遂乖幽都俄陟不賦歸來空悲搖落以九年九月十四日終于萬年縣

永興里之私第享年五十矣逾月之禮有期先遠之辰既剋以其年十一月十九日葬于萬年縣滻川鄉鄭村禮也公之弟黃州長史曰叔度次弟大和公主府典軍曰叔齊堂弟忠州司戸參軍曰宗武太夫人王氏夫人鄭氏有女曰廿娘歸于蘇氏次女曰廿一娘歸于郭氏有子開□司倉參軍曰彝次子權知趙州參軍曰牟咸號訴穹倉哀哀永悼毀□滅性用全曾閔之賢禮以送之式表及疑之慕恐千齡之後松櫝凋夷莫辨誰何豈分年代故乃勒茲貞石冀旌不朽之芳乃爲銘曰有美君子德如珪璋赳赳武夫邦家之光積善之兆于何不藏旻天不愸俄陟幽方石以紀德永代彌昌樹之松櫝千載之芳

（横×縦＝五三×五四・五㎝）／蓋石：紛失

〔8〕**馮湍妻金氏墓誌**

唐湖州□□□□□□故夫人墓誌銘幷序（鄉貢進士李翺書）

夫人金氏、諱淑□、京兆人也。幼有容止、長能柔順、姆教婉娩、織紝組紃、克脩女事、秉箕執篲、歸道□□、始其笄年、佩玉待禮。時處士馮君名湍、長樂人也、世代儒、雅、弓裘靡湮、知名是空、高尚不仕。聞夫人令淑、以羊雁娶焉。且其閥望齊徽、姻榮幷曜、變彼慶善、宜其室家、鸞鳴鳳和、塤篪□叶、敬脩賓饋、然薦鹽梅、謹侍舅姑、謙恭娣姒、肅□閨壼、擧宗僉嘉、訓育兒女、咸就婚適。冀之偕壽、歿而同塋、無何天道疎鑒、殞茲令德。夫人以大中十二年四月十四日、逝於□□鄉周章里私第、享齡六十有九。所育兒女六人、長曰亮、仲曰集、季曰彦、竟能仁孝、溫淸罔違、恂恂里閭、孰不欽仰。女三人、二歸沈氏、一適陸門。夫人棄背之辰、遠近奔格、擗踊□慟、泣血絶漿、鄰里哀之、共脩糜飼、□于人生、浮□諭之日、及旋以年十二月十日、宅兆叶吉、乃遷柩窆於縣西北盱妻山馮氏祖墓、祔於先舅姑塋域東南隅、禮也。至孝亮等慮時移世變、丘墟域湮、俾刻貞石、藏銘玄宮。銘曰：賢哉夫人、從德終身、肅肅容儀、譽美親鄰。俄然□□、奄謝靑春。卜宅安厝、餘溪石濱。鬱鬱佳城、依依□□□□百歲、冥寞孤墳。

・現在、拓本の所在は知られていない。文献資料に基づいて作成。

〔9〕李璆妻金氏墓誌

1 前知桂陽監將仕郎侍御史內供奉李璆夫人京兆金氏墓誌銘幷序
2 鄉貢進士崔希古撰　翰林待詔承奉郎守建州長史董咸書篆
3 太上天子有國泰宗陽號少昊氏金天卽吾宗受氏世祖厥後派疏枝
4 分有昌有徽蔓衍四天下亦已多已衆遠祖諱日磾自龍庭歸命西漢
5 仕武帝愼名節陟拜侍中常侍封秺亭侯自秺亭已降七葉軒紱燉煌
6 繇是望係京兆郡史籍紋載莫之與京必世後仁徵驗斯在及漢不見
7 德亂離瘼矣握粟去國避時屆遠故吾宗違異於遼東文宣王立言言
8 忠信行篤敬雖之蠻貎其道亦行今復昌熾吾宗於遼東　夫人曾祖

9 諱原得皇贈工部尚書祖諱忠義皇翰林待詔検校左散騎常侍少府
10 監內中尚使　父諱公亮皇翰林待詔將作監承充內作判官祖父文
11 武餘刃究平子觀象規模運公輸如神機技乃貢藝　金門共事六朝
12 有祿有位善始令終先夫人隴西李氏搢紳厚族夫人卽　判官次女
13 柔順利貞稟受自然女工婦道服勤求舊及歸李氏中外戚眷咸號賢
14 婦夫人無嗣撫訓前夫人男三人過人己子將期積善豊報豈謂天命
15 有筭脩短定分綿遘疾瘵巫扁不攻咸通五年五月貳拾玖日終于嶺
16 表享年卅三端公追昔平生尙存同體經山河視若平川不避艱儉堅
17 心臨　柩遂歸世域嗣子敬玄次子敬謨次子敬元並哀毀形容遠侍
18 靈櫬追號罔極敬玄等支殘扶喘謹備禮文以咸通五年十二月七日
19 遷神于萬年縣滻川鄉上傳村歸世塋域夫人　親叔翰林待詔前昭
20 王傅　親兄守右清道率府兵曹參軍聯仕　金門丞家嗣業希古與
21 夫人兄世舊追惻有作因以請銘　銘曰　天地不仁　先死陶鈞
22 孰是孰非　無踈無親　不饗積行　不永大命　豈伊令淑　亦罹
23 賢聖　遘此短辰　游岱絶秦　大道已矣　萬化同塵

（横×縦＝四四×四四㎝）／蓋石：「大唐故金氏夫人墓銘」

・この判読は、権悳永「新発見『大唐故金氏夫人墓銘』に関わる幾つかの問題」（韓国古代史学会第一〇八回定期発表会資料、二〇〇九年五月九日）の記載に従う。既存の刊行物の判読と大きな差異がなく、拓本写真と照らし合わせても問題視されるところはない。

・なお、権悳永氏の資料は二〇〇九年六月に、「『大唐故金氏夫人墓銘』に関わる幾つかの問題」（『韓国古代史研究』五四、二〇〇九年）として発表された。

二　内容をめぐる問題点

以上で紹介した拓本写真およびそれに基づいて作成した判読文の内容から読み取れるものは多くあるはずである。しかし、九点の墓誌を詳細に考察するのは、膨大な作業であり、本稿に与えられた課題を遥かに超えるものと思われる。一つ一つについての綿密な検討は今後の課題にしておき、ここでは主要な表現を中心に墓誌の性格を簡略に分析してみたい。さらに、唐代においての墓誌製作がもつ特徴を金氏関連墓誌の事例を用いて指摘することを試みたい。

①　少昊金天氏および金日磾との関連性

最後の九つ目にあたる墓誌についての考察は、最近、権悳永氏によって行なわれた。(28)本稿での〔9〕李璆妻金氏墓誌がそれにあたる。権氏は、蓋石の銘文を尊重して「大唐故金氏夫人墓銘」と名づけたのであるが、ここでは、便宜上、「李璆妻金氏墓誌」という呼称に統一する。

権氏の研究によると、〔9〕の墓主である金氏夫人の家系や唐朝における先祖たちの活躍相がある程度把握できるという。確かに〔9〕の記載からは、夫人の曾祖父は工部尚書を贈られた金原得であり、祖父は翰林待詔検校左散騎常侍少府監内中尚使を務めた金忠義、さらに父親は翰林待詔将作監丞内作判官を歴任した金公亮であることが分かる。一方、具体的な名前までは知られないが、かつて昭王傅を歴任し、当時は翰林待詔に在職していた親叔や、守右清道率府兵曹参軍の親兄もいたとする。いずれも重要な職責を果たしていたものと考えられる。さらに、興味深いのは、このうち金忠義および金公亮の名が『旧唐書』『新唐書』『冊府元亀』などの文献史料からも確認できることであり、しかも、彼らが「新羅人」として登場することは事実である。金忠義と金公亮とが「父子」関係として描かれている点も文献史料と〔9〕の記載とが一致している。これが、権悳永氏が〔9〕の墓誌にみえている金氏集団を新羅系と判断している理由である。[29]

さて、権悳永氏が本人の論稿で問題としたことの一つは、「金氏始祖観念の問題」であった。具体的にはいわゆる「新羅王族の少昊金天氏（少昊氏金天）出自説」に対する先行研究の問題点を指摘した。少昊金天氏を新羅王室の始祖とする観念が七世紀後半と九世紀後半に武烈王と景文王の政治的意図により、継起的に浮沈したという既存の学説[30]に対して〔9〕李璆妻金氏墓誌の内容を根拠に反論を提起したのである。すなわち、墓主にあたる金氏夫人の家は、新羅王族と同様に少昊金天氏（あるいは少昊氏金天）[31]を始祖とする認識をもっていたのであるが、その家の入唐時期を考慮する限り、八世紀後半頃に該当するため、新羅王族金氏の少昊金天氏出自説が新羅中代初めと景文王代に継起的に出現したという学説は見直すべきと述べている。

いま一つ指摘された問題に、新羅王姓金氏と金日磾（秺亭侯・秺侯）という人物との関連性に対するものがあった。文武王陵碑文に出てくる「秺侯祭天之胤傳七葉」という一節に基づいて新羅王室が匈奴の金日磾の末裔であり得るとする見解に言及しつつ、〔9〕李璆妻金氏墓誌にみえる「日磾」、「秺亭侯」、「秺侯」の意味について論じたのである。権氏は、この墓誌について、文武王陵碑文に表われる「少昊金天氏⇒金日磾⇒新羅王族金氏」に繫がる始祖観念のパターンをより具体的に描写しているという点で「注目すべき資料」と評価しつつも、「新羅王室が金日磾を自分の先祖として受け入れたことは多分に観念的な始祖意識の所産であり、したがって金日磾の子孫の遼東移住や新羅への南下問題などを実証的に探求することは大きな意味がない」と主張した。

この二つの問題提起に関しては、〔1〕金行挙墓誌および〔2〕金魏及妻王氏墓誌、〔5〕賈楚及妻金氏墓誌が注目される。〔1〕、〔2〕、〔5〕の墓誌は現在まで韓国の学界に紹介されたことのない資料にあたる。(32) 以上で紹介した墓誌の拓本写真や判読文から分かるように、三つの資料には、少昊金天氏、金日磾との関連性が想定される文言がみえていて興味深い。

例えば〔1〕金行挙墓誌の三行目には「日磾」とある。そして十五行の「金天休屠」という文言も注目を引く。さらに〔2〕金魏及妻王氏墓誌からも関連表現が見当たる。三行目の「秺侯」がそれである。そして〔5〕の十三行には「金人祭於上天」とある。

まずは、〔1〕、〔2〕について検討してみたい。〔1〕と〔2〕に登場する金氏を称する墓主も〔9〕の金氏夫人の家と同様に、「(少昊) 金天氏」、「(金) 日磾」、「秺 (亭) 侯」を自分たちの先祖として認識していたことが分かる。しかし、残念なことは、〔9〕とは違って〔1〕、〔2〕にみえている金氏姓者が他の文献や資料には見えないことである。それでも、墓誌そのものに金氏姓者たちの出身を窺わせる手がかりがあるため、幾つかの情報を抽出することが可能である。

では、〔1〕金行挙墓誌に登場する金氏姓者をみてみよう。ここには金行挙をはじめ、金日磾、金達、金弘則などの人名がみえる。金日磾は、周知のように、匈奴の休屠王の太子として後に漢の朝廷から金氏を授けられる人物である。(33) また、金達は金行挙の父親で、周代 (＝北周：存立期間は五五六～五八一) に芳州刺史を歴任した人物として登場する。さらに、金弘則は金行挙とその夫人郭氏との長男として登場している。つまり、「金達⇓金行挙⇓金弘則」と繋がる系譜をもつ家が、金日磾を自分たちの先祖と認識している。

唐代の金氏を新羅系と捉える立場、すなわち「唐代金氏＝在唐新羅人説」が存在する以上、〔1〕にみえている金氏姓者と新羅との連関性が自然に疑問視される。結論を先に述べておくと、少なくとも現存資料のみでは、彼ら金氏家門を新羅に繋げるのは非常に難しいと考えられる。

墓誌では金行挙の出身地を「隴西伏羌」と明示しているため、これをもって新羅系かどうかと判断することは難しい。しかし、彼の活動時期や彼の有していた肩書を見ると、彼の出自についてある程度推測はできる。墓誌によると、金行挙は六五〇年二月十三日に私邸で死亡したとある。唐代に作成された墓誌のなかの人物であるため、唐代の人物と分類されがちであるが、死亡当時の年齢が六十九才であり、さらに隋代の車騎将軍を歴任していることから、隋代に生まれ、主に隋で活躍していた人であることが分かる。

なお、彼の父親についての情報もある程度把握できる。父親金達は、いわゆる魏・晋・南北朝時代の北朝に該当する北周で芳州刺史を務めた人物である。北周の存立期間（五五六〜五八一）を考え合わせると、金達という人物は遅くとも六世紀中後半頃から「金氏」を称したことになる。新羅で金氏姓が使用され始めたといわれる真興王代（在位：五四〇〜五七六）と時期的に相当重なるところがあって興味深い。(34) もう一つ興味深いのは、金達が主に活動した北周は、鮮卑出身の宇文氏が建てた国と言われている点である。魏・晋・南北朝時代の北朝は、北魏⇓東魏⇓西魏⇓北斉⇓北周に受け継がれ、これらの国を建てた人たちがいわゆる北方民族であり、ほとんどが匈奴および鮮卑系統であることは、すでによく知られている通りである。以上を踏まえると、北周の芳州刺史を務めた金達、そして彼の息子で、隋の車騎将軍を務めた金行挙が匈奴出身の金日磾を自分の先祖として認識していたことを「観念的始祖意識」と看做すことは難しいのではないかと考えられる。

次に〔2〕金魏及妻王氏墓誌に出ている人物たちについても簡単にみてみよう。ここに登場する金氏姓者は延べ三人で、墓主の金魏、彼の祖父の金勲、そして父親の金文がそれにあたる。墓誌では金魏の出身地について「河南洛陽人」と明かしており、彼がどの地域に居住していたのかを示している。

「金勲⇒金文⇒金魏」に繋がる彼ら金氏家門の来歴において注目すべきは、金勲と金文の出自である。まず、金勲の場合、「斉」出身であることが分かる。ここでいう「斉」は魏・晋・南北朝時代の北朝にあたる「北斉」(存立期間：五五〇～五七七)を意味するものと考えられるが、金勲はまさにその北斉で猗氏令という肩書をもっていたようにみられる。彼の息子であって、金魏の父親に該当する金文の場合、隋の鄭県尉という官職をもっていた模様である。〔2〕の墓誌に登場する金勲⇒金文⇒金魏、三人の系譜は、「北斉⇒隋⇒唐」と繋がり、前の〔1〕で見た「北周⇒隋⇒唐」の流れと妙に類似性を帯びている。

以上から、唐代に生存した金魏の家門は遅くとも六世紀半ば頃から金氏を称しており、同じ頃、いわゆる北方民族系統の北斉で官職をも持っていたものと考えられる。

〔2〕の墓誌から、もう一つ注目されるのは、「其先七葉侍中［炤］秺侯之忠孝(35)」という文言である。大まかに解釈すれば「それに先立つ七代の侍中が秺侯の忠孝を輝かした」といった意味になる一節であるが、これは前でも少し言及した文武王陵碑文の「秺侯祭天之胤傳七葉」という文言、そして〔9〕李璆妻金氏墓誌の「自秺亭已降七葉軒紱燉煌」という表現を連想させる。いずれも、金日磾が漢の朝廷から秺侯(あるいは秺亭侯)に封されて以降、七代が侍中として日磾の業績をよく継承し、家門に繁栄をもたらした、という意味に解釈できる。三つの事例のみでは断定し難いが、そのような表現が一種の「常套句」として使用されたのではないかと思われる。

これに関連して参考となるのが、まさに唐代の北方民族墓誌についての石見清裕氏の研究である。(36) 石見氏によると、唐代の墓誌文を読んでいくと、多くの墓誌から共通する常套句によく遭遇するという。(37)

その代表的な事例がまさに本稿で取り上げている「日磾」であるという。特に、唐代の外国人墓誌では「由余」という人物とセットでよく登場すると指摘する。(38)「由余」は春秋時代の晋に生きた人物で、後に秦に投降して策士の仕事を務める。秦の西戎征伐も彼の策略に助けられて実現された側面があるため、歴史上でも大きな意味をもつ人物である。(39) いわゆる中華に投降して、赫赫たる功を挙げた外国人出身の象徴的人物という共通点をもっているため、秦代の由余と漢代の金日磾がセットとして登場しているように思われる。

現段階でその具体例としてあげられるのは、唐代のテュルク人墓誌、四点であるが、(40) そのうち、契苾李中郎墓誌については個別研究があって参考になる。(41)

しかし、ここで注意すべきは、唐代の金氏関連墓誌に登場する金日磾物語とテュルク人墓誌にみえている金日磾物語とは脈絡上において差異があるということである。金氏墓誌では、自分たちの先祖と標榜しつつ金日磾の行跡を称えている反面、テュルク人墓誌では金日磾を先祖と標榜してはおらず、「漢化外国人」の模範的事例として描いている。すなわち金日磾が以前にそうであったように、テュルク人墓誌の主人公も中華世界に編入し、素晴らしい活躍相を見せたという文脈で描写されているのである。結局、一種の常套句という側面では金氏墓誌とテュルク人墓誌とが同質性を有するが、金日磾を自分が属している家門の系譜に入れるかどうかについては多少相違が確認されるということを指摘しておきたい。

なお、ここで詳論しないが、〔5〕に登場する京兆出身の金氏夫人の家門も〔1〕、〔2〕の金氏家門と同様に「祭天金人」と関わる人物を始祖としていたことを特記しておく。

以上の内容を纏めると、〔1〕、〔2〕、〔5〕に登場する金氏家門は、非漢族出身であると同時に、北方地域に根拠をおいていた集団の末裔である可能性が想定される。一方、遼東出身のようになっているが、実際に文献上では新羅系であることが確認される〔9〕の金氏家門が存在するという事実から、〔1〕、〔2〕、〔5〕の金氏家門も新羅との連関性をある程度念頭において、今後詳細に検討していくことが合理的であると思われる。

②　官撰墓誌のなかの金氏

ついで、唐代官撰墓誌の一側面を示す例として金氏関連墓誌を検討してみたい。ここで取り上げるのは、〔4〕亡宮三品婕妤金氏墓誌である。権悳永氏は、墓主の「亡宮三品金氏」について「彼女は良家に生まれ、さらに宮人として選抜され、皇宮に入った後、三品まで上がり、垂拱四年（六八九）に六十四才で死亡したとする。だとすると、彼女は六二五年頃に生まれたことになるため、宮人金氏の家門は比較的に早い時期に唐へ移住した新羅人であったと言える」と論じた。(42)権氏の考察では、宮人金氏を新羅系として捉える理由・根拠など、綿密に検討しなければならないことが幾つかあるが、この節では、それらはさておき、まず〔4〕亡宮三品婕妤金氏墓誌が官撰墓誌である可能性について考えてみたい。

実際に、唐代墓誌のなかには〔4〕のように「亡宮」あるいは「亡尼」(43)の墓誌が相当な数にのぼる。興味深いのは、ほとんどの亡宮・亡尼墓誌には「不知何許人」ないし「不知何姓氏」という表現がみられることである。これは「どの地域の人なのか知らない」「何の姓氏なのか知らない」という意味である。墓誌を遺族が作った場合には、そのような表現を刻むはずがない。つまり、官撰墓誌である可能性が非常に高いといえる。

さらに、先に示した〔4〕の拓本写真と判読文を見る限り、墓誌の左側に空白が存在することが分かる。〔4〕

の場合、拓本写真では、大体一・五行にわたる空白が確認されるが、墓誌の大きさは横・縦が四四・四㎝と同じで、縦（上下）が十四行である事実から、横（左右）もまた十四行である可能性が想定されるのである。すなわち、実物墓誌には、左側に二・五行くらいの空白はあっただろうという推論ができる。ところで、この空白の部分にも罫線が見える。〔4〕の墓誌は、文章の字数にあわせて罫線を引いたのではなく、予め罫線を刻んでおいた墓誌石に、内容を作成したことになる。墓誌石の左側に空白が発生したのも最後まで書く内容がなかったからではないかとみられる。墓主について詳細に把握いない官庁が限られた情報のもと、作成したものと理解してよいだろう。[44]

③　集団居住地域の可能性

最後に指摘しておきたいのは、唐代金氏集団が一定の地域を中心に居住地を形成して暮らしていた可能性についてである。特に注目される地域としては「河南洛陽」と「京兆」、両地域があげられる。河南洛陽は〔2〕、〔5〕からみえており、京兆は〔5〕、〔7〕、〔8〕、〔9〕から確認できる。〔5〕の場合、墓主の一人である賈楚は「洛陽人」とあり、その夫人金氏は「京兆金氏」となっている。金氏夫人本人は京兆に基盤をおいた家門の出身者であるが、結婚後、夫とともに洛陽に暮らしていた可能性もあり得る。

河南洛陽は、現在の中国にも存在する行政区域で、唐代には「東都」としての役割を果たしていた政治・経済の中心地であった。一方、京兆は、よく言われているように、隋の開皇三年（五八三）に建設した大興城、すなわち唐代の長安城を中心にして設置した郡であり、現在の陝西省西安市一帯に該当する地域である。[45]両地域とも唐代の中心地であるということで、多種多様な人々が集団的に居住するのは極めて自然なことではあるが、計九点として知られる唐代金氏墓誌で両地域が出身地として集中的にあげられているのは相当重要な意味をもつと言えよう。

それ以外も、〔1〕の「隴西伏羌」、〔3〕の「天水」が注目されるが、これらの地域は現在の甘粛省に該当するところである。こうなってくると、現在の甘粛省・陝西省・河南省地域が、一つのベルトのように、金氏の集団居住空間としての役割を果たしたのではないかとも考えられる。唐代金氏の集団居住地が存在していたのであれば、それが形成された政治・経済、あるいは地理・環境的背景は、今後解明しなければならないもう一つの課題であると言える。

四　唐代金氏の諸相

本補論では、唐代に生成された六〇〇〇点以上の墓誌から金氏関連墓誌を抽出した上、それに関わる幾つかの問題について考察してみた。本稿を作成した一つの契機がいわゆる「唐代金氏＝在唐新羅人説」であったため、むすびに代えてそれについての考えを纏めてみたい。

非常に断片的かつ簡略な考察ではあったが、本稿で行なった検討の結果から唐代金氏を次のように、分類できるのではないかと思う。この時、分類の基準はやはり新羅系なのかそうでないのかという点になる。まず、文献資料と比較検討した結果、確実に新羅系金氏といえる集団は〔9〕の金氏家門であると考えられる。ついで、相当留保的な立場ではあるが、〔1〕、〔2〕、〔5〕の場合はある程度新羅系金氏である可能性がある金氏集団としておきたい。残りの〔3〕、〔4〕、〔6〕、〔7〕、〔8〕は少なくとも現在まで伝えられる資料のみでは、新羅系かどうか判断できない金氏集団と分類したほうがよいだろう。

・新羅系金氏：〔9〕
・新羅系である可能性が少しでもある金氏：〔1〕、〔2〕、〔5〕
・新羅系かどうか判断できない金氏：〔3〕、〔4〕、〔6〕、〔7〕、〔8〕

以上、唐に居住した金氏集団（あるいは個人）を新羅系唐人と断定できるのかどうかという問題、すなわち「唐代金氏＝在唐新羅人説」の有効性を確認することに焦点をあて、墓誌資料を検討してみた。そのためなのか、非常に重要な論題にも関わらず、充分に考察できなかったところも少なくないと思われる。唐代金氏関連墓誌をめぐる多様な問題をより深く吟味することは今後の課題にしたい。なお、本補論に紹介された資料に基づき、学界次元での多角的な討論や研究が行なわれることを期待する。

注

（1）国立昌原文化財研究所編『韓国の古代木簡（改訂版）』（国立昌原文化財研究所、二〇〇六年）〔原文韓国語〕の参考文献目録には関連研究が紹介されている。二〇〇六年四月には韓国木簡学会が創立され、より体系的な研究の基盤を整えている。最近の木簡研究については、尹善泰「木簡研究の現況と展望」（『韓国古代史研究の新たな動向』西京文化社、二〇〇七年）〔原文韓国語〕を参照してもらいたい。
（2）研究の現況については、権悳永「新羅関連、唐金石文の基礎的検討」（『韓国史研究』一四二、二〇〇八年）〔原文韓国語〕を参照。

（3）権悳永前掲注2論文。
（4）権悳永前掲注2論文、権悳永「新発見『大唐故金氏夫人墓銘』に関わる幾つかの問題」（韓国古代史学会第一〇八回定期発表会資料、二〇〇九年五月九日）。この発表資料は後に、権悳永「『大唐故金氏夫人墓銘』に関わる幾つかの問題」（『韓国古代史研究』五四、二〇〇九年）〔原文韓国語〕として刊行された。
（5）権悳永前掲注2論文、四七頁。
（6）権悳永『在唐氏新羅人社会研究』（一潮閣、二〇〇五年）〔原文韓国語〕、二二三頁。初出は権悳永前掲注8論文。
（7）権悳永前掲注6書、二二四頁。
（8）これに関する研究としては、坂上早魚「九世紀の日唐交通と新羅人――円仁の『入唐求法巡礼行記』を中心に――」（『Museum Kyushu』二八、一九八八年）、亀井明徳「鴻臚館貿易」（坪井清足・平野邦雄監修『新版 古代の日本③ 九州・沖縄』角川書店、一九九一年）、李炳魯「古代日本列島の『新羅商人』に対する考察――張保皐死後を中心に――」（『日本学』一五、一九九六年）〔原文韓国語〕、村上史郎「九世紀における日本律令国家の対外意識と対外交通――新羅人来航者への対応をめぐって――」（『史学』六九―一、一九九九年）、山崎雅稔「承和の変と大宰大弐藤原衛四条起請」（『歴史学研究』七五一、二〇〇一年）、権悳永「九世紀における日本を往来した二重国籍の新羅人」（『韓国史研究』一二〇、二〇〇三年）〔原文韓国語〕、渡邊誠「承和・貞観期の貿易政策と大宰府」（『ヒストリア』一八四、二〇〇三年）、榎本渉「新羅海商と唐海商」（『前近代の日本列島と朝鮮半島』山川出版社、二〇〇七年）、田中史生「江南の新羅人交易者と日本」（『国際交易と古代日本』吉川弘文館、二〇一二年〔初出二〇〇七年〕）などがあげられる。
（9）氣賀澤保規編『（明治大学東洋史資料叢刊・三）新版 唐代墓誌所在総合目録』（汲古書院、二〇〇四年）には、約六八〇〇余点の墓誌や蓋石の現況が紹介されている。
（10）石見清裕「唐代テュルク人とその史料的価値」（『中国石刻資料とその社会――北朝隋唐期を中心に――』汲古書院、二〇〇七年）三六頁。
（11）拓本写真および判読文、索引・目録集はこれ以外にも存在する。詳細な書誌事項は、福田恵「唐代ソグド姓墓誌の基礎的考察」（『学習院史学』四三、二〇〇五年）の注3を参考してもらいたい。

(12) したがって、現段階では金氏関連墓誌をただちに新羅関連墓誌とは言えず、新羅と関係があるかどうかは結論のところで少し論じることにする。
(13) 表10に記されているものは索引目録上で当該墓誌の所在を示したものである。墓誌の内容は、陸増祥撰『八瓊室金石補正』(呉興：劉氏希古樓)一九二五年、五九巻―一五下に記録されている。
(14) 表10に記されているものは索引目録上で当該墓誌の所在を示したものである。墓誌に関しては、陳思纂次『寶刻叢編』(海豐：呉式芬)出版年不明、一四巻―三二上に記録されている(復斉碑錄)。
(15) 毛漢光『唐代墓誌彙編附考』(台湾：中央研究院歴史言語研究所、一九八四～一九九四年)第三冊、二三七頁を参照。
(16) 周紹良・趙超主編『唐代墓誌彙編』(上海：上海古籍出版社、一九九二年)。
(17) 毛漢光前掲注15書第三冊、二三八頁。
(18) 毛漢光前掲注15書第三冊、二三七頁。
(19) 周紹良・趙超主編前掲注16書。
(20) 毛漢光前掲注15書第一〇冊、三三五頁。
(21) 周紹良・趙超主編前掲注16書。
(22) 毛漢光前掲注15書第一〇冊、三三五頁。
(23) 周紹良・趙超主編前掲注16書。
(24) 周紹良・趙超主編前掲注16書。
(25) 毛漢光前掲注15書第一〇冊、三三五頁では、二つの文字とも「□」とした。
(26) 周紹良・趙超主編前掲注16書。
(27) 毛漢光前掲注15書第一〇冊、三三五頁では、二つの文字とも「□」とした。
(28) 權悳永「新発見『大唐故金氏夫人墓銘』に関わる幾つかの問題」(韓国古代史学会第一〇八回定期発表会資料、二〇〇九年五月九日)。これは、同年六月に、「『大唐故金氏夫人墓銘』に関わる幾つかの問題」(『韓国古代史研究』五四、二〇〇九年)〔原文韓国語〕として発表された。
(29) 注28と同じ。

(30)　李文基「新羅金氏王室の少昊金天氏出自観念の標榜と変化」（『歴史教育論集』二三・二四合集、一九九九年）〔原文韓国語〕。

(31)　少昊金天氏については、白鳥庫吉「匈奴の休屠王の領域と其の祭天の金人とに就いて」（『白鳥庫吉全集 第五巻 塞外民族史研究下』岩波書店、一九七〇年）を参照してもらいたい。

(32)　補論において「唐代関連墓誌」と分類して取り上げているもののうち、〔1〕、〔2〕、〔3〕、〔5〕、〔6〕の五点は、権悳永前掲注2論文で取り扱っていない金石文である。権氏が「金氏」を称する場合は、すべて「新羅関連の唐金石文」と認めていることを考慮すれば、論文執筆当時までこの五つの墓誌の所在を知らなかったようにみられる。

(33)　『漢書』巻六八、霍光金日磾伝などにそのような内容が伝えられる。

(34)　李純根「新羅時代姓氏取得とその意味」（『韓国史論』六、一九八〇年）〔原文韓国語〕によると、新羅では六世紀半ば頃、真興王の時に金氏姓をはじめて使用し、それ以前にはどの姓も使用していなかったとする。本稿では、李純根氏の研究を参考にしてはいるが、金氏姓を使用し始めた時期の問題については依然として議論の余地があるようにみられる。

(35)　［炤］を［敀］と読んだ版本もある。これについては、前の判読文の説明を参照すること。

(36)　石見清裕『唐の北方問題と国際秩序』（汲古書院、一九九八年）他に多数の論文がある。他の論文については必要な場合、紹介する。

(37)　石見清裕「唐代墓誌の資料的可能性」（『史滴』三〇、二〇〇八年）一一七頁。

(38)　石見清裕前掲注37論文、一一九頁。

(39)　由余については『史記』巻五、秦本紀を参照すること。

(40)　氣賀澤保規編前掲注9書に出ている一連番号でいうと、三四二番、二八三八番、三三六一番、三五一二番の四点がそれにあたる。唐代テュルク人墓誌については、石見清裕注10論文を参照してもらいたい。

(41)　契苾李中郎墓誌は、注9書の一連番号では三五一二番墓誌である。これについての個別研究としては、石見清裕「天宝三載『九姓突厥契苾李中郎墓誌』」（『唐の北方問題と国際秩序』汲古書院、一九九八年）があげられる。

(42)　権悳永前掲注2論文、四七頁。

(43)〔4〕亡宮三品婕妤金氏墓誌の蓋石を見てみると、「大唐故亡宮三品尼金氏之柩」とあり、「亡宮」、「(亡)尼」がほぼ同じ意味として使われていることが分かる。当時の宦官ないし女官を宮人と言っていたが、そのような人たちが死んだ場合、「亡宮」としたのではないかと思われる。「亡尼」の場合、女官が皇帝の崩御後、尼寺に入ったケース、つまり前女官のことを指すものと判断される。これに関しては、石見清裕「唐代墓誌史料の概観——前半期の官撰墓誌・規格・行状との関係——」(『唐代史研究』一〇、二〇〇七年)四頁。

(44) 官撰墓誌については、石見清裕『唐代の国際関係』(山川出版社、二〇〇九年)六四～六六頁を参照してもらいたい。それにあわせて注43論文も参照すること。

(45) 権悳永前掲注28論文。

終章　総括と展望

一　総括

本書では、九世紀における来航異国人問題、そのなかでも主に新羅人が頻繁に来航する現象に着目し、彼らが日本列島の縁海空間をどう変容させていったのか、あるいはそうした変化様相に対して列島の人々がどう対応したのかについて考察を行なってきた。まず、各章の論旨をまとめておく。

第一部「来航の新局面と縁海空間」では、来航現象の新たな局面が開かれる宝亀年間を「長い九世紀」の始まりと規定し、宝亀から承和年間における縁海空間での交流・衝突・生活、そして様々な変化の実態について論じた。

第一章「縁海警固と『九世紀』の黎明」では、宝亀十一年（七八〇）七月、縁海諸国に対して二回にわたり警固命令（勅）が下された背景について考察した。

まず、北陸道への警固命令は、宝亀年間に入ってから渤海使が大規模化（人数・船数両面）するにつれ、日本側は外交文書の形式・内容の充実化、「北路」来航禁止（大宰府への入港）を求め続けるが、結局、貫徹されず、これまでの方針を転換する過程で出されたものと理解した。これは、大規模な渤海使の来航を受容する代わりに厳重警固を通じて「賊船」到来の可能性に対応したのであり、この時、出羽地域における蝦夷の動向も少なからず意識されたと推察した。ついで、山陰道の因幡・伯耆・出雲・石見、山陽道の安芸・周防・長門、大宰（西海道）に縁海警固が命じられた背景としては、「流来新羅人」のような不特定多数の来航者が増加する現象がみられ、そして新羅使に対して来航資格の審査を強化する必要性が増大したことをあげた。最後には、宝亀年間について九世紀以降の対外意識や境界意識の変化に大きな影響を与えた時期とし、一つの歴史的転換点と評価した最近の研究をあげつつ、「長い九世紀」の始まりとしての宝亀年間の位置づけについて論じた。九世紀は「商人」「僧侶」「漂流民」「海賊」「帰化人」「流来人」等の形態で新羅人が頻繁に来航する現象と、それに対する日本側の危機意識の表出が明確になる時期であるが、本章で取り上げた宝亀年間の時代像も、以前とは異なって数多くの人々が来航し、それに対して日本側が警戒意識として立ち向かうとした点では九世紀との同質性が認められることを述べ、さらに九世紀の史料（例えば、『日本紀略』仁和元年（八八五）八月癸丑朔条には「令、北陸道諸国、及長門国・大宰府等、慎警固。以陰陽寮言、北境西垂、可有兵賊」とある）からも、対外情勢の変化に列島の「西」と「北」とが連動している様子を確認することができるが、その原形は宝亀十一年の縁海警固に求められると論じた。

第二章「延暦・弘仁・天長年間の新羅人来航者」では、桓武朝の延暦年間から淳和・仁明朝の天長年間までを対象として分析を行なった。「九世紀」の導入期にあたる延暦～天長年間の特質を明らかにし、さらにこの時期が「九世紀」全体のなかでどう位置づけられるのかを検討したのである。具体的には各種の海防策や規制策を主な分析材料とし、法制史料の行間あるいは裏面から読み取れる事情や、規定および各種の政策が出される時代背景を積極的に解釈してみた。そして「九世紀」をさらに細分化し、延暦・弘仁・天長年間を中心に新羅人の来航と日本側の対応について考察を加えた。まず、延暦年間については、烽燧停廃記事を分析し、その対策が有する実質性と、烽燧停廃実施の背景となった「内外無事」言説が持つ虚構性を検討した。ついで、弘仁・天長年間に関しては、新羅人が「流来」か「帰化」という形式を取って来航した事実、弘仁四年の「帰化」新羅人対策が持つ意義、対馬への新羅訳語・博士配置が語ること、大宰府交易体制の整備を通じて図られたこと等について考察した。新羅人の来航頻度（＝史料上で確認される事例）という側面に目を向けると、延暦年間は確かに「来航の空白期」とも言えるだろうが、異国人の頻繁な来航がもたらす辺境地域の乱れを考慮する際には、当該時期は一種の「安定期」でもあることを指摘し、さらに、延暦年間を中心にそれ以前の宝亀年間、それ以後の弘仁・天長年間と比較してみると、新羅人の来航現象および来航形態にはもちろん、日本側の防備対策（拡張・強化か縮小・緊縮かをめぐって）にも時期差が感知され、ある程度の曲折も確認されることを明らかにした。さらに、弘仁・天長年間に入ってからは多様化した来航形態を「国家」が厳重に把握・管理しようとする様子がより鮮明になることを指摘し、これは徹底した入国管理を通じて辺境社会および離島社会の安定を図ろうとした「国家」の方針に基づくものと述べた。

第三章「承和年間における対外交渉と新羅康州」では、これまでの研究では日本と新羅との関係において実際に交流・交渉が行なわれる「場所」の問題、そのなかでも朝鮮半島側の交易窓口についての考察を等閑にしてきたことを指摘し、九世紀における新羅側の外交・交易空間を取り上げた。まず、承和期に行われた二件の対新羅交渉を事例として、その外交空間として登場する新羅の「菁州」と「康州」とが同じ地域を指していることを確認した。ついで、両地名が同じ領域を表わしているにも関わらず、それぞれ異なる名称となっていることについては、当該地域の名称が時代によって変わっていったためであると論じた。但し、古代国家の新羅では、当該地域の名称が最終的には「康州」として定着し、国際交流の場として史料に登場する場合にも、「康州」という名称としてよく見えている点は留意すべきと述べた。さらに、新羅における牒式文書の外交的機能を総合的に検討することで、「康州」の地域的性格を明らかにした。また、「康州」が新羅の国家祭祀、軍事業務、土地支配とも深く関わっていること、そして対日本交渉のみならず、対中国交通においても国家の玄関口として重要な役割を果たしていたことを論証した。最後には諸史料の検討を通して「康州徳安浦」を現在の全羅南道麗水半島に位置する港町であったと推察した。

第四章「承和三年の新羅国執事省牒にみえる『島嶼之人』」は、第三章の検討を受け、不十分な考察を補ったものである。特に、承和三年（八三六）、日本に齎された日本国太政官宛ての新羅国執事省牒そのものについて分析した。ここでは、まず、新羅国執事省牒が全写されている『続日本後紀』巻五の諸写本を検討し、校訂本文を提示した。また、当該牒についてはこれまでの先行研究が読み間違えたところが少なくないという判断のもと、新しい読み方を示し、新羅側が日本の太政官に要求した内容を再検討した。結局、新羅国執事省牒が伝えようとしたのは、「島嶼之人」の行動について太政官が適切な措置を取ってほしいというメッセージであったと推論した。ついで、新羅側は紀三津事件を通じて「島嶼之人」の実態が喚起されたとみて、これをきっかけに新羅の沿海地域において主要な懸案となっていた「島嶼之人」問題をあわせて解決しようとしたこと、そして、官印を偽造し、仮の公牒を作る人々が新羅のほうへ頻繁に渡航する状況なので、公式使節を派遣する時には、紀三津のような疑わしい人物ではなく「専対」なる者、すなわち使節として適合な人を送ってほしいという希望事項も同時に伝達しようとした点を明らかにした。最後に、執事省牒にみえる「島嶼之人」は先行研究で言われているような「張宝高勢力」でなく、日本側の島々を基盤としつつ、海上を自由に――但し、密かに――往来していた人々を指すものと論じた。

第二部「新羅海賊と日本列島」では、貞観年間以後、「新羅海賊」と表象される来航新羅人と列島社会の構成員との共存・結合・結託・葛藤・拮抗・対立について検討を行なった。

第五章「貞観年間における弩師配置と新羅問題」では、貞観期以後における新羅問題の本質を弩師配置の現況とその事情から分析してみた。まず、弩師配置が従来の研究のなかで軍制改編の一環として取り上げられてきた点に留意しつつ、そのような評価は辺境地域での外侵を想定したものであり、特に新羅による軍事的な挑発ないしは侵略に対する海防政策として捉えようとする視角に基づいていることを指摘した。しかし、貞観期における弩師補任記事を検討してみる限り、山陰道を中心とする縁海地域において実際に問題視されていたのは、新羅・新羅人による軍事的な動きというよりも、当該地域の人民が新羅人、そのなかでも商人的性格を持つ新羅人らと結託していく事態そのものであったことが確認できた。但し、対外的脅威の実態がどうであっても、日本側が新羅に対して極めて強い警戒意識を持っていたことは明確であるとし、弩師人事において反新羅的な感情を抱いていた蓋然性のある氏族が任命されたのも、それと無関係ではないと論じた。また、四天王法が山陰道を中心とした縁海地域で行なわれたことも、当該地域での新羅問題が「怨敵」「飢饉」「疾疫」のような災異の一種として認識されていたことを示すものであり、たとえ、それらが観念的・呪術的な内容と連動していたとしても、外的脅威に対する防備策としてはそれなりに充分機能を発揮していたことは間違いないと推論した。最後には、貞観期日本が弩師配置を通じて図っていたことは国家内部的な要因や課題へとつながることを指摘し、「新羅商船」と表現される来航新羅人に呼応する勢力が辺境地域で生まれ始めたことはもちろん、そうした時代の流れに便乗して国家権力から離脱・離反していく人民が増えた現象そのものが弩師配置の断行として現れた側面について論じた。

第六章「『貞観十一年新羅海賊』の来日航路に関する小考」では、「貞観十一年新羅海賊」の来日ルートについての考察を行なった。従来の研究では、貞観十一年（八六九）、博多に現れて豊前国の年貢絹綿を奪取した後、逃げ出した「新羅海賊」を「新羅から来た海賊」と捉えている。しかし、そのような理解は、九世紀以後、急激に拡大する新羅人の海上活動範囲を見逃し、日本列島と朝鮮半島というごく限られた領域のなかで想定された歴史像であり、再検討が必要であることを指摘した。本章では特に「貞観十一年新羅海賊」が五島列島を経由して来たとする記事に注目し、それを日唐交通の脈絡からみるべきと論じた。実際に五島経由ルートは朝鮮半島と日本列島とを結ぶ交通路としては上手く機能していなかった反面、日本と唐との間では遣唐使、求法僧、商人らの往来を助ける海路として十分役割を果たしていたのである。一方、日本の対外交易管理システムが変化したことに対して唐商人との協業体制で応した在唐新羅商人の動向は「貞観十一年新羅海賊」の性格を究明するにあたって一つの糸口になるだろうと展望してみた。

第七章「新羅海賊事件と大宰府管内居住新羅人の動向」では、貞観期における大宰府管内居住新羅人の動向を手がかりにして、いわゆる新羅海賊事件の裏側に秘められている「交流」「共存」の側面について考察を行なった。まず、大宰府管内の新羅人社会が新羅海賊事件を処理する過程で顕在化したことを指摘した。それが、先行研究で指摘されるように「新羅坊」と呼ばれるほどの規模を持つ集団居留地であったかどうかは判断し難いものの、日本に来着した数多くの新羅人が、大宰府管内の特定地域に集まり、生業に従事していたのは明らかであると述べた。ついで、多数の新羅人は承和九年（八四二）以前のある時点に「帰化」し、そのような法的方法を取って長期滞在（あるいは居住）の権利を得たこと、また、そのような新羅人集団が、交易従事者をはじめとして僧侶・技術者及び一般定住者らによって構成されていたことを明らかにした。最後には、大宰府管内居住の新羅人のうち、潤清ら二十人が武蔵国・上総国・陸奥国に移配されたという記事を取り上げ、新羅人の移配は、単に海賊事件に対する処罰という次元ではなく、多様なレベルの在地勢力と来航新羅人との密かな結合を遮断すること、そして、移配された新羅人が持っている技術を当該地方で使用することを目的にしていた措置であったと論じた。従来の研究では、貞観十一年（八六九）の新羅海賊事件を、日本・新羅関係における「葛藤」「対立」の象徴として理解してきたが、そのような評価は、国境を跨ぐ地域で発生する諸現象を統制・管理しようとした中央権力の視点から眺めたに過ぎず、むしろ、当該事件を通じては、多様なレベルの、多様な構成員が活発に「交流」を行い、場合によっては集団居留地を形成するなど、「共存」していた様子をみることが可能であると述べた。

第八章「寛平新羅海賊考」では、「貞観十一年新羅海賊」と対比される存在としての「寛平新羅海賊」について考察を加えた。まず、九世紀後半における「新羅海賊」を同質的な存在として捉えてきた先行研究の方法論に対し、出没背景・勢力規模・活動範囲・使用航路・行動様式・組織化の度合などの諸要素、および時期的な変化様相に留意しつつその実体に迫る必要があると論じた。ついで、これまでも「寛平新羅海賊」についての様々なアプローチがあったものの、残念ながら新羅海賊そのものに対しては十分に検討されることがなかったことを指摘し、①寛平新羅海賊がなぜ特定の時期に、特定の地域を狙ったのか、②寛平新羅海賊とは朝鮮半島のどういった勢力が海賊化したものであり、また海賊化した理由は何なのかといった研究課題を提示した。検討の結果、①

については、寛平新羅海賊が寛平五年（八九三）～六年（八九四）の二年間、大きく三回にわたって、肥後国飽田郡・肥前国松浦郡・対馬島を狙ったことを明らかにした。新羅海賊が当該地域を中心に活動を展開したことについては、西海道における防人制運用や物資調達方式との関連性からみて、新羅海賊が物資の集積地と判断される地域をターゲットとした可能性を指摘した。一方、②寛平新羅海賊の主体については、自立時期、保有兵力の規模、海上勢力の運用能力、日本への地理的接近性などからすれば、甄萱勢力との相関性が想定されると述べた。独立化を宣言した甄萱は、勢力拡張のために新羅王権をはじめとした諸地方勢力と戦い続ける必要があったが、朝鮮半島内において凶作・飢饉などの災異が相次いで発生していたため、目を海外に向けるしかなかったと推論した上で、西海道の主要地域を狙ったのも軍需物資の補給と密接に関係があるだろうと論じた。最後には、本章での推論、特に②に関しては決め手に欠けているところがあるため、甄萱勢力と新羅海賊との関連性をより鮮明にするためには、十世紀初頭における甄萱の動き（特に対外交渉の様相）にも注目を払うべきと展望した。

補論「唐代金氏関連墓誌の問題点」では、本書の第二部第六章において簡略に言及した在唐新羅商人の国籍混在状況と関連付けて、唐代金氏の諸相について吟味してみた。具体的には「唐代金氏商人＝在唐新羅人説」を提唱してきた権悳永氏の論拠を検討し、少なくとも唐代墓誌の記載を参考する限り、権氏の説は成り立たないと指摘した。権氏は、古代において金氏を称する人物は皆新羅人であると主張してきたが、唐代の墓誌に描かれている金氏集団（あるいは個人）の実態は必ずしも新羅と直接関わっているとは考え難く、むしろそうでない可能性が高いことを明らかにした。とはいえ、唐代金氏のなかには、新羅金氏が少昊金天氏および金日磾との関連性を強調していることと酷似した先祖意識をもっている集団が存在することから、今後、多角的に分析を行なう必要があるだろうと述べた。

以上が本書の各章の論旨である。これらの結論には、部や章をまたいで相互に連動する内容も含まれているので、最後に本書全体を通じて特に留意してきたことの総括を述べ、そこから新たに派生する今後の展望について触れておきたい。

まずは、時期差にこだわる接近方法である。これは、九世紀全体を一括りに捉えようとする傾向が非常に強いようにみられる従来の研究に対する反省でもある。確かに日本古代史における「九世紀」は、異国人の頻繁な来航という問題が国家的懸案として浮かび上がった時期であり、もちろん、一つの大きな時代概念として捉えることのできる側面もある。範囲を来航新羅人に絞る場合、そのような様相はより明確になる。不特定多数の新羅人が頻りに海を渡って来る現象や、新羅人との接触・結合・結託によって起きる様々な形態の変化は、「九世紀」という時期全体を貫き通しているようにみられる。但し、列島社会が受けたとみられるインパクトの内実が「九世紀」全時期にわたって同質的であったとは言い難いのも事実である。それと同様に、来航新羅人の実態、あるいは彼らが有する性格においても時期差が存在するという点に留意しなければならないと考える。

二つ目は、当該時期の歴史的性格を「外交から経済へ」という枠組みのなかで把握しようとする立場に対する問題提起である。「外交から経済へ」とは、日本古代の対外関係が政治（外交）から経済（貿易）へと大きく変化していったということであり、まさに九世紀を起点として経済（貿易）が対外交流の中心軸になったという理解である。このようなフレームでは、九世紀においての来航者すべてが交易従事者になってしまう。しかし、本書の各章での考察を通じても明らかになったように、九世紀における人の国際移動を「国際交易」という単線的要因に基づいて論じることは難しいようにみられる。大きくみれば、経済活動（貿易）に従事する商人の移動が来航事例の大部分を占めていたのかも知れないが、商人とはみられない新羅人の存在に目を向ける時こそ、ようやく複雑多岐な来航新羅人の実態が見えてくるだろう。一人一人の越境（主に日本への来航）目的や動機を具体的に究明することは非常に厄介な作業であるが、交易者以外の来航者の動きやその動きを促した背景に着目することで、九世紀という時期がもつ重層性・多様性はより鮮明になると思われる。

三つ目は、「張宝高偏重史観」からの脱皮である。近年、李成市氏は、日本古代史の考え方に根強く残る日本・中国関係を枢軸関係とみる歴史観が明治時代に定式化された「遣唐使偏重史観」というべきイデオロギーであり、それは現実にはより大きな位置をもった朝鮮・日本関係の実際を隠蔽する役割を果たしているという鋭い批判を投げかけている。(1) それに加えて、本書では九世紀の海域史研究分野で蔓延している「張宝高偏重史観」に対して批判的立場を堅持してきたのである。確かに張宝高は日本列島・中国大陸・朝鮮半島の縁海空間を繋ぐ交流の場において重要な役割を果たした人物であるが、彼を必要以上に英雄視したり、実態の不明確な制海権を強調しすぎたりすることは、むしろ当時の歴史像を見間違える原因になるだろうと思われる。本書が張宝高の活躍を尊重しながらも、それに対比される存在として「不特定多数の新羅人」に注目した理由もこれまでの研究で見逃された歴史像を重視するからである。

四つ目は、来航新羅人の来日ルートについての再考である。これまでの研究では日本に渡って来た新羅人の性格を分析する際に、いわゆる「日・韓関係史」の領域のみを考えてきた。しかし、本書で検討した「貞観十一年新羅海賊」、あるいは唐人（商人か）と協業関係を結んだ新羅商人、唐人の船に便乗した新羅人等の事例からも分かるように、新羅人の活動範囲は広い。この事象は、人々の移動が創り出す「地域」を考える際に有効なヒントを提供する。単に「二つの地点」を繋ぐ移動でなく、「三つ以上の複数の地点」を繋げる原動力としての移動は、列島社会においての変容という問題のみならず、より広い生活圏としての「地域」、すなわち、さまざまな生活基盤を共有する同質性の濃厚な「東アジア海域」の設定基準ともなり得る。なお、モノ・文化・技術・情報などが伝えられるルートを考察する際にも多様な選択肢を提供するだろう。

五つ目は、四つ目の論点と密接に関わっている「中心と周縁、そして境界」の問題である。いままでは「境界」といえば、直ちに「国境」を思い出してきた。しかし、境界が国境と重なるとは限らない。「境界」という言葉を考え直したらどうだろうか。人々はいつの時代も、その時代に通常可能な移動手段の範囲内で移動する。その結果、人々の移動のルートが濃淡をもって描き出される。この時、ルート網が薄くなり、あるいは消えかかっているところがまさに「境界」になる。その内側の範囲が「地域交通圏」である。こうみていくと、これまで歴史の周縁部と考えてきた縁海空間・離島社会は、「辺境」ではなく、歴史の中心舞台になるのである。これは、国家・政治権力・国際秩序から離れて、人の移動に焦点をあてて初めて経験できる認識の転換なのである。

最後の論点としては、排外思想、危機意識、警戒心等の対外認識を取り上げてみたい。九世紀における日本の対外認識、そのなかでも対新羅認識については、マクロ的な流れを重視する場合、先行研究が言っているように「排外思想、警戒意識、新羅（人）に対する賊視・敵視、緊張関係」等で説明が可能であろう。確かにこれは否定し難く、むしろ当時の全体像を最もよく表しているものとも評価できよう。しかし、こうした巨視的な捉え方では「緊張関係」「排外思想」「警戒意識」「賊視」「敵視」が生まれた直接的な原因や背景を綿密に説明することは難しい。史的展開の力動性を考慮しつつ、ミクロ的に分析しなければいけない理由がここにある。最初の論点でも述べたように、対外認識を考える際にも時期差に留意すべきだろう。

一方、「神国日本」の成立と関連して、貞観年間の諸事情は非常に注目される。川尻秋生氏が指摘しているように、伊勢神宮、石清水八幡宮、そして九州の主要な神社に幣帛を奉り、王権の安寧を祈った出来事からは日本を「神国」とする思想が確認される。(2) では、どのような脈絡で「神国日本」が強調されたのだろうか。

実は、この問題は、本書の視点とも深く関わっている。論文全体を二部に分けて、第二部の始まりを貞観期に求めた理由とも繋がっている。そこで、本章の最後には、一つの研究展望として小論を提示しておきたい。

二　展望：「神国日本」をめぐって

一　貞観十一・十二年「告文」の性格

九世紀の中後半を収録年代とする『日本三代実録』からは数十余件の「告文」が確認される。古代日本の朝廷は国家が直面した困難かつ重要な懸案があるたびに、その内容を諸神社および山陵に告げ、神の力に帰依して問題を解決しようとしたが、「告文」はまさにそのような時に作成される文書を指す。そのほとんどが当時の政治的問題、社会的情況に言及していることから、日本の朝廷が諸神社および山陵に「告文」を奉ったのは、単なる宗教的儀礼であったというよりは、特殊な政治的行為であったに違いないものとみられる。したがって、朝廷を規制していた政治的懸案が何であったのかを把握するにあたって非常に有用な史料と言える。

次は、『日本三代実録』所収「告文」の主要表現（内容）と、それが出された時期とを示したものである。

（1）貞観三年（八六二）五月十五日：奉幣祈雨／百姓農業

（2）貞観七年（八六五）二月十四日：天変地災／肥後国 阿蘇郡 神霊池無故沸溢／兵疫不発

（3）貞観七年（八六五）二月十七日：神霊池水沸騰／預防災害／天変地災不止
（4）貞観七年（八六五）四月十七日：新宮構造／造飾／楯鉾幷御鞍等／御鞍三具／天下国家無事
（5）貞観八年（八六六）六月二十九日：甘雨令零／国家無事／農稼無妨
（6）貞観八年（八六六）七月六日：応天門火／今年旱有／百姓農業／火兵事等／五穀豊登／国家安平／班幣南海道諸神／旱魃風雨災無
（7）貞観八年（八六六）七月十四日：農稼枯損／甘雨令零／風雨調和
（8）貞観八年（八六六）八月十八日：応天門火
（9）貞観八年（八六六）九月二十五日：応天門有失火事／伴宿祢善男
（10）貞観八年（八六六）十月十日：御陵木陵守数多伐損／天皇朝廷護幸／天下無事
（11）貞観九年（八六七）五月三日：祈止霖雨／農業流損／天皇朝廷宝祚无動
（12）貞観十年（八六八）二月二十五日：陵火災／山陵失火
（13）貞観十年（八六八）閏十二月十日：地震後 小震不止／災無
（14）貞観十一年（八六九）二月八日：斎女始參於社／藤原朝臣可多子
（15）貞観十一年（八六九）三月二十七日：貞明親王 立皇太子
（16）貞観十一年（八六九）六月十七日：有旱災／百姓農業焼損／五穀豊登／天下饒足／天皇朝廷宝位無動
（17）貞観十一年（八六九）十二月十四日：新羅賊舟二艘／隣国兵革之事／肥後国地震風水／人民多流亡／地震／夷俘造謀叛乱之事／中国刀兵賊難之事／水旱風雨之事／疫癘飢饉之事／国家大禍／百姓深憂／国内平安／鎮護

(18) 貞観十一年(八六九)十二月二十九日：(17)と同じ
(19) 貞観十二年(八七〇)二月十五日：(17)と同じ
(20) 貞観十二年(八七〇)六月十日：自五月霖雨至此未止
(21) 貞観十二年(八七〇)六月二十二日：祈止霖雨／近来霖雨難晴／百姓 農業豊登
(22) 貞観十二年(八七〇)十一月十七日：奉鋳銭司及葛野鋳銭所新鋳銭／国家平安／貨幣豊足
(23) 貞観十三年(八七一)九月十一日：伊勢大神宮／高天原／天皇孫尊／天照大神／天皇朝廷宝位無動
(24) 貞観十四年(八七二)三月二十三日：就蕃客来不祥之事
(25) 貞観十五年(八七三)二月四日：依例祈年祭／為天下及年穀祈焉**
(26) 貞観十五年(八七三)五月五日：雨雹之怪**
(27) 貞観十五年(八七三)五月九日：雨雹之咎徴／一万巻金剛般若経令奉読
(28) 貞観十五年(八七三)十月六日：物怪頻見／御病事可在／災咎消滅
(29) 貞観十六年(八七四)閏四月一日：御体可有驚事
(30) 貞観十六年(八七四)閏四月七日：天皇朝廷 宝祚無動／天下平安／水旱之災／疫癘之憂無聞／風雨順時／五穀豊登
(31) 貞観十六年(八七四)八月二十日：近来皇帝御体 労苦給処有／国家無事 天下平安／風水無／五穀豊登
(32) 貞観十七年(八七五)六月八日：祈甘雨／百姓農業枯損
(33) 貞観十八年(八七六)五月八日：大極殿火事在
(34) 貞観十八年(八七六)十月五日：八省院大極殿火事在／天皇御体／風水不起／天下平安／五穀豊登

(35) 貞観十八年(八七六)十二月二十九日：天皇受譲
(36) 元慶元年(八七七)二月二十三日：天皇即位并卜定斎内親王
(37) 元慶元年(八七七)二月二十四日：定斎内親王
(38) 元慶元年(八七七)四月八日：八省院大極殿可始作／天皇朝廷平安
(39) 元慶元年(八七七)四月九日：始搆造大極殿**
(40) 元慶元年(八七七)四月十一日：大極殿今月九日始作**
(41) 元慶元年(八七七)六月二十三日：奉幣黒馬／祈雨**
(42) 元慶元年(八七七)七月十九日：改年号／即位之後 必改年号／不雨／百姓農業皆焼損
(43) 元慶二年(八七八)三月九日：御體平安／宝位無動
(44) 元慶四年(八八〇)二月五日：大極殿成／天皇朝庭 宝位无動／天下国家平
(45) 元慶四年(八八〇)五月十六日：膏雨難得／農民稍憂／奉幣祈雨／奉黒馬**
(46) 元慶四年(八八〇)六月二十二日：奉幣祈雨**
(47) 元慶五年(八八一)十二月十一日：天皇 明年正月可加元服
(48) 元慶五年(八八一)十二月二十七日：天皇可加元服
(49) 仁和元年(八八五)五月十四日：祈止雨／霖雨不止農業流損
(50) 仁和元年(八八五)九月二十二日：諸不祥事未然防除／風水之災不発／五穀豊稔／天下平安
(51) 仁和二年(八八六)八月七日：風雨之災 防除／五穀茂盛／天皇朝廷 宝祚无動

※「**」印は、「告文」の詳細内容を知ることができない事例であり、「告文（曰）云々」の形で記されている。このような場合は、同一記事内から「告文」の内容が推定できる記録に基づいて作成。典拠はいずれも『日本三代実録』。

以上の五十一件の「告文」のうち、（17）貞観十一年（八六九）十二月十四日と（18）同二十九日、そして（19）貞観十二年（八七〇）二月十五日の三回は、新羅海賊事件を取り上げている「告文」が諸神社および山陵に送られていることが確認される。

では、そこにはどのような内容が語られているのか、具体的に見てみよう。

『日本三代実録』貞観十一年（八六九）十二月十四日丁酉条（＝17）

使者を伊勢大神宮に遣りて奉幣せしめき。告文に曰いけらく、『天皇が詔旨と、…（中略）…去る六月以来、大宰府度々言上したらく、①新羅賊の舟二艘、筑前国那珂郡の荒津に到来りて、豊前国の貢調の船の絹綿を掠奪して逃退たり。②また庁楼兵庫等の上に大鳥の怪あるに依りて卜へ求ぐしに、隣国の兵革の事あるべしと卜へ申せり。③また肥後国に地震風水の災有りて、舎宇ことごとに仆れ顚へり、人民多に流れ亡せたり。此の如き災、古来未だ聞かずと、故老等も申すと言上したり。④然る間に、陸奥国また常に異なる地震の言上したり。自余の国国も、また頗る件の災有りと言上したり。伝へ聞く、彼の新羅人は、我が日本の国と久しき世時より相ひ敵ひ来たり。而るに今境内に入り来りて、調物を奪ひ取りて、懼れ沮る気無し。其の意況を量るに、兵寇の萠、此よりして生るか。我が朝、久しく軍旅なく、専ら警備忘れたり。兵乱の事尤も慎み恐るべし。然れども我が日本の朝は、いわゆる神明の国なり。神明の助け護り賜はば、何の兵寇か近き来るべき。況むや掛けまくとも畏き皇大神は、我が朝の大祖と御座して、食国の天の下を照し賜ひ護と賜へり。然れば則ち他国異類の侮を加へ乱を致すべき事を、何ぞ聞し食して、警め賜ひ拒ぎ却け賜はず在らむ。…（中略）…此の状を平けく聞し食して、仮令時世の禍乱として、上の件の寇賊の事在るべき物なりとも、掛けまくも畏き皇大神、国内の諸神達をも唱ひ導き賜ひて、未だ発で向たざる前に、沮拒ぎ排却け賜へ。若し賊の謀、已に熟りて、兵船必ず来べく在らば、境内に入れ賜はずして、逐ひ還し漂ひ没れしめ賜ひて、⑤我が朝の神国と畏れ憚かられ来れる故実を澆だし失ひ賜ふな。此より外に、仮令として、⑥夷俘の逆謀叛乱の事、中国の刀兵賊難の事、⑦また水旱風雨の事、⑧疫癘飢饉の事に至るまでに、国家の大禍、百姓の深き憂へとも在るべからむをば、皆悉に未然之外に払ひ却け鎖し滅し賜ひて、天の下躁驚なく、国内平安に鎮め護り救助ひ賜ひ、皇御孫命の御体を、常磐堅磐に、天地日月と共に、夜の護昼の護に護幸へ矜み奉り給へと、恐み恐みも申し賜はくと申す』と。（※傍線は筆者）

上掲史料は、新羅海賊事件を直接に言及している「告文」のうち、最初に確認される内容の書き下し文である。その中身を見てみると、朝廷は貞観十一年（八六九）十二月十四日、伊勢大神宮に使者を遣わし幣帛を奉り、当時懸案となっていた問題を「告文」の形で上奏したことが分かる。これと相当内容が重なる「告文」が、これ以後(18)同年十二月二十九日には石清水八幡神に、(19)貞観十二年（八七〇）二月十五日には宇佐八幡大菩薩、神功皇后、宗像大神に、そして甘南備神に奏上されたとある。

これら「告文」の内容については、すでに先行研究で触れられたことがある。(3)それぞれの論点は少しずつ異なっているが、以上の「告文」を、九世紀半ば以降から高まり始めた新羅に対する排外意識を示す傍証資料として位置づけている点では共通する。前掲史料の①からも確認できるように、貞観十一年（八六九）五月二十二日夜に発生した新羅海賊事件が「告文」の前半で重要に言及されている。先行研究もそのような点に着目して、この「告文」が新羅海賊事件に対する支配層の認識、すなわち朝廷の新羅に対する排外意識を示すものと述べているのである。朝廷がもっていた「新羅問題の解決のための神託」の意志が「告文」に投影されているということである。

しかし、全体的な内容を検討してみれば、ここで問題視しているのが単に新羅海賊事件一つのみではないということが分かる。例えば、②・③・④に目を向けると、新羅海賊事件（①）と同じレベルで、大鳥の怪（②）、肥後国での地震および風水（③）、陸奥国等の各地での地震および災難（④）などがともに言及されていることに気がつく。これは②・③・④の問題も①と同様に当時の朝廷を悩ませていたということを物語っているのである。

このような点に留意する場合、貞観十一・十二年にわたり、三度も登場するこれらの「告文」が必ずしも新羅問題の解決のみを意識しているものとは考え難いだろう。

それでは、以上で確認した②・③・④の問題が実際にどのような様態を帯びていたのか検討してみよう。但し、②にみえている「大鳥の怪」というのは、非常に観念的かつ非現実的な現象のように思われるため、以下では、より現実的かつ実質的な懸案であったとみられる③・④の問題を中心に「告文」が語られた当時の社会的背景を把握したいと思う。

まず、③肥後国の災害についてである。これに関しては、次の『日本三代実録』貞観十一年七月十四日庚午条が参考になる。

風雨。是日、肥後国大風雨、飛抜樹、官舎民居顛倒者多、人畜圧死不可勝計、潮水漲溢、漂没六郡、水退之後、捜官物、十失五六焉。自海至山、其間田園数百里、陥而為海。

この史料は、肥後国で起こった大風雨についての記録である。当時の惨状をよく伝えている。強い風や大雨で根こそぎになった木、転覆した建物、圧死した人や家畜の様子は当時の情況を想像させる。六つの郡が水のなかに沈んだせいか、水位が上がった後も官物の五〜六割は失ってしまった模様である。この時、人民の生活を支えなければいけない政府は、相当インパクトを受けたはずである。

次は『日本三代実録』貞観十一年五月二十六日癸未条にみえている④陸奥国の大地震について見てみよう。

陸奥国地大震動。流光如昼隠映、頃之、人民呼、伏不能起。或屋仆圧死、或地裂埋殪、馬牛駭奔、或相昇踏、城倉庫。門櫓墻壁、落顛覆、不知其数。海口哮吼、声似雷霆、驚涛涌潮、泝漲長、忽至城下。去海数十百里、浩々不辯其涯。原野道、惣為滄溟、乗船不遑、登山難及、溺死者千許、資産苗稼、殆無孑遺焉。

この史料についての考察は、本書第二部第七章において詳しく行なっているが、貞観十一年の大地震により陸奥国の施設が甚大な被害を受けたことが知られる。二〇一一年三月十一日の東日本大震災の時、多くのメディアを通じて大規模な津波の様子を見ることができたが、まさにそのような大震災が貞観十一年五月にも起きていたのである。

肥後国や陸奥国で発生した大規模な自然災害は、土地の流失および農民の離脱を促しただけでなく、人民支配の経済基盤ともなった公地公民制の変質を促進させたとみられる。[4] まさにこのような社会的混乱が危機意識へと転化し、結局「告文」にも投影されたものと判断されるのである。

なお、「告文」の後半部にみえる、夷俘の逆謀叛乱⑤、中国の刀兵賊難⑥、水旱・風雨⑦、疫癘・飢饉⑧なども、この時期、日本において一つの政治問題と化していっただろう。

ここでは「夷俘」という集団、「中国」という地域を特定しているものの、日本列島ではすでに八世紀後半から全地域的な兵乱が発生し始め、さらに九世紀以降にはそのような現象がより深刻化していったということは周知の通りである。[5] 特に東北社会においての蝦夷集団による政治的抵抗は日本列島全体に影響を与えていた。[6] また旱および洪水はもちろん、弘仁年間から始まった全国的な飢饉は中央の為政者にとって大きな問題となっていた。[7]

一方、この時期の中央権力は重要な画期となる政治的変動を経験していた。承和九年（八四二）、承和の変で反対勢力を除去した藤原良房は当時次第に力を養っていった伴善男勢力を排除するために貞観八年（八六六）九月に再び政変（＝応天門の変）を起こした。[8] 政変の直後、良房は正式に清和天皇の摂政になり、また、その養子・基経は自分より序列が高かった七名を取り除いて、中納言に上がるようになり、藤原北家の権力が確立していくように見えた。しかしながら、このように登場した新たな執権体制は、またたく間に地方支配システムの矛盾、収税体制の不安定などの問題に直面し、結局、安定的な軌道に安着することまでには至らなかった。[9] さらに良房・基経体制は、天皇権力を代行するという特殊性をもっていると同時に政治的正当性を確保しなければならない負担を抱えていたため、統治権力の掌握に苦戦せざるを得なかった。[10] 政治状況の変動と社会経済システムの変質という悪循環は九世紀半ば以降に発生した大規模な自然災害および地方社会の兵乱と混ざり合い、次第に危機意識へと転化していったとみられ、そのような悪循環の繰り返しにより、危機意識がさらに高まっていたものと考えられる。したがって、「告文」に投影された朝廷の危機意識は、先行研究で指摘されているように外的契機を通じて形成されたというよりは[11]、内的契機を通じて形成・増幅されたのではないかと思われる。

二　「鎮護」の論理と新羅海賊事件

大規模な自然災害と各種の戦禍などの現象により、国家支配秩序を支えていた根幹すら脅かされていた朝廷にとって、最も至急の課題は当然ながら、自然災害による被害を復旧し、兵乱の再発を防ぐための具体的な政策を創り出すことであったと思われる。しかし、皮肉にも朝廷は災害が発生した時に、当該地域民に対する救済措置を取るよりも、観念的な「鎮護」の論理を定立していくのに、力を注いでいたようにみられる。災害への対応策は神祇官あるいは陰陽寮に任せられた。ほとんどの対応策が両機関の諮問を経て決定されたのである。実際、神祇官および陰陽寮は災害対策機関としての性格をも持っていたとされる。積極的かつ包括的な救済対策を出すことによって政治的な懸案を打開していくのでなく、災害からの回避ないし再発防止のための祈願に尽力していたのである[12]。これは、貞観十一・十二年の「告文」からも見て取れる社会像なのである。

ところで、「告文」の全体内容を見ると、支配体制の安定を渇望する「鎮護」の論理のなかで「新羅」という存在が強く意識されていることが確認できる。それは、朝廷の対新羅認識が国家の平安を図る「鎮護」の論理と密接に関わっていることを意味する。それでは、新羅は当時の朝廷にとってどのような存在として受け止められていたのだろうか。

本書の第二部第五章・第七章においての考察を通じても明らかになったように、九世紀の朝廷がもっていた新羅に対する認識は、新羅・新羅人との直接的な接触が契機となって形成されたというよりは、辺境地域の人々の自立的な交易活動を統制・管理する過程のなかで派生して表われている側面が強いと言える。結局、新羅をどう認識するのかは、支配領域内の人民たちが国家の統制および管理からどれほど離脱・離反していこうとするのか、という問題に直結しているのである。「告文」の内容を通じて新羅問題が強調される原因も、列島社会において新羅と関係する不穏な情勢、すなわち来航新羅人との結合・結託がしばしば発覚していたためと思われるのである。言い換えれば、当時においての不穏な情勢というのは、新羅人たちの軍事的脅威・挑発なり、新羅から齎される危険性等によるものであったというよりも、列島の辺境地域で来航新羅人に呼応する勢力ないし集団が出現していた事実、そのものであったとも表現できよう。

来航新羅人と関係を結ぶ国内勢力が顕在化していた九世紀半ば以後の現実のなかで新羅問題が意図的に強調されたのであり、その一側面を貞観十一・十二年の「告文」から確認することができるのである。

興味深いのは、朝廷が活用した「鎮護」論理の核心には、伝統的な対新羅観が存在していた点である。それは『日本書紀』編纂段階を通じて形成されてきたいわゆる「神国思想」であった。(13) 貞観十一・十二年に奉られた三度の「告文」は、すべて新羅の存在を強く意識しつつ神託する内容を盛り込んでいるが、そのほとんどが『日本書紀』に出てくる「神功皇后の新羅征伐物語」と直接的に関わっているか、あるいは密接に繋がっている存在が神格化されている神社や山陵を対象とするものである。

「告文」が捧げられた神宮・神社を見てみると、伊勢神宮、八幡大菩薩宮、香椎廟および宗像大神・甘南備神を祭る神社である。ところで、ここで祭られている神々は古代日本においていわゆる「新羅征伐」と深い関係がある。特に『日本三代実録』貞観十二年（八七〇）二月十五日丁酉条の宗像大神への「告文」には「新羅征伐」のことを想起させる内容が含まれている。さらに、同条は、上記の神宮・神社とともに、神功皇后、桓武天皇、仁明天皇、文徳天皇の山陵に幣帛や「告文」を奉る様子をも伝えている。ここで注目されるのは、神功皇后（「楯列山陵」）への奉幣である。桓武天皇以下の三人の天皇は、在位中の清和天皇の直前三代先祖という現実的関係から奉幣したものと考えられるが、神功皇后の場合は、多少「突出的」であるとも感じられるからである。

周知のように、神功皇后は、伝説時代において三韓を征伐した英雄として崇敬される人物像をもつ。九世紀の朝廷が国家的安寧に関わる重大事が発生する時、神功皇后に対する記憶を呼び起こし、その実存性を高めようとしたのは、神功皇后という信仰的対象を通じて、国家構成員としての一体感を形成させるためであり、さらに列島社会に蔓延した危機状況を打破しようとする支配層の意識とも無関係ではないだろう。

実質の規模面では、さほど大きくない海賊事件であったにも関わらず[14]、政権レベルで新羅に対する伝統的観念を蘇らせ、また意図的に強調したのであり、「神功皇后の新羅征伐物語」への記憶を新羅による「被侵略の可能性」のなかで復活させていたのである[15]。しかし、その「被侵略の可能性」というのもの現実的に存在したというよりも当時の列島社会に内在していた「国家の大禍」（前掲「告文」での表現）、具体的には大規模な自然災害、各種の兵乱、辺境統制から離れた通交行為、そして中央政界においての政変などを通じて形成され、さらに高まっていった危機意識が貞観十一年の新羅海賊事件を契機に表出されたイデオロギー的様相であったと思われる。

結局、貞観十一・十二年の「告文」は、列島社会内部の各種災異によって高まっていった危機感が神国思想という思想的機材を通じて新羅に対する排外意識として現れたものであり、そのなかで新羅海賊事件が強調されるようになったと言えよう。なお、『日本三代実録』に記載されている「新羅海賊」関係記事のなかで、実質的な海賊の出現を伝えるのは、貞観十一年の記事、ただ一件のみであり、残りの記事は貞観十一年の新羅海賊事件に対する「事前予兆」あるいは「事後反応」という性格をもっている事実は、新羅海賊事件が朝廷の直面していた国内状況に強く規制され、一種の支配イデオロギーとして道具化していったことをよく示すものと考えられる。

以上、本書では、九世紀の列島社会のなかで展開されていった新羅人の来航というディアスポラ的現象、そしてそのような現象に対する日本側（国家および国家と対比をなす諸階層）の対応・認識に焦点をあてて考察を行なった。新羅人ディアスポラの発生要因よりは、現象や反応そのものを明らかにすることを目指し、新羅人の来航という「アクション（action）」と、それに対する日本側の「リアクション（reaction）」を分析したのである。本書に収めた計十一本の論考によって、海上を移動する新羅人の実態や来航する新羅人に対して見せた日本側の対応様相を明らかにすることができたと考える。特に、本文での個別的な考察から得られた結論に基づき、総括で述べた幾つかの論点は従来の研究で欠けていた新しい問題を提示した点で意義を持つとも言えよう。但し、本書で設定した「長い九世紀」とほぼ同時期に現れ始めた王土王民思想・境界意識といった世界観が来航新羅人問題とそこから派生する警戒意識・危機意識と具体的にどう繋がるのか、という決して軽くない課題を残しているのも事実である。それ以外、本書で十分論じられなかった諸論点についても、人の国際移動という枠組みのなかで一つずつ解き明かしていきたい。

注

（1）李成市『東アジアの王権と交易――正倉院の宝物が来たもうひとつの道――』（青木書店、一九九七年）。
（2）川尻秋生『（日本の歴史・四）揺れ動く貴族社会』（小学館、二〇〇八年）二九四〜二九五頁。

（3）村井章介「王土王民思想と九世紀の転換」（『思想』八四七、一九九五年）、保立道久「黒田学説の位相」（『人民の歴史学』一三五、一九九八年）、山崎雅稔「貞觀十一年新羅海賊来寇事件の諸相」（『國學院大學大学院紀要（文学研究科）』三二、二〇〇一年）。
（4）佐藤宗諄「律令国家の変貌」（『（講座日本史・一）古代国家』東京大学出版会、一九七〇年）は、支配構造全般において変貌を見せた九世紀を、時代的転換期と規定し、特に平安初期の政治は社会経済的変貌と密接に関係を持ちつつ展開したと指摘している。
（5）川尻秋生前掲注2書、吉川真司「平安京」（『（日本の時代史・五）平安京』吉川弘文館、二〇〇二年）。
（6）吉川真司前掲注5論文。
（7）佐藤宗諄前掲注4論文。
（8）詳細については、佐伯有清『伴善男』（吉川弘文館、一九七〇年）。
（9）佐藤宗諄前掲注4論文。
（10）渡邊誠「承和・貞観期の貿易政策と大宰府」（『平安時代貿易管理制度史の研究』思文閣出版、二〇一二年〔初出二〇〇三年〕）、山崎雅稔前掲注3論文を参照。
（11）石上英一「古代国家と対外関係」（『講座日本歴史 古代・二』東京大学出版会、一九八四年）。
（12）下山覚「災害と復旧」（『列島の古代史・二　暮らしと生業』岩波書店、二〇〇六年）。
（13）『日本書紀』神功皇后摂政前紀仲哀天皇九年十月辛丑条には「新羅王遥望以為、非常之兵、将滅己国、讐焉失志。乃今醒之曰、吾聞、東有神国、謂日本、亦有聖王、謂天皇。必其国之神兵也。豈可挙兵以距乎、即素旆而自服」とある。
（14）佐伯弘次「海賊論」（『アジアのなかの日本史・三』東京大学出版会、一九九二年）、保立道久「九世紀日本と遣唐使」（『黄金国家』青木書店、二〇〇四年）。
（15）山崎雅稔前掲注3論文。

あとがき

本書は二〇一二年早稲田大学大学院文学研究科に提出した同題名の博士学位請求論文（学位取得は二〇一三年二月二十五日）を加筆・修正したものである。私の立場からすれば、二〇〇八年四月から始まった留学生活の成果報告書でもある。

早稲田大学大学院の博士後期課程に進学する前までは、韓国の高麗大学校で日本史を勉強した。日本史の専門授業を初めて聴講したのは学部の二年生の時（一九九九年）であったが、当時の高麗大学校は韓国における日本史の研究および教育を牽引する立場にあり、日本史を専門とする専任教員が二人も在職する唯一の総合大学であった。そのおかげか、韓国内では最も多くの日本史研究者（博士レベル）を輩出しており、開設される日本史関連講座の数も圧倒的に多かった。さらに、カバーできる専門時代も古代から近現代に至るまでと幅が広かった。中国史の先生が日本史の授業も担当したり、稀に日本史の先生が一人位いるとしても日本史関係の講座が充分に開設されなかったりする他大学の状況に比べると、高麗大学校は非常に良い環境に恵まれていたとも言えよう。

日本史に興味・関心を持っている学生として特に良かった点は、日本で長年留学を終えて帰国したばかりの若い先生たちに出会えることだった。今では先輩でもある、あの先生たちの「新知識」は本場の日本史研究を味わいたいと思っている私の学問的な欲求を充たしてくれた。日本史の勉強は本当に面白かった。

学部時代に多彩な日本史授業を体験することができた私は、さらに興味を持つようになり、同じ大学の大学院修士課程に上がった。しかし、進学後すぐに、学部時代における教養レベルの「勉強」と大学院時代における専門レベルの「研究」とが大きく異なるということを痛感した。小さなものであっても自分なりの新たな知見を提示しなければ意義を持つことができないのが「研究」の世界であることが少しずつ分かるようになった。自分のやっている仕事を「研究」にしたかった私は、先学が未だ触れていないテーマを探るのに必死であった。

ところが、それにも限界があった。先生方や先輩たちのご指導があっても、実際にそのご助言に応じて、何かを読もうとすれば、当該資料が大学の図書館になく、手に入れることが難しかった。韓国内の大学図書館のうち、最も蔵書が多いと言われる高麗大学校すらそのような状況であった。

資料利用の限界はテーマ選定の困難さへと繋がった。でも、諦めるわけにはいかなかった。まずは、韓国でも書けるテーマを考え始めた。日本の正史に登場する事柄のなかで、韓半島の歴史にも関わるものなら何となく書けそうな気がした。そこで、やっと見つけたのが『日本三代実録』に記されている「新羅海賊」のことであった。当時の私は、「新羅海賊」は古代史上で非常に重要な存在にも関わらず、さほど詳しく論じられたことのないテーマであると認識していた。貞観年間の政治史はもちろん、思想史、軍事史などの国内史の多様多岐な論点にも繋がる一方で、対外関係史の諸問題とも関わりを持つなど、どんな方向へも伸びていくことができる魅力的な研究課題なのに、先行研究では簡略にしか触れられることがなかった。

「新羅海賊」についての本格的な研究をやりたかったので、まず基本となる充実した論文を書こうと決心した。できる限り史・資料を集め、基礎的な事実関係から検討した。そしてそれに自分なりの考察を付け加えた。その成果は『日本三代実録』所載新羅海賊事件に関する一考察」と題した修士論文として纏められた。未熟で不十分な文章ではあるが、そこで提示された幾つかの着眼点は本書の主要な柱ともなっている。

*　　　*　　　*

修士論文の提出後は、日本留学の準備に入った。指導教授の金鉉球先生も留学を奨励して下さった。韓国には私が修士論文で取り上げた平安時代前期を専門とする研究仲間が少ないこと、そして関連の史・資料に接し難いことを、金先生は懸念なさったと思う。ちょうどその頃、早稲田大学大学院文学研究科博士後期課程の「アジア特別奨学生」として採用され、日本への留学が決定した。

渡日前、留学での目標を大きく二つ立てた。一つは金鉉球先生をはじめ、韓国の学界で活動しておられる先輩諸賢の成果を発展的に継承すること。いま一つは新たな研究分野を開拓することであった。まず一つ目、先輩諸賢の研究を「発展的に継承する」ということは、先学たちの堅持して来られた綿密かつ正確な史料の解釈、独創的な視点の適用といった研究姿勢を引き継ぐことに加え、日韓両国の学界で活発に執筆活動を行なうことを意味する。ついで、二番目の目標は韓国における日本古代史研究の現状とも関わっている。当時、韓国での古代史研究と言えば、『日本書紀』とその時代を探求することを指していた。時期の面では、いわゆる統一国家形成期に当たる四〜六世紀を中心に、七世紀の「改新」局面および白村江の戦いまでを取り扱っており、さらに、内容の面では、韓半島三国による倭国（日本）への文化伝播、「任那日本府」をめぐる諸問題、白村江の戦い、以上の三つの領域が主をなしていたのである。もちろん、それらも重要な論点であり、むしろ日本古代史の理解にあたって欠かせない核心課題ではあるが、他の時代にも他の分野にも興味深く、意義のあるテーマが少なくないことを韓国の皆に知ってもらいたかったし、皆で共有したかった。

本書の土台になった初出論文を日韓両国の学術雑誌を通じて公表してきたのも、また、本書の主な分析時期や対象をそれぞれ「長い九世紀」「人の海上移動」と設定したのも右の問題意識に基づいている。

*　　　　*　　　　*

早稲田留学中、私の研究生活を支えてくれたのは、何よりも充実した大学院ゼミであったと言わざるを得ない。新川登亀男先生のゼミでは、吉備地域の研究方法論のほか、古代史研究における「甍伝」の扱い方、『日本書紀』写本の研究方法など、他では経験し難いご指導を受け、「実戦」にもすぐに役立つ教えをいただいた。川尻秋生先生のゼミでは数年にわたって『類聚三代格』の読み方を教えていただいた。格の行間や裏を読むことで古代の実態に迫る方法論は本書の所々で試みられている。また、加藤友康先生のゼミで『平安遺文』を、森公章先生のゼミで『入唐五家伝』を読む機会に恵まれたのも平安初期の諸問題を理解するにあたり、非常に有益であった。さらに、二〇〇九年度の一年間は、中央大学の石井正敏先生のゼミに出席させていただいた。対外関係史分野の権威者である先生のご指導・ご助言は、より広い視野で日本側の史料を吟味する契機となった。

もう一つ私の研究基盤となったのは、本属でもある「アジア地域文化学コース」のゼミであった。当該ゼミは、主として前近代のアジア地域文化研究と教育に携わる日本史学・中国史学・考古学・美術史学・東洋哲学の教員複数が共同で定期的に研究指導を行う方式を取っていた。アジア地域文化としての枠組みを共有化し、既存の学問分野の垣根を越えて領域横断的に学び合う環境で鍛えられることによって、「一国史」としての日本史を相対化し、アジアの諸地域と連動し続ける日本史を重層的かつ立体的に考えることができた。なお、古代の列島社会における「アジア性」を引き出す方法を通じて、「限られた地域に孤立した日本」ではなく、「開かれた体系としての日本」の可能性についても熟考することができた。このゼミでは指導教授の新川先生のほか、大橋一章先生、工藤元男先生、高橋龍三郎先生、森由利亜先生からいつも的確なご指導をいただいた。

一方、ゼミという形ではなかったが、李成市先生は公私の場を問わず、惜しみなきご助言・ご激励を下さった。本書を書き上げる際にも李先生のご研究から数多くのヒントを得たと告白せざるを得ない。

学部時代から今まで全面的に支援して下さった趙明哲先生、朴賢淑先生をはじめ、高麗大学校史学科および歴史教育科の先生方や、研究者としての見本となって下さる鄭雲龍先生、そして古代史の「面白さ」を教えて下さった李在碩先生、宋浣範先生の学恩も忘れられない。

以上の諸先生方に深く感謝申し上げる次第である。

＊　　＊　　＊

この出版に当たり、その機縁を作って下さった勉誠出版の吉田祐輔氏には、それに留まらず様々なアドバイスをしていただき、さらに校正等で同氏をはじめ、早稲田大学大学院の赤木隆幸、井上正望、小川宏和の三氏の、貴重な時間を割いてのお力添えをいただいた。また、勉誠出版の黒古麻己氏は、怠慢至極の私をよくリードされ、出版準備を円滑にすすめて下さった。皆さんのご尽力に心よりお礼を申し上げたい。

ついで、日本滞在中、研究に集中できるようにご支援下さった渥美国際交流財団、日韓文化交流基金の関係各位にも深謝の意を表したい。

最後に、私事で恐縮ではあるが、私の研究への道を支えてくれている両親や義父母をはじめ、家族の皆さんへの謝意を添えさせていただきたい。特に、愛する妻やおなかの子どもには言葉で表現出来ないほど感謝を贈りたい。

なお、本書は独立行政法人日本学術振興会が交付を行う平成二十六年度科学研究費助成事業（科学研究費補助金）のうち、研究成果公開促進費「学術図書」の課題として採択されたことをここに記し、関係各位に厚くお礼を申し上げる次第である。

二〇一五年二月

鄭　淳一

史料・参考文献目録

※韓国語で作成された論考については、日本語に翻訳したタイトルを掲げ、「(原文韓国語)」と附記した。

一　参考・引用史料

・『日本書紀』(新訂増補国史大系、吉川弘文館、一九六六年/日本古典文学大系、岩波書店、一九六五・一九六七年)
・『続日本紀』(新訂増補国史大系、吉川弘文館、一九六六年/新日本古典文学大系、岩波書店、一九八九〜一九九八年)
・『日本後紀』(新訂増補国史大系、吉川弘文館、一九七一年/黒板伸夫・森田悌編『訳注日本史料・日本後紀』集英社、二〇〇三年)
・『続日本後紀』(新訂増補国史大系、吉川弘文館、一九七八年)

※以下は写本

國學院大學附属図書館所蔵高柳本

宮内庁書陵部蔵谷森本

内閣文庫所蔵慶長写本

東山御文庫巻子本

東山御文庫冊子本
　東山御文庫冊子本貼紙所引巻本（東山御文庫巻子本）
　　東山御文庫冊子本貼紙所引板本（寛政七年版）
宮内庁書陵部署増他に谷森善臣旧蔵版本書入り（他に谷森善臣造本）
宮内庁書陵部所蔵谷森善臣旧蔵版本書入（三条西公條自筆本）
宮内庁書陵部所蔵谷森善臣旧蔵版本書入（伴信友手校本所引尾張家古写本）
宮内庁書陵部蔵久邇宮本日本紀略

・『日本三代実録』（新訂増補国史大系、吉川弘文館、一九六六年／武田祐吉、佐藤謙三訳『（読み下し）日本三代実録』戎光祥出版、二〇〇九年）
・『日本紀略』（新訂増補国史大系、吉川弘文館、一九八五年）
・『扶桑略記』（新訂増補国史大系、吉川弘文館、一九六五年）
・『古事記』（日本思想大系、岩波書店、一九八二年）
・『小右記』（大日本古記録、岩波書店、一九五九〜一九八六年）
・『本朝文粋』（新訂増補国史大系、吉川弘文館、一九九九年）
・『万葉集』（新編日本古典文学全集、小学館、一九九四〜一九九六年／佐竹昭広・木下正俊・小島憲之共著『万葉集・本文篇』塙書房、一九六三年、同『万葉集・訳文篇』塙書房、一九七二年）
・『風土記』（新編日本古典文学全集、小学館、一九九七年）
・『新撰姓氏録』（佐伯有清著『新撰姓氏録の研究　本文篇』吉川弘文館、一九六二年）
・『律令』（日本思想大系、岩波書店、一九七六年）
・『類聚三代格』（新訂増補国史大系、吉川弘文館、一九九九年／前田育徳会尊経閣文庫編『尊経閣善本影印集成・三九　類聚三

代格・三』八木書店、二〇〇六年）
・『弘仁格抄』（新訂増補国史大系、吉川弘文館、一九九九年）
・『延喜式』（新訂増補国史大系、吉川弘文館、一九九九年）
・『入唐求法巡禮行記』（足立喜六訳・塩入良道補注、平凡社、一九七〇～一九八五年／小野勝年著『入唐求法巡礼行記の研究』法蔵館、一九八九年）
・「智証大師伝」（『入唐五家伝』東寺観智院本（影印写本）／続群書類従／大日本仏教全書、鈴木学術財団、一九七二年）
・「頭陀親王入唐略記」（『入唐五家伝』東寺観智院本（影印写本）／続群書類従／大日本仏教全書、鈴木学術財団、一九七二年）
・「恵運伝」（『入唐五家伝』東寺観智院本（影印写本）／続群書類従／大日本仏教全書、鈴木学術財団、一九七二年）
・「安祥寺資財帳」（京都大学文学部日本史研究室編『（京都大学史料叢書・一七）安祥寺資財帳』思文閣出版、二〇一〇年）
・「金光明最勝王経」（『大正新脩大蔵経』第十六巻経集部三、大正新脩大蔵経刊行会、一九六〇～一九七八年／『国訳大蔵経』経部第十一巻・国訳金光明最勝王経、第一書房、一九七四～一九七五年）
・「仁寿三年（八五三）二月一日大宰府牒」（『平安遺文』一―一〇二号）
・「延暦寺僧円珍牒」（『平安遺文』一―一〇三／『園城寺文書』一四―一）
・「円珍牒」（『平安遺文』一―一二四／『園城寺文書』一七―三）
・「円珍牒」（『平安遺文』一―一二七／『園城寺文書』一六―三）
・「円珍入唐求法目録」（『平安遺文』九―四四八〇／『園城寺文書』二九）
・「円珍奏牒」（『平安遺文』九―四四九二／『園城寺文書』四二）
・「太政官牒」（『平安遺文』九―四四九四／『園城寺文書』四二）
・「天平三年七月五日の住吉大社司解」（『平安遺文』一〇―補一号／田中卓『住吉大社神代記の研究』国書刊行会、一九八五年）

・「津守氏系図」（加地宏江「津守氏古系図について」『人文論究』三七―一、一九八七年）
・国立昌原文化財研究所編『改訂版　韓国の古代木簡』（国立昌原文化財研究所、二〇〇六年）
・「昌林寺無垢浄塔誌」（韓国古代社会研究所編『訳注韓国古代金石文』Ⅲ、駕洛國史蹟開發研究院、一九九二年）
・「皇龍寺九層木塔刹柱本記」（韓国古代社会研究所編『訳注韓国古代金石文』Ⅲ、駕洛國史蹟開發研究院、一九九二年）
・「雙溪寺眞鑑禪師大空塔碑」（韓国古代社会研究所編『訳注韓国古代金石文』Ⅲ、駕洛國史蹟開發研究院、一九九二年）
・「聖住寺郎慧和尚白月葆光塔碑」（韓国古代社会研究所編『訳注韓国古代金石文』Ⅲ、駕洛國史蹟開發研究院、一九九二年）
・「深源寺秀澈和尚楞伽寶月塔碑」（韓国古代社会研究所編『訳注韓国古代金石文』Ⅲ、駕洛國史蹟開發研究院、一九九二年）
・「崇福寺碑」（韓国古代社会研究所編『訳注韓国古代金石文』Ⅲ、駕洛國史蹟開發研究院、一九九二年）
・「鳳巌寺智證大師寂照塔碑」（韓国古代社会研究所編『訳注韓国古代金石文』Ⅲ、駕洛國史蹟開發研究院、一九九二年）
・「鳳林寺眞鏡大師寶月凌空塔碑」（韓国古代社会研究所編『訳注韓国古代金石文』Ⅲ、駕洛國史蹟開發研究院、一九九二年）
・「寧越興寧寺澄曉大師塔碑」（韓国歴史研究会編『訳注 羅末麗初金石文』上・下、ヘアン、一九九六年）
・「太子寺郎空大師碑」（韓国歴史研究会編『訳注 羅末麗初金石文』上・下、ヘアン、一九九六年）
・「普賢寺朗圓大師悟眞塔碑」（許興植編『韓国金石全文』亜細亜文化社、一九八四年）
・「慧目山高達禪院國師元宗大師之碑」（許興植編『韓国金石全文』亜細亜文化社、一九八四年）
・『三国史記』（学東叢書、学習院東洋文化研究所、一九六四年／『訳注三国史記』韓国精神文化研究院、一九九六年／ハンギル社、一九九八年）
・『三国遺事』（学東叢書、学習院東洋文化研究所、一九六四年）
・『宣和奉使高麗図経』（影印宋本（国立故宮博物院）／今西龍校定『宣和奉使高麗図経』今西春秋、一九三二年）
・『高麗史』（東亜大学古典研究室編『譯註高麗史』太学社、一九八七年）
・『世宗実録地理志』（学習院東洋文化研究所、一九五七年）

・『全羅南道麗水郡邑誌』（影印本、ソウル大学奎章閣所蔵本）
・「海東諸国総図」（申叔舟纂『海東諸国紀』〔『訳註海東諸国紀』釜山大学韓日文化研究所、一九六二年〕）
・「日本国図」（鄭若曾纂『籌海図纂』中華書局、二〇〇七年）
・『漢書』（中華書局、一九六二年）
・『史記』（中華書局、一九五九年）
・『旧唐書』（中華書局、一九七五年）
・『北史』（中華書局、一九七四年）
・『周書』（中華書局、一九七一年）
・『唐会要』（上海古籍出版社、一九九一年）
・『原化記』（『太平広記』二三二、新興書局、一九六八年）
・『順風相送』（『両種海道針經』中華書局、二〇〇〇年）
・『指南正法』（『両種海道針經』中華書局、二〇〇〇年）
・楊殿珣『石刻題跋索引』（上海：商務印書館、一九五七年）
・河南省文物研究所・河南省洛陽地区文管處『千唐誌齋藏誌』（北京：文物出版社・新華書店北京發行所發行、一九八四年）
・毛漢光『唐代墓誌彙編附考』（台湾：中央研究院歴史言語研究所、一九八四～一九九四年）
・北京図書館金石組編『北京図書館蔵中国歴代石刻拓本彙編』（北京：中州古籍出版社、一九八九～一九九一年）
・徐自強主編『北京圖書館藏墓誌拓片目録』（北京：中華書局・新華書店北京發行所發行、一九九〇年）
・洛陽市文物工作隊『洛陽出土歴代墓志輯繩』（北京：中国社会科学出版社、一九九一年）
・洛陽古代藝術館編・陳長安主編『隋唐五代墓誌滙編』（天津：天津古籍出版社、一九九一年）
・周紹良・趙超主編『唐代墓誌彙編』（上海：上海古籍出版社、一九九二年）

・周紹良・趙超主編『唐代墓誌彙編續集』（上海：上海古籍出版社、二〇〇一年）
・陝西省古籍整理弁公室編・呉鋼主編『全唐文補遺』（西安市：三秦出版社、一九九四～二〇〇五年）
・洛陽市第二文物工作隊李獻奇・郭引彊編著『洛陽新獲墓誌』（北京：文物出版社：經銷新華書店、一九九六年）
・高峡主編『西安碑林全集』（広州：廣東經濟出版社、一九九九年）
・周紹良主編『全唐文新編』（長春：吉林文史出版社、二〇〇〇年）
・中國文物研究所・陝西省古籍整理弁公室編『新中國出土墓誌』陝西（北京：文物出版社、二〇〇〇年）
・周紹良・趙超主編『唐代墓誌彙編續集』（上海：上海古籍出版社、二〇〇一年）
・陳忠凱編著『西安碑林博物館藏碑刻總目提要』（北京：線装書局、二〇〇六年）
・西安碑林博物館編・趙力光主編『西安碑林博物館：新藏墓誌彙編』（北京：綫装書局、二〇〇七年）
・洛陽市第二文物工隊・喬棟・李獻奇・史家珍編著『洛陽新獲墓誌續編』（北京：科学出版社、二〇〇八年）
・陸増祥撰『八瓊室金石補正』（呉興：劉氏希古樓、一九二五年）
・陳思纂次『寶刻叢編』（海豐：呉式芬、出版年不明）

二　参考・引用文献

〔あ　行〕

・相沢央「北の辺境・佐渡国の特質」（『環日本海歴史民俗学叢書・十二）古代の越後と佐渡』高志書院、二〇〇五年）
・赤羽目匡由「日本からみた古代環東海交流――日本からみた渤海使の韓半島東海岸航路――」（『渤海の海洋史と二十一世紀の環東海交流』高句麗渤海学会国際シンポジウム〔韓国江原道東草市〕資料集、二〇一〇年十月二十二日）

・浅井勝利「古代北陸道越後佐渡路に関する諸問題」（『新潟県立歴史博物館研究紀要』十一、二〇一〇年）
・浅香年木「古代のコシと対岸交流」（『古代地域史の研究――北陸の古代と中世・一――』法政大学出版局、一九七八年）
・生田滋「新羅の海賊」（『海と列島文化（二）日本海と出雲世界』小学館、一九九一年）
・石井正敏「外交関係――遣唐使を中心に――」（『古代を考える　唐と日本』吉川弘文館、一九九二年）
・石井正敏『日本渤海関係史の研究』（吉川弘文館、二〇〇一年）
・石井正敏「寛平六年の遣唐使計画と新羅の海賊」（『アジア遊学』二六、二〇〇一年）
・石井正敏「『日本書紀』金春秋来日記事について」（『前近代の日本列島と朝鮮半島』山川出版社、二〇〇七年）
・石井正敏「大宰府の鴻臚館と張宝高時代を中心とした日本・新羅関係」（『七～一〇世紀における東アジア文物交流の諸像（日本編）』海上王張保皐記念事業会、二〇〇八年）〔原文韓国語〕
・石井正敏「律令国家と東アジア（通史）」（『日本の対外関係（二）律令国家と東アジア』吉川弘文館、二〇一一年）
・石上英一「日本古代一〇世紀の外交」（『東アジア世界における日本古代史講座（七）東アジアの変貌と日本律令国家』学生社、一九八二年）
・石上英一「古代国家と対外関係」（『講座日本歴史（二）古代・二』東京大学出版会、一九八四年）
・井上秀雄『新羅史基礎研究』（東出版、一九七三年）
・岩城正夫「古代「弩」復元の試み――「弩」復元過程でみえてきた私の研究法――」（『和光大学人間関係学部』五、二〇〇〇年）
・尹載云「新羅下代貿易関連機構と政策」（『先史と古代』二〇、二〇〇四年）〔原文韓国語〕
・尹善泰「新羅の文書行政と木簡」（『講座韓国古代史』第五巻、駕洛国史跡開発研究院、二〇〇二年）〔原文韓国語〕
・尹善泰「新羅中代末～下代初の地方社会と仏教信仰結社」（『新羅文化』二六、二〇〇五年）〔原文韓国語〕
・尹善泰「月城垓字出土新羅木簡に対する基礎的検討」（『韓国出土木簡の世界』雄山閣、二〇〇七年）

・尹善泰「木簡研究の現況と展望」（『韓国古代史研究の新たな動向』西京文化社、二〇〇七年）〔原文韓国語〕
・上田正昭「檜隈と渡来氏族」（『古代の道教と朝鮮文化』人文書院、一九八九年）
・石見清裕『唐の北方問題と国際秩序』（汲古書院、一九九八年）
・石見清裕「唐代墓誌史料の概観――前半期の官撰墓誌・規格・行状との関係――」（『唐代史研究』一〇、二〇〇七年）
・石見清裕「唐代テュルク人とその史料的価値」（『中国石刻資料とその社会――北朝隋唐期を中心に――』汲古書院、二〇〇七年）
・石見清裕「唐代墓誌の資料的可能性」（『史滴』三〇、二〇〇八年）
・石見清裕『唐代の国際関係』（山川出版社、二〇〇九年）
・榎本渉「明州市舶司と東シナ海海域」（『東アジア海域と日中交流――九～一四世紀――』吉川弘文館、二〇〇七年）
・榎本渉「新羅海商と唐海商」（『前近代の日本列島と朝鮮半島』山川出版社、二〇〇七年）
・榎本渉『『遣唐使以後』へ」（『僧侶と海商たちの東シナ海』講談社選書メチエ、二〇一〇年）
・遠藤慶太「『続日本後紀』の写本について」（『平安勅撰史書研究』皇學館出版部、二〇〇六年〔初出二〇〇四年〕）
・遠藤元男「貞観期の日羅関係について」（『駿台史学』一九、一九六六年）
・大江篤「神の怒りと信濃国定額寺」（『日本古代の神と霊』臨川書店、二〇〇七年）
・小口雅史「日本古代・中世における境界観念の変遷をめぐる覚書――古典籍・古文書に見える「北」と「東」――」（『古代中世史料学研究』下巻、吉川弘文館、一九九八年）
・小野勝年『入唐求法巡礼行記の研究』全四巻（法蔵館、一九六四年）

〔か　行〕

・加藤謙吉『秦氏とその民――渡来氏族の実像――』（白水社、一九九八年）

・加藤孝「弩・弩台考――古代東北の城柵跡の考古学的研究――」（『東北学院大学論集（歴史学・地理学）』七、一九七六年）
・角川日本地名大辞典編集委員会編『角川日本地名大辞典（四一）佐賀県』（角川書店、一九八二年）
・鎌田元一『日本古代官印の研究』（平成七年度科学研究費助成金（一般研究B）研究成果報告書、一九九六年）
・亀井明徳「鴻臚館貿易」（『新版古代の日本③九州・沖縄』角川書店、一九九一年）
・川尻秋生『（日本の歴史・四）揺れ動く貴族社会』（小学館、二〇〇八年）
・韓国古代社会研究所編『訳注韓国古代金石文』Ⅲ（駕洛国史跡開発研究院、一九九二年）〔原文韓国語〕
・韓国歴史研究会編『訳注羅末麗初金石文』上・下（慧眼、一九九六年）〔原文韓国語〕
・木内武男「日本古印の沿革」（『日本の古印』二玄社、一九六四年）
・木内武男『日本の官印』（東京美術、一九七四年）
・岸俊男「ワニ氏に関する基礎的考察」（『日本古代政治史研究』塙書房、一九六六年）
・北啓太「天平四年の節度使」（『奈良平安時代史論集』上巻、吉川弘文館、一九八四年）
・木下良「肥後国府の変遷について」（『古代文化』二七―九、一九七五年）
・木下良「古辞書類に見る国府所在郡について」（『国立歴史民俗博物館研究報告』一〇、一九八六年）
・木下良『（事典）日本古代の道と駅』（吉川弘文館、二〇〇九年）
・金恩淑「九世紀の新羅と日本の関係」（『歴史表象としての東アジア――歴史研究と歴史教育との対話――』清文堂出版、二〇〇二年）
・金恩淑「紀三津の新羅派遣について」（『二一世紀の歴史認識と国際理解』明石書店、二〇〇四年）
・金恩淑「日本最後の遣唐使派遣と張保皐勢力」（『韓国古代史研究』四二、二〇〇六年、後に『対外文物研究』四、二〇〇六年に再収録）〔原文韓国語〕

・金鉉球「初期の日・唐関係に関する一考察――『日本書紀』〝高表仁の来日〟記事を中心に――」(『日本歴史』四二三、一九八三年)
・金昌錫「菁州の禄邑と香徒――新羅下代地方社会変動の一例――」(『新羅文化』二六、二〇〇五年)〔原文韓国語〕
・許興植編『韓国金石全文』(亜細亜文化社、一九八四年)〔原文韓国語〕
・熊田亮介「古代における『北方』について」(『古代国家と東北』吉川弘文館、二〇〇三年〔初出一九八九年〕)
・倉住靖彦『古代の大宰府』(吉川弘文館、一九八五年)
・黒板伸夫・森田悌編『訳注日本史料・日本後紀』(集英社、二〇〇三年)
・慶南文化財研究院編『泗川船津城公園駐車場敷地の發掘調査現場説明資料』(慶南文化財研究院、二〇〇四年)〔原文韓国語〕
・氣賀澤保規編『(明治大学東洋史資料叢刊・三)新版唐代墓誌所在総合目録』(汲古書院、二〇〇四年)
・權悳永「新羅下代における西・南海の海賊と張保皐の海上活動」(『対外文物交流研究』創刊号、二〇〇二年)〔原文韓国語〕
・權悳永「九世紀における日本を往来した二重国籍の新羅人」(『韓国史研究』一二〇、二〇〇三年)〔原文韓国語〕
・權悳永『在唐新羅人社会研究』(一潮閣、二〇〇五年)〔原文韓国語〕
・權悳永「新羅下代における西・南海域の海賊と豪族」(『韓国古代史研究』四一、二〇〇六年)〔原文韓国語〕
・權悳永「古代東アジアの黄海と黄海貿易――八、九世紀の新羅を中心に――」(『対外文物交流』七、二〇〇七年)〔原文韓国語〕
・權悳永「新羅関連、唐金石文の基礎的検討」(『韓国史研究』一四二、二〇〇八年)〔原文韓国語〕
・權悳永「『大唐故金氏夫人墓銘』に関わる幾つかの問題」(『韓国古代史研究』五四、二〇〇九年)〔原文韓国語〕
・權悳永「八、九世紀における新羅人の『西学』活動」(『(専修大学社会知性開発研究センター)東アジア世界史研究セン

ター年報』二、二〇〇九年）
・河内春人「新羅使迎接の歴史的展開」（『ヒストリア』一七〇、二〇〇〇年）
・鴻巣隼雄「古代『白水郎』表記の伝来と中国縁起」（『（季刊）文学・語学』四四、一九六七年）
・鴻巣隼雄「わが国における古代白水郎の研究――主として中国白水郎の巫祝的生態に関する試論――」（『国語と国文学』五二一、一九六七年）
・国立昌原文化財研究所編『改訂版　韓国の古代木簡』（国立昌原文化財研究所、二〇〇六年）〔原文韓国語〕
・国立歴史民俗博物館編『〔非文字資料の基礎的研究――古印――〕報告書〕日本古代印集成』（国立歴史民俗博物館、一九九六年）
・小島憲之「『白水郎』考」（『上代日本文学と中国文学』中、塙書房、一九六四年）
・古代交通研究会編『日本古代道路事典』（八木書店、二〇〇四年）
・小松譲「肥前国松浦郡の交通路と官衙」（『条里制・古代都市研究』二三、二〇〇八年）

〔さ　行〕
・崔仁善「全南東部地域の百済山城研究」（『文化史学』一八、二〇〇二年）〔原文韓国語〕
・佐伯有清『新撰姓氏録の研究　研究篇』（吉川弘文館、一九六三年）
・佐伯有清「九世紀の日本と朝鮮」（『日本古代の政治と社会』吉川弘文館、一九七〇年〔初出一九六四年〕）
・佐伯有清『最後の遣唐使』（講談社、一九七八年）
・佐伯有清『新撰姓氏録の研究　考証篇・第三』（吉川弘文館、一九八二年）
・佐伯有清『新撰姓氏録の研究　考證篇・第四』（吉川弘文館、一九八二年）
・佐伯有清『新撰姓氏録の研究　考證篇・第五』（吉川弘文館、一九八三年）

・佐伯有清『新撰姓氏録の研究　考證篇・第六』（吉川弘文館、一九八三年）
・佐伯弘次「海賊論」（『アジアのなかの日本史・三』東京大学出版会、一九九二年）
・佐伯弘次「壱岐・対馬・松浦を歩く」（『街道の日本史・四九』壱岐・対馬と松浦半島』吉川弘文館、二〇〇六年）
・坂上早魚「九世紀の日唐交通と新羅人――円仁の『入唐求法巡礼行記』を中心に――」（『Museum Kyushu』二八、一九八八年）
・酒寄雅志「九・一〇世紀の国際関係を探る」（『新視点・日本の歴史』第三巻・古代編二、新人物往来社、一九九三年）
・酒寄雅志「渤海国中台省牒の基礎的研究」（『渤海と古代の日本』校倉書房、二〇〇一年〔初出一九八五年〕）
・佐賀県教育委員会文化課編『古代の中原遺跡――解き明かされる鏡の渡し――』（国土交通省九州地方整備局佐賀県国道事務所・佐賀県教育委員会、二〇〇五年）
・笹山晴生「続日本後紀」（『国史大系書目解題』下、吉川弘文館、二〇〇一年）
・佐藤宗諄「律令国家の変貌」（『講座日本史・一』古代国家』東京大学出版会、一九七〇年）
・佐藤宗諄「寛平遣唐使派遣計画をめぐる二、三の問題――とくにその前史について――」（『平安前期政治史序説』東京大学出版会、一九七七年）
・白鳥庫吉「匈奴の休屠王の領域と其の祭天の金人とに就いて」（『白鳥庫吉全集第五巻塞外民族史研究下』岩波書店、一九七〇年）
・下向井龍彦「捕亡令「臨時発兵」規定について――国衙軍制の法的源泉――」（『続日本紀研究』二七九、一九九二年）
・下山覚「災害と復旧」（『列島の古代史・二　暮らしと生業』岩波書店、二〇〇六年）
・新川登亀男「東アジアのなかの古代統一国家」（『長崎県の歴史』山川出版社、一九九八年）
・新川登亀男「白水郎の伝承と海の神」（『日本古代史を生きた人々』大修館書店、二〇〇七年〔初出一九八八年〕）
・申虎澈『後百済甄萱政権研究』（一潮閣、一九九三年）〔原文韓国語〕

・杉山宏「九世紀における海上輸送について――大宰府からの官物輸送を中心に――」(『海事史研究』四七、一九九〇年)
・鈴木靖民『古代対外関係史の研究』(吉川弘文館、一九八五年)
・鈴木靖民「遣唐使の停止に関する基礎的研究」(『古代対外関係史の研究』吉川弘文館、一九八五年)
・鈴木靖民「古代日本の渡来人と技術・技能移転――製鉄・学芸を中心に――」(『國學院雑誌』一〇九―一一、二〇〇八年)
・関幸彦「平安期、二つの海防問題――寛平期新羅戦と寛仁期刀伊戦の検討――」(『古代文化』四一―一〇、一九八九年)
・関口明「九世紀における国分寺の展開」(『古代東北の蝦夷と北海道』吉川弘文館、二〇〇三年)
・関周一「壱岐・五島と朝鮮の交流」(『中世日朝海域史の研究』吉川弘文館、二〇〇二年)

〔た　行〕

・高倉敏明「多賀城跡の発掘調査成果」(『多賀城跡』同成社、二〇〇八年)
・竹田和夫「「北辺」の境界佐渡について――文献・考古・民俗学の視点から――」(『古代・中世の境界意識と文化交流』勉誠出版、二〇一一年)
・田島公「日本、中国・朝鮮対外交流史年表(稿)――大宝元年〜文治元年――」(『貿易陶磁：奈良・平安の中国陶磁』臨川書店、一九九三年)
・田中健夫「海外刊行の日本の古地図」(『対外関係と文化交流』思文閣出版、一九八二年)
・田中史生「『帰化』と『流来』と『商賈之輩』――律令国家における国際交易の変遷過程――」(『日本古代国家の民族支配と渡来人』校倉書房、一九九七年)
・田中史生『越境の古代史：倭と日本をめぐるアジアンネットワーク』(ちくま新書、二〇〇九年)

・田中史生「江南の新羅人交易者と日本」（『国際交易と古代日本』吉川弘文館、二〇一二年〈初出二〇〇七年〉）
・田村円澄編『古代を考える　大宰府』（吉川弘文館、一九八七年）
・長洋一「古代西辺の防衛と防人」（『古代文化』四七―一一、一九九五年）
・鄭好燮「新羅下代の社会変動」（『韓国古代史入門（三）新羅と渤海』新書院、二〇〇六年）〈原文韓国語〉
・鄭淳一「唐代金氏関連墓誌の初歩的検討」（『新羅史学報』一六、二〇〇九年）〈原文韓国語〉
・鄭淳一「承和年間における日本の対外交渉と新羅康州」（『平成二十一年度・組織的な大学院教育改革推進プログラム「アジア研究と地域文化学」院生成果報告集』早稲田大学大学院文学研究科、二〇一〇年）
・鄭淳一『『貞観十一年新羅海賊』の来日航路に関する小考」（『東アジアの中の韓日関係史（上）』ＪＮＣ出版〈韓国〉、二〇一〇年）〈原文韓国語〉
・鄭淳一「新羅海賊事件からみた交流と共存――大宰府管内居住の新羅人の動向を手がかりとして――」（『立命館大学コリア研究センター次世代研究者フォーラム論文集』三、二〇一〇年）
・鄭淳一「貞観年間における弩師配置と新羅問題」（『早稲田大学大学院文学研究科紀要』五六―四、二〇一一年）
・鄭淳一「寛平新羅海賊考」（『史観』一六四、二〇一一年）
・鄭淳一「宝亀年間における縁海警固の背景」（『史学雑誌』一二一―一、二〇一二年）
・鄭淳一「縁海警固と『九世紀』の黎明」（『文文創立記念学術大会「人類文明との出会い」資料集』文文学会、二〇一二年）
・鄭淳一「延暦・弘仁・天長年間の新羅人来航者」（『早稲田大学大学院文学研究科紀要』五八―四、二〇一三年）
・鄭淳一「36　新羅↓日本　執事省牒」（鈴木靖民・金子修一・石見清裕・浜田久美子編『訳註 日本古代の外交文書』八木書店、二〇一四年）
・寺田浩「九世紀の地方軍制と健児」（『律令国家史論集』、塙書房、二〇一〇年）
・藤堂明保編『漢字源（改訂第四版）』（学研、二〇〇九年）

・戸田芳実『初期中世社会史の研究』（東京大学出版会、一九九一年）
・東野治之「ありねよし　対馬の渡り――古代の対外交流における五島列島――」（『続日本紀の時代』塙書房、一九九四年）

〈な　行〉

・内藤雋輔「新羅人の海上活動について」（『朝鮮史研究』東洋史研究会、一九六一年〈初出一九二八年〉）
・中尾浩康「天平期の節度使に関する一考察」（『続日本紀研究』三八八、二〇一〇年）
・中村直勝「古文書の部分研究」（『日本古文書学』下、角川書店、一九七七年）
・名古屋市博物館編集『名古屋市博物館資料叢書（二）和名類聚抄』（名古屋市博物館、一九九二年）
・奈良県史編集委員会編「『倭名類聚鈔』郡・郷名考」（『奈良県史・十四・地名――地名伝承の研究――』名著出版、一九八五年）
・新妻利久『渤海国史及び日本との国交史の研究』（学術書出版会、一九六九年）
・西口順子『平安時代の寺院と民衆』（法蔵館、二〇〇四年）
・西別府元日「九世紀前半の日羅交易と紀三津「失使旨」事件」（『中国地域と対外関係』山川出版社、二〇〇三年）
・西宮一民校注『新潮日本古典集成・古事記』（新潮社、一九七九年）

〈は　行〉

・橋本雄「中世の国際交易と博多――〝大洋路〟対〝南島路〟――」（『前近代の日本列島と朝鮮半島』山川出版社、二〇〇七年）
・花岡興輝編『飽田町誌』（飽田町、一九七二年）
・浜田久美子「賓礼の受容と渤海国書」（『日本古代の外交儀礼と渤海』同成社、二〇一一年〈初出二〇〇五年〉）

・濱田耕策「王権と海上勢力――特に張保皐の清海鎮と海賊に関連して――」(『新羅国史の研究』吉川弘文館、二〇〇二年〔初出一九九九年〕)
・濱田耕策「朝鮮古代史からみた鞠智城――白村江の敗戦から隼人・南島と新羅海賊の対策へ――」(『古代山城・鞠智城を考える』山川出版社、二〇一〇年)
・原田諭「天平の節度使について」(『続日本紀研究』三二一、一九九九年)
・平川南「見えてきた古代の「列島」――地方に生きた人びと――」(『木簡から古代がみえる』岩波新書、二〇一〇年)
・平野邦雄「新羅来寇の幻影」(『日本の古代(三) 九州』、一九七〇年)
・廣瀬憲雄「古代倭国・日本の外交儀礼と服属思想」(『東アジアの国際秩序と古代日本』吉川弘文館、二〇一一年〔初出二〇〇七年〕)
・日野開三郎「羅末三国の争闘と海上交通貿易」(『日野開三郎東洋史学論集・第九巻・北東アジア国際交流史の研究』上、三一書房、一九八四年〔初出一九六一年〕)
・福島好和「古代諸国貢納水産物の分布について――その歴史地理学的考察――」(『人文地理』二三―五、一九七一年)
・福島好和「土蜘蛛伝説の成立について」(『人文論究』二一―二、一九七一年)
・福島好和「白水郎と海人」(『関西学院史学』二二、一九八八年)
・福田恵「唐代ソグド姓墓誌の基礎的考察」(『学習院史学』四三、二〇〇五年)
・平凡社地方資料センター編『日本歴史地名大系(四三) 長崎県の地名』(平凡社、二〇〇一年)
・平凡社地方資料センター編『日本歴史地名大系(四四) 熊本県の地名』(平凡社、一九八五年)
・朴現圭「台州地区の羅麗遺跡と地名に関する考察」(『新羅文化』三一、二〇〇八年)〔原文韓国語〕
・朴泰洪「全南東部地域の百済山城の分布とその意味」(『韓国上古史学報』五六、二〇〇七年)〔原文韓国語〕
・保立道久「黑田学説の位相」(『人民の歴史学』一三五、一九九八年)

・保立道久『黄金国家――東アジアと日本――』（青木書店、二〇〇四年）

〔ま　行〕

・松原弘宣「九世紀における対外交易とその流通」（『古代国家と瀬戸内海交通』吉川弘文館、二〇〇四年〔初出一九九九年〕）
・松本真輔「呪咀をめぐる新羅と日本の攻防――利仁将軍頓死説話と『三国遺事』の護国思想――」（『アジア遊学』一一四、二〇〇八年）
・松本雅明『城南町史』（熊本県城南町、一九六五年）
・松本雅明「肥後の国府――詫麻国府址発掘調査報告――」（『古代文化』一七―三、一九六六年）
・松本政春「郡司の軍事指導とその基盤」（『ヒストリア』一一三、一九八六年）
・三上喜孝「光仁・桓武朝の国土意識」（『国立歴史民俗博物館研究報告』一三四、二〇〇七年）
・三上喜孝「韓国出土木簡と日本古代木簡――比較研究の可能性をめぐって――」（『韓国出土木簡の世界』雄山閣、二〇〇七年）
・三上喜孝「古代日本の境界意識と仏教信仰」（『古代日本の異文化交流』勉誠出版、二〇〇八年〔初出「古代の辺要国と四天王法」『山形大学歴史・地理・人類学論集』五、二〇〇四年および「「古代の辺要国と四天王法」についての補論」『山形大学歴史・地理・人類学論集』六、二〇〇五年〕）
・水谷千秋『謎の渡来人秦氏』（文芸春秋、二〇〇九年）
・宮城県教育委員会編『宮城県多賀城跡調査研究所年報・一九六九』（宮城県教育委員会、一九六九年）
・宮城県多賀城跡調査研究所『（多賀城市史別巻三）多賀城跡　政庁跡本文編』（多賀城市多賀城市史編纂委員会、一九八二年）

・村井章介「王土王民思想と九世紀の転換」(『思想』八四七、一九九五年)
・邨岡良弼『続日本後紀纂詁』(近藤出版部、一九一二年)
・村上史郎「九世紀における日本律令国家の対外交通の諸様相――大唐通事・漂流民送還・「入唐交易使」をめぐって――」(『千葉史学』三三、一九九八年)
・村上史郎「九世紀における日本律令国家の対外意識と対外交通――新羅人来航者への対応をめぐって――」(『史学』八九―一、一九九九年)
・茂在寅男「遣唐使船と日中間の航海」(『遣唐使時代の日本と中国』小学館、一九八二年)
・毛漢光『唐代墓誌彙編附考』(台湾：中央研究院歴史言語研究所、一九八四～一九九四年)
・森克己『新編森克己著作集(二)続日宋貿易の研究』(勉誠出版、二〇〇九年)
・森公章『古代日本の対外認識と通交』(吉川弘文館、一九九八年)
・森公章「古代日麗関係の形成と展開」(『海南史学』四六、二〇〇六年)
・森公章「承和度の遣唐使と九世紀の対外政策」(『遣唐使と古代日本の対外政策』吉川弘文館、二〇〇八年)

〔や　行〕

・藪田嘉一郎「白水郎考」(『日本民族と南方文化』平凡社、一九六八年)
・山内晋次『奈良平安期の日本とアジア』(吉川弘文館、二〇〇三年)
・山崎雅稔「貞観八年応天門失火事件と新羅賊兵」(『人民の歴史学』一四六、二〇〇〇年)
・山崎雅稔「貞観十一年新羅海賊来寇事件の諸相」(『國学院大學大学院紀要(文学研究科)』三二、二〇〇一年)
・山崎雅稔「承和の変と大宰大弐藤原衛四条起請」(『歴史学研究』七五一、二〇〇一年)
・山崎雅稔「甄萱政権と日本の交渉」(『韓国古代史研究』三五、二〇〇四年)〔原文韓国語〕

・山崎雅稔「新羅国執事省からみた紀三津「失使旨」事件」(『日本中世の権力と地域社会』吉川弘文館、二〇〇七年)
・山中耕作「肥前風土記値嘉郷の考察――南路管理資料の成立――」(『国学院雑誌』五九、一九六七年)
・八幡一郎「古代中国の弩について」(『史潮』八四・八五、一九六三年)
・湯沢質幸『古代日本人と外国語』(勉誠出版、二〇〇一年)
・吉川真司「平安京」(『日本の時代史・五〉平安京』吉川弘文館、二〇〇二年)

〔ら 行〕

・羅僖羅「七~八世紀唐・新羅・日本の国家祭祀体系比較」(『対外文物交流研究』三、二〇〇四年)〔原文韓国語〕
・李允未「九世紀後半における武州地域の政治的動向と甄萱の自立」(『歴史教育論集』四四、二〇一〇年)〔原文韓国語〕
・李泳鎬「新羅恵恭王十二年官号復古の意味――所謂「中代専制王権」説の一検討――」(『大丘史学』三九、一九九〇年)〔原文韓国語〕
・李純根「新羅時代姓氏取得とその意味」(『韓国史論』六、一九八〇年)〔原文韓国語〕
・李成市『東アジアの王権と交易――正倉院の宝物が来たもうひとつの道――』(青木書店、一九九七年)
・李成市「韓国木簡研究の現況と咸安城山山城出土の木簡」(『韓国古代史研究』一九、二〇〇〇年)〔原文韓国語〕
・李成市「朝鮮の文書行政　六世紀の新羅」(『文字と古代日本・二　文字による交流』、吉川弘文館、二〇〇五年)
・李道学「新羅末における甄萱の勢力形成と交易」(『新羅文化』二八、二〇〇六年)〔原文韓国語〕
・李文基「統一新羅の地方官制研究」(『国史館論叢』二〇、一九九〇年)〔原文韓国語〕
・李文基「統一新羅および後三国時代の慶尚道」(『慶尚道七百年史』第一巻〈通史〉、慶尚北道、一九九九年)〔原文韓国語〕
・李文基「新羅金氏王室の少昊金天氏出自観念の標榜と変化」(『歴史教育論集』二三・二四合集、一九九九年)〔原文韓国語〕

・李炳魯「九世紀後半に発生した新羅人謀反事件の再検討」(『日本学報』三七、一九九六年)〔原文韓国語〕
・李炳魯「寛平期(八九〇年代)日本の対外関係に関する一考察」(『日本学誌』一六、一九九六年)〔原文韓国語〕
・李炳魯「古代日本列島の『新羅商人』に対する考察――張保皐死後を中心に――」(『日本学』一五、一九九六年)
・李炳魯「日本列島の『東アジア世界』に関する一考察――主に九世紀の九州地方を中心に――」(『日本学誌』一七、一九九七年)〔原文韓国語〕
・李鎔賢「新羅木簡の形状と規格」(『韓国出土木簡の世界』雄山閣、二〇〇七年)
・盧明鎬ほか七人共著『韓国古代中世古文書研究(上)――校勘訳注篇――』(ソウル大学校出版部、二〇〇〇年)

〔わ 行〕

・渡邊誠『平安時代貿易管理制度史の研究』(思文閣出版、二〇一二年)

初出一覧

※本書各章の初出は以下の通りである。
なお、各章は既発表の論考をもとにしているが、本書の体裁に合わせ、必要に応じて題名を変更し、加筆・修正を行なった。

序章　新稿

第一部

第一章「縁海警固と『九世紀』の黎明」(『日本学報』九七、韓国日本学会、二〇一三年)

第二章「延暦・弘仁・天長年間の新羅人来航者」(『早稲田大学大学院文学研究科紀要』五八―四、二〇一三年)

第三章「承和年間における日本の対外交渉と新羅康州」(『平成二十一年度・組織的な大学院教育改革推進プログラム「アジア研究と地域文化学」院生成果報告集』早稲田大学大学院文学研究科、二〇一〇年)

第四章『続日本後紀』所収新羅国執事省牒にみえる〝島嶼之人〟」(『日本歴史研究』三七、日本史学会、二〇一三年)〔原文韓国語〕

第二部

第五章「貞観年間における弩師配置と新羅問題」(『早稲田大学大学院文学研究科紀要』五六―四、二〇一一年)

第六章　「『貞観十一年新羅海賊』の来日航路に関する小考」
（『東アジアの中の韓日関係史（上）』ＪＮＣ出版、二〇一〇年）〔原文韓国語〕
第七章　「新羅海賊事件からみた交流と共存――大宰府管内居住の新羅人の動向を手がかりとして――」
（『立命館大学コリア研究センター次世代研究者フォーラム論文集』三、二〇一〇年）
第八章　「寛平新羅海賊考」（『史観』一六四、二〇一一年）
補　論　「唐代金氏関連墓誌の初歩的検討」（『新羅史学報』一六、二〇〇九年）〔原文韓国語〕
終章　新　稿

著者略歴

鄭　淳一（じょん・すんいる）

1979年　韓国生まれ。
2004年　高麗大学校（韓国）歴史教育科卒業。
2007年　高麗大学校大学院史学科修士課程修了。
2008年　早稲田大学アジア特別奨学生として渡日。
2013年　早稲田大学大学院文学研究科博士後期課程修了。
　　　　博士（文学）。
現在　　早稲田大学外国人研究員。

日本古代史、東アジア海域史専攻。
著書・論文に『（訳註）日本古代の外交文書』（八木書店、2014年、共著）、『古代東アジアの「祈り」』（森話社、2014年、共著）、「九世紀後半における九州北部の新羅人集団とその行方」（『先史と古代』39、韓国古代学会、2013年）などがある。

九《きゅう》世《せい》紀《き》の来《らい》航《こう》新羅《しらぎ》人《じん》と日本《にほん》列島《れっとう》

（平成二十六年度日本学術振興会科学研究費補助金「研究成果公開促進費」助成出版）

著者　鄭　淳一
発行者　池嶋洋次
発行所　勉誠出版㈱
〒101-0051 東京都千代田区神田神保町三―一〇―二
電話　〇三―五二一五―九〇二一㈹

二〇一五年二月二十七日　初版発行

印刷　シナノ
製本　若林製本工場

ISBN978-4-585-22115-9　C3022

「仏教」文明の受容と君主権の構築
東アジアのなかの日本

インド発祥の「仏教」は周辺へと伝播・浸透する中で、いかにして異文明と遭遇し作用したか。日本列島における、「仏教」文明の東漸と君主権の構築の関わりを探る。

大橋一章・新川登亀男 編・本体九五〇〇円（＋税）

梁職貢図と東部ユーラシア世界

六世紀の梁を中心とした国際秩序・文化的状況を伝える貴重資料「梁職貢図」。その史料的位置付けを明らかにし、東部ユーラシアの世界構造を立体的に描き出す。

鈴木靖民・金子修一 編・本体八五〇〇円（＋税）

古代東アジアの仏教と王権
王興寺から飛鳥寺へ

諸学の視点から、舎利信仰と王権の関わりや造寺、造仏の技術・文化伝習など、東アジア世界において仏教の果たした文化的・政治的重大性を明らかにする。

鈴木靖民 編・本体八〇〇〇円（＋税）

古代東アジアの道路と交通

秦の直道の発掘調査結果をもとに、古代東アジア諸国の道路構造や道路網、交通制度などを多角的に分析することで、「道路」そして「交通」の歴史的意義を解明する。

鈴木靖民・荒井秀規 編・本体六〇〇〇円（＋税）

比較史学への旅
ガリア・ローマから古代日本へ

ローマ帝国の属州であったガリア・ローマ地域。周縁への視座から世界史の命題を解き明かし、世界史上における古代日本の位置を模索する比較史学へのアプローチ。

鈴木靖民 著・本体一七〇〇円（＋税）

古代・中世の境界意識と文化交流

古代の延喜式、中世の文書や物語に散見される日本列島の四至（東西南北の境界）。日本列島の境界の意識と有形・無形の文化の痕跡を明らかにする。

竹田和夫 編・本体四八〇〇円（＋税）

仏教がつなぐアジア
王権・信仰・美術

アジア世界をつなぐ紐帯であった仏教。中国史料の多角的読み解きにより、仏教を媒介とした交流・交渉のありようを照射、アジア史の文脈の中に日本を位置づける。

佐藤文子・原田正俊・堀裕 編・本体三六〇〇円（＋税）

入唐僧恵蕚と東アジア
附 恵蕚関連史料集

日本僧恵蕚に関する史料三十六種を集成、また、恵蕚と恵蕚を取り巻く唐・新羅の人々を追うことで多元的で広がりのある歴史世界を描き出す論考三本を収載。

田中史生 編・本体五〇〇〇円（＋税）

渡航僧成尋、雨を祈る

『僧伝』が語る異文化の交錯

平安後期中国へ渡った天台僧「成尋」。成尋の書き残した渡航日記『参天台五臺山記』と中国側史料を精査することで見えてきたものとはいったい何か…。

水口幹記 著・本体三五〇〇円(+税)

南宋・元代日中渡航僧伝記集成

附 江戸時代における僧伝集積過程の研究

南宋・元代に日中間を往来した僧(一〇七人)の伝記を一覧とし、重要記事を翻刻集成。中世海域交流史・史料論・書誌学研究における画期的成果。

榎本渉 著・本体一七〇〇〇円(+税)

ソグド人と東ユーラシアの文化交渉

四〜十一世紀、ユーラシア地域を移住しながら交易活動を行った民族ソグド人。彼らについて、最新の研究成果で明らかにし、新たな東ユーラシア世界史を構築する試み。

森部豊 編・本体二八〇〇円(+税)

契丹[遼]と10〜12世紀の東部ユーラシア

契丹[遼]研究の到達点を示し、国際関係、社会・文化、新出資料、そして後代への影響という四本の柱から契丹[遼]の世界史上の位置づけを多角的に解明する。

荒川慎太郎・澤本光弘
高井康典行・渡辺健哉 編・本体二八〇〇円(+税)

日本と《宋元》の邂逅
中世に押し寄せた新潮流

中世日本人は異国文化であった〈宋元〉文化をどのように受容していたのか——。最先端の研究から、当時の社会・文化状況を国際的・多義的・重層的に明らかにする。

西山美香 編・本体二〇〇〇円（＋税）

東アジアを結ぶモノ・場

東アジアを行き交う「モノ」、モノが受容され、使用され、再文脈化される「場」。その諸相を、史学・文学・美術史・宗教史など、多角的な見地から検証する。

西山美香 編・本体二〇〇〇円（＋税）

中世の対馬
ヒト・モノ・文化の描き出す日朝交流史

中世に朝鮮と日本の間を活発に往来した対馬の人々の活動や文物の往来、朝鮮との文化交流の諸相を文献史料のほか遺跡・出土文物から多角的に探る。

佐伯弘次 編・本体二八〇〇円（＋税）

中華幻想
唐物と外交の室町時代史

唐物に当時の《中華》イメージを探り、外交の現場から幕府の対外観をあぶり出す。言説・伝説、文化史や美術史の成果なども取り入れた、新しい対外関係史。

橋本雄 著・本体二八〇〇円（＋税）